—— 经济学名著译丛 ——

稳定美元

在不固定每种商品价格的情况下稳定价格总水平的方案

〔美〕欧文·费雪 著
郭为 译

Stabilizing the Dollar

创于1897 商務印書館 The Commercial Press

Irving Fisher

STABILIZING THE DOLLAR

A Plan to Stabilize the General Price Level without Fixing Individual Prices

根据麦克米兰公司 1920 年版本译出

目　　录

图 目 录

（在所有情况下，图表都绘制在“比率图表”上，其中垂直刻度的排列使得相同的斜率总是代表相同的上升百分比。关于这种方法的优点的完整描述，读者可以参考“比率图”，欧文·费雪，美国统计协会季刊，1917 年 6 月）

前　　言

本书提出的建议所依据的基本事实是，美元的购买力是不确定 vii
和可变的，也就是说，价格水平是不稳定的。

这场战争造成了全球有史以来最大的价格波动。伴随而来的是世界范围内工业界对这种巨大价格波动的严重不满。正因为如此，加之商人对未来价格走势的困惑，关于战争价格水平是会下降还是会稳定的问题，一直存在很多讨论。

本书的主要目的是证明价格的永久稳定是可以保证的，并为此提出了具体而详细的计划。

这个计划的第一个草案发表于 1911 年[在我的《货币购买力》(*The Purchasing Power of Money*)中]，于 1912 年 9 月在波士顿国际商会大会上提出，并于 1912 年 12 月在美国经济协会上再次提出。该计划在 1913 年 2 月的《经济学季刊》(*Quarterly Journal of Economics*)中有详细阐述。

1917 年 10 月，我在加州大学做了希区柯克讲座，第一次使用了本书中的大部分材料。1918 年春天，美国经济协会下属的一个委员会(Committee of the American Economic Association)，在关于货币购买力与战争的关系方面，认可了我提出的美元币值稳定的建议，并建议政治家和经济学家认真关注这个问题。

到这个时候，理论经济学家已经在很大程度上被这个想法所吸引，而几年来这种观点曾经一直是他们批评的焦点。经济学家的普遍支持表明这是思想进步的第一个里程碑。

最近，商业界和工业界也开始注意到这种观点，因为这关系到他们的切身利益。如果获得他们的普遍认可，将标志着第二个里程碑的出现。

但是，从近期的一些现象来看，要求政治家在现实中推动该计划的实施似乎还为时过早。如果他们采取行动，将标志着第三个也是最后一个里程碑。

我在附录 4 的第 3 节，给出了所有三个领域——经济、商业、政治里的杰出领导人的名字和评论，他们都赞同这个想法。

当我第一次提出稳定美元的计划时，我认为我是第一个这样做的人。然而不久之后，同样的想法也独立地出现在其他一些人身上。

在附录 6 的参考书目中，我引用了不少已发表的著作，在这些著作中，这里提出的计划已经基本上被其他人做过概述了。

几个有先见之明的学者从未发表过他们的观点，但他们好心地给我寄来了他们的手稿或信件。以下是按时间顺序排列的完整的先见者名单：约翰·鲁克（John Rooke），1824 年；已故天文学
ix 家和经济学家西蒙·纽科姆（Simon Newcomb），1879 年；剑桥大学阿尔弗雷德·马歇尔（Alfred Marshall）教授，1887 年；安奈林·威廉斯（Aneurin Williams），医学博士，1892 年；艾伦·史密斯（Allen Smith）教授，现任华盛顿大学院长，1896 年；提宁（D. J. Tinnes Hunter），来自北达科他州亨特市，1896 年；威廉·C. 福斯

特(William C.Foster),来自马萨诸塞州波士顿市,1909年;密苏里大学哈里·G.布朗(Harry G. Brown)教授,1911年;亨利·希顿(Henry Heaton),来自爱荷华州的大西洋镇,1911年。

如果考虑计划不同但目的相同的作者,那么这个列表还可以被大大延长。这些作者中包括已故的博物学家阿尔弗雷德·拉塞尔·华莱士(Alfred Russel Wallace)。

在计划的本质特征方面,我唯一没有预料到的是关于黄金投机方面的条款(在第四章末尾提到,并在附录1第2节中详细描述)。

我冒昧地认为,这项计划是由许多能干和头脑清醒的人,在不同情况下独立制订的。这一事实有力地证明了我提出的这项建议的正确性。这也让我有机会更客观地宣传这个计划,我认为这比仅仅是一个人的想法更有可能成功。

我要感谢许多人,他们多年来通过批评和建议,帮助我逐步形成了目前的计划。我想特别感谢威廉·H.塔夫特(Wm.H.Taft)教授和莫里森·R.韦特(Morrison R.Waite)先生,他们提供了附录1第6节中有关这些问题的重要法律数据;感谢罗亚尔·米克(Royal Meeker)博士、韦斯利·克莱尔·米切尔(Wesley Clair Mitchell)教授、B. M.安德森(Andson)博士和珀西·比德韦尔(Percy W. Bidwell)教授,他们提供了后面附录中宝贵的批评部分;感谢菲利 x
普·韦尔斯(Philip P.Wells)先生,前国家保护协会的法律顾问,他帮助制订了附录1第9节中给出的稳定美元的法案中的初步草案;感谢我的兄弟赫伯特·费雪(Herbert W. Fisher),他的批评帮助我改进了演讲的形式;还要感谢克拉拉·埃利奥特(Clara Eliot)小姐,她以前是米尔斯学院的社会学讲师,在工作的每个阶段都给予了帮助。

我认为，我已经坦率地面对和讨论了人们提出的每一项反对意见或问题。这样的讨论已被归入附录，以便本书仅限于对计划的陈述。正如你们将要看到的，这个计划非常简单，任何人都可以很容易地掌握它。我的愿望是接触并说服每一位读者相信它。

如果这里提出的具体计划不是实现其目的的最佳方案，那么，我希望能提出一个更好的方案。我也希望读者能通过任何他们认为最有效的方法来传播货币稳定的思想，以促进国内或国际上的立法行动。我很乐意随时了解这些活动，并接受他们的建议和批评。

作为一次货币稳定的运动，在某种形式上，似乎在不久的将来不可避免地会出现。如果读者想要盖章、签名或邮寄，我将很乐意尽我所能地利用插在书里的回邮卡，以方便读者。

欧文·费雪

1919年12月

给读者的建议

1. 一般读者主要对五章正文感兴趣，其中第四章是最主要的。

2. 那些难以接受文中观点的人可以参考附录 2，其中的第 1、3 节可能是最常用的。

3. 摘要是为那些认为自己没有时间阅读这本书的人设计的。

4. 章节摘要将为那些阅读所需文本的任何特殊部分的读者提供一个理解的起点。

5. 关于本书内容的分析表、索引和连续的页面标题，有助于本书读者参考。

6. 第二章可能有助于人们认识到所谓“高生活成本”实际上是因为美元的贬值。

7. 第三章要推荐给那些认为我们目前的货币体系没有什么缺陷的人。

8. 附录 4 的第 3 节是为那些支持新想法的同道准备的。

9. 附录 1 和 3 以及附录 2 第 2 节主要是为技术经济学家准备的。

附录 6 为进一步研究和验证问题提供了参考。

摘　　要

xxv 战争对全世界的货币体系造成了严重破坏。战争给我们带来了各种各样的通货膨胀——交战国的纸币和银行信贷的通货膨胀，以及中立国的黄金通货膨胀，其结果是每一个价格上涨的地方，其货币的购买力都下降，即使在没有商品短缺的地方也是如此。

因此，战争极大地提高了生活成本，这种日益严重的弊端，被全世界越来越多的人诟病。而战前的高生活成本，同样也是由于通货膨胀造成的。

在 1896 年以前，人们对价格下跌也有同样的不满，部分原因是因为黄金和其他货币的总量没有跟上商业需求的步伐。

同一代人身上发生的这两次经历，使更多人比史上任何时候都更加关注和思考货币单位的不稳定性问题。

这种关注与思考的不断累积和扩散，迅速形成了一种共识，即经营业务所依据的价格水平现在很大程度上取决于货币和信贷状况。与战争前不同的是，时至今日，公众已经意识到，随着黄金、纸币或银行信贷的大量涌入，物价将上涨。因此，一场经济思想的革命正在缓慢而必然地到来，它类似缘起于哥白尼的天文学思想革命。

正如我们后来了解到的，太阳、月亮和星星并不是真的在升起和落下，尽管它们确实是在移动，但这种现象发生的本质是地球在绕其轴线自转。因此，我们现在也了解到，商品作为一个整体，并不是真的在潮涨潮落，而是美元在循环波动。

事实上，货币的购买力一直不稳定。根本原因是，目前所使用的货币单位不是按照单位购买力确定的，而是按照重量单位确定的。它是我们文明中仅存的一个不稳定或者说变化无常的单位——一种原始的货币存在形式。其他单位，如码、磅、蒲式耳等，曾经像美元一样不稳定和粗糙，但是，一个接一个，它们都已经稳定或标准化了。

直到最近，对于美元的不稳定性还有更多的解释。到目前为止，我们还没有设计出一种能够测量其反常现象的工具。同样地，在设计出磅秤之前，重量是不能标准化的，在测量电气量的仪器发明之前，电气单位也不能标准化。但这些年来，我们发明了"价格指数"，它是一种衡量美元购买力的必要工具。

这个时代最具启发性的迹象之一是，这一衡量货币购买力变化 xxvii
的工具最近被用来调整工资和薪金，以适应高生活成本；对于美元贬值，同样也可以。许多商业机构、银行和一些官方机构已经通过使用生活成本指数来修正工资。

我相信，这一原理将被更广泛地用于跨期支付的协议中，这将是注定的。在目前美元不稳定的情况下，此类协议的正当意图不断受到价格变化的阻碍。逐渐地，这种对美元的修正将逐渐打破"一美元就是一美元"的流行迷信；我们确信对美元的每次纠正都是正确的和必须的。最终，这种修正肯定不会像目前那样，只是从外部对美元打补丁，而是将其纳入美元体系本身之中。

人们提出了实现这一目标的各种方法。在这本书中，我详细阐述了如何改变金币的重量，以保持其购买力不变。现在金币的重量不变，但购买力却在不断变化。事实上，我们需要一个具有恒定购买力的美元，而它的黄金含量却可以变化。

用这种方式，我们就能控制物价水平。美元中的黄金含量越多，其购买力就越大，价格水平也就越低。如果墨西哥采用我们的美元（而不是目前只有一半黄金重量的美元），墨西哥的价格水平将下降一半。或者，如果我们采用墨西哥元而不是美元，那么，我们
xxviii 的价格水平会翻倍。因此，如果价格有上涨或下跌的趋势，我们可以通过增加或减少美元的黄金含量来纠正这种趋势，利用价格指数作为调整的指导可以实现这个目标。

这一实施的过程就像夏令时拨动时钟指针一样简单，不引人注目且效果显著。为了债权人和债务人、股票持有人和债券持有人、雇主、雇员、保险受益人、储蓄银行存款人、信托基金会、公用事业等人们正义的利益，也无论为了达到目的采取这种或那种特定方法，最重要的是，稳定货币单位应该作为重建货币的基本措施之一。

否则，社会不公、不满、暴力和布尔什维克主义的根源将持续存在。要改变这种状况，现在只有一个真正的障碍阻挡着我们——保守主义。

但今天，因为战争的原因，人们有了接受新思想的意愿。也就是说，战争解开了传统的束缚。正如法国大革命带来了公制，战争说不定也会如人们所意料的那样，毫不奇怪地给英国带来一个十进制货币。这种货币会修正各国货币单位，使它成为法郎的倍数；同

时它也给我们创造一种国际货币并且维持稳定的汇率，并且，作为一项伟大的改革，也是最简单的改革，它会给我们创造一个新的货币体系，在这个体系中，单位实际上就是交换的价值单位。它们本应如此，而我们本来也是要这样做的。

章节摘要

第一章 事　实

xxix **1. 指数。**价格指数显示价格的平均百分比变化。因此，以1913年为比较基准，称其物价水平为100%，代表1917年物价水平的指数为176%，1918年的物价水平为196%。计算指数的方法有很多种，但它们的结果通常是近似一致的。（图1和图2）

2. 中世纪的价格水平。物价通常都在上涨。在法国，"一战"前的价格是1,000年前的5或10倍。在"一战"后，物价上涨的幅度往往远远超过这个数字，尤其是在纸币通货膨胀（Paper Money Inflation）之后，这一点特别明显。例如法国大革命、美国独立战争和目前的战争，特别是俄罗斯战争后也是如此。

3. 第一次世界大战前125年的价格变动（图3）。1789年至1809年，英国的价格翻了一番；1809年至1849年，价格一路下跌，甚至更多；1849年至1873年，价格上涨了50%。1873年至1896年，金本位国家的物价下跌，而银本位国家的物价上涨。1896年至1914年，美国和加拿大的价格上涨了50%，英国的价格上涨了35%。

4. 战争期间的价格变动。战争期间，美国物价上涨的速度是上 xxx
一个时期的七八倍。在欧洲，增长速度更快，俄罗斯是最快的。美国和英国的物价翻了一番，西欧涨了两倍，俄罗斯涨了10—20倍。今天美国1美元的购买力大约相当于1896年的35美分。

第二章 原因

1. 错觉(False Scents)。在41个号称会导致生活成本高的原因中，其中一些是导致物价上涨的重要因素，但除战争外，没有一个因素是提高物价总水平的重要因素，当然，这一因素只是最近才出现的。无论有没有托拉斯、工会、关税、奢侈品、广告、军国主义、公共卫生政策、单独包装等原因，价格都在上涨。

2. 奸商、投机商和中间商。投机能够调节但很少能成功操纵价格走势。在价格上涨的同时，中间商的利润下降了。(图4)

3. 循环推理。高劳动力价格可能会提高商品价格，反之亦然。但这两类价格之间的相互影响和其他影响并不能解释所有类别价格的普遍上涨。价格不能靠自己的力量提升自己。

4. 选择特例的错误。没有一种商品的重要性足以对价格水平产生重大影响。在其他条件相同的情况下，小麦必须上涨20%，才能将价格水平提高1%。

人们不自觉地挑出一些特殊例外情况，说某某商品供应减少或 xxxi
需求增加了才导致了价格上涨，但他们没有意识到他们所说的情况是一种特例。产品越是出类拔萃，就越是受到公众的关注，公众就越容易被误导。

5. 概率论的观点。大多数可能的解释都犯了一个致命的错误，那就是只看商品的一面，而不看货币的一面。当243种商品中有216种在1896年至1913年价格上涨时，这种惊人的巧合最简单的解释就是，假设一个共同的原因——美元贬值。这样一个简单的解释可能比对许多商品进行单独解释且结论一致要来得更为正确。

6. 统计学的观点。关于商品和贸易的统计数字以及国民收入估计表明，从1896年到第一次世界大战期间，总的来说，没有出现因为商品逐渐短缺而导致价格上涨的，相反，总的来说，商品总体上是逐渐富余的。即使在战争期间，美国的贸易额也有所增加。奥斯汀(Austin)先生表明，在战争期间，没有用于战争的商品价格也一直在上涨，例如菲律宾的马尼拉大麻、尤卡坦的剑麻草和南非的钻石，甚至在那些远离战争的生产这些商品的国家也是如此。阿贝蒙勋爵(Lord D'Abemon)已经证明，即使没有人工和材料成本的旧书、印刷品和硬币也都在上涨。

7. 价格变动因货币体系(Monetary System)而异。货币制度相似的国家有相似的价格变动，货币制度不同的国家有不同的价格变
xxxii 动。因此，金本位(Gold Standard)国家的价格变动非常相似(图5)，银本位(Silver Standard)国家的价格变动也很相似；但随着金银比率的变化，金本位国家的价格变动与银本位国家的价格变动有所不同。具有特殊本位的国家有着特殊的价格变动。(图6、图7和图8)在世界大战期间，不同国家的物价因通货膨胀程度不同而有所不同。

8. 价格随货币供应量的变化而变化。价格水平在很大程度上随货币数量的波动而波动(图9)。由于货币金属产量的大幅增加，

随之而来的是巨大的价格动荡。例如在16世纪和20世纪的50年代和90年代的就是这样的。第一次世界大战期间，各国的物价水平随货币数量的变化而变化。

9. 通货膨胀的种类。除了大量纸币（Paper Money）带来的通货膨胀外，还有黄金通货膨胀和信贷通货膨胀。前者如美国在1915—1917年经历过，后者所有交战国都经历过。

10. 战争通货膨胀的程度。除了俄罗斯以外，其他国家这个数字大约是原来的3倍，资金从150亿美元增加到450亿美元，存款从270亿美元增加到750亿美元。价格也随之上涨。

11. 货币幻觉（Money Illusion）。货币总是显得稀缺，即使它再多。个人想要的总是比他自己拥有的更多，他也倾向于认为整个国家会从更多的货币中受益。他没有意识到，货币越多，他能够购买到的东西就越少。他总是以为美元的总量是固定不变的。

有人声称黄金是稳定的，因为其价格恒定。但是，仅仅因为一 xxiii
盎司黄金大约是20美元就认为黄金的价值约为每盎司20美元就错了。黄金是固定的，是因为仅以黄金来衡量，而不是以它购买的其他东西来衡量。黄金变得廉价，不能以黄金的较低价格表现出来，而只能以其他物品较高的价格形式表现出来。

12. 与鸡蛋本位和其他本位相比，金本位制度的不稳定性很大，甚至大于地毯本位制。（图10、图11和图12）

13. 设身处地看待自己的问题。当金本位制国家的价格下跌而银本位制国家的价格上涨时，伦敦人会说印度价格上涨是因为白银贬值，印度人会说英国价格下跌是因为黄金升值。看到对方的变化，却很难认识到自己的变化，正如我们很难认识到地球在旋转一样。

14. 圣诞老人的到访应该会让每个人的口袋、钱柜和银行里的钱翻倍。第二天，一个男人拥有他需要携带的两倍的钱。他花掉剩余的钱，对商品的额外需求提高了价格。但是，由于这些剩余的货币还在流通中，所以它们就被一次又一次地使用，直到价格上涨一倍，直到价格不再有上涨的空间；因为在这种价格下，需要用两倍的零用钱、钱柜里的钱和银行的钱才能维持价格。

当淘金者把黄金带到造币厂时，就会发生类似的事情。他们口袋里装不下新的金子。他们花掉了其中的大部分，从而抬高了矿区的价格。然后，这些黄金持有者把它们花到营地外面，在那里他们可以买到更便宜的黄金。这就抬高了外部的价格。因此，新的黄金在世界范围内追逐低价并抬高价格。

15. 溯源觅踪。 由通货膨胀引起的价格上涨似乎是神秘的，因为在任何个案中，比如杂货店黄油价格上涨，唯一可见的原因是其他价格比如黄油批发价格的上涨。在食品商的顾客中，货币的充裕所产生的影响太小，而且是循序渐进的，难以观察到。但这个小的、未被观察到的因素，也作为批发价格上涨的部分原因能够帮助解释
xxxiv 该价格之前的所有价格上涨。这个因素，虽然在任何一个市场中都很小，但当考虑所有市场时，它就是一个很大的因素。

16. 除货币外，其他原因还包括银行存款、货币和存款的流通速度以及交易量。 通常来说，最主要因素还是货币。

第三章 弊端

1. 高价格的弊端并不是普遍的贫困。如果所有的价格和收入

都平等增长，就不会对任何人造成伤害。但涨幅并不总是相等。因此，有得也有失。

2. **合同困扰(Contract Upset)**。当价格上涨时，债权人损失；当价格下跌时，债务人就损失了。

3. **薪酬和工资调整缓慢**。它们的涨跌比价格的涨跌要慢得多。美国参战前的工资购买力平均只有10年前的2/3，战后更低。

4. **法律或惯例确定的费率上涨很慢**。例如，在过去20年的价 xxxv
格上涨中，无轨电车的票价仍然是传统的5美分。

5. **1896年前后的对比**。在1896年以前，"大量持有债券的人(Bloated Bondholder)"一直在获利。像拉塞尔·塞奇(Russell Sage)这样的放债者积累了大量财富。1896年之后，他们就不可能这么做了。即使他们把每一分钱的利息都存起来再复利，他们现在也没有当初开始时的实际购买力。今天的新贵不是债券持有人，而是股东。

6. **错不在个人而在社会**。所以我们不应该责怪彩票的幸运中奖者，而应该废除彩票。

7. **两个说明性案例**。一个工作的女孩在1896年把100美元存到银行，然后以3%的利率累积，那么她现在名义上的收入是她初始投入的两倍，但价格是1896年的两倍半还多。同样，债券持有人也没有获得真正的利息。他削减了优惠券并兑现了它们，但名义上完好无损的本金，其实际购买力却不及过去的一半。实际上，他一直在消耗自己的资本。

8. **社会不公正的程度**。自1896年以来，由于美元贬值，价值上千亿美元的购买力实际上已经易手，尽管不是名义上的。

9. 不确定性。如果可以预见，这些损失将在很大程度上被预先阻止。但除了投机者，几乎没有人试图预测价格走势。美元不稳定的主要害处在于它的不确定性。

xxxvi **10. 贸易周期。**当价格上涨时，巨大的利润会导致商业和信贷过度扩张，有时还会引发危机，之后经济收缩会导致价格下跌和贸易萧条。美元的不稳定性是形成周期中的一个基本因素。

11. 怨恨和暴力。美元不稳定带来的恶果通常不会被归咎于其真正的原因，而是会导致猜疑、阶级仇恨和暴力。

12. 物价上涨和下跌都会引起不满。在 1896 年以前，西方的农民讨厌东方的资本家，因为他们的抵押贷款越来越重，他认为这是由于对货币市场或产品市场的操纵，抑或两者皆有。

13. 战争价格引起不满。"一战"前，不断上涨的生活成本催生了社会主义者，而对德国内部阶级战争的恐惧是引发它与其他国家战争的原因之一。同样，战争期间的物价上涨也是我们现在所看到的民众骚乱的主要原因。

14. 最需要且最不受欢迎的调整。长期以来，铁路和地主一直为物价上涨所苦，但公众却更加坚决地反对相应提高他们的费率或租金。即使是从物价上涨中获利的雇主也常常反对相应的工资上涨。每个人都反对提高别人的价格，都希望普遍的价格削减。但是，全面降价是不可能的，所以只好将个别太低的价格调高一些。

15. 糟糕的补救措施。公众无法理解价格波动的原因，但他们看到了是谁在损害他人利益的情况下从中获利，因此他们会寻求针
xxxvii 对这些赢家的补救措施。每一个补救提议都会有一次听证会。有些听证会甚至很糟糕。这就是"自由白银"的倡导者在 1896 年提

出的主张，也是当今不计后果的激进主义的主要内容。

16. 损失是普遍的。很少有人能从价格的上涨或下跌中获得永久的收益，因为嫉妒的失败者会以某种方式阻止他们，比如蓄意破坏。再者，当价格下跌时，丧失抵押品赎回权（Foreclosure）的情形会被迫发生，这将会把行业的管理权交到通常不适合这项任务的人手中。简而言之，最终，几乎所有人都从不稳定的美元中受损。

17. 结论。不稳定的美元是许多重大事件的始作俑者，其中包括历史记载的最大的罪恶和不公。

第四章 补救措施

1. 曾经提出的补救措施。提出的 43 种补救措施几乎忽视了货币方面的问题。它们以经济和效率为目标，关注的是我们的收入问题，而不是美元的购买力问题。

2. 美元是唯一尚未标准化的单位。美元现在是一个重量单位，而不是以商品购买力来衡量的单位，而后者正是我们所需要的。我们已经逐步稳定或标准化了商业中使用的其他单位，包括码、磅、蒲式耳、马力、伏特。美元现在只是做了一个粗略的定义。一切还是老样子。

3. 一种虚构的商品美元（Goods Dollar）。由两种商品如黄金和白银构造的本位比一种商品构造的要好，同样，许多商品构造的本位比由两种商品构造的要好。美元本位（Dollar Standard）应该相当 xxxviii
于一个特定的货物清单，包括如 1 英尺的木材，15 磅的煤炭，半磅糖、半盎司黄油、1/4 盎司皮革、1/4 磅钢铁等。根据其在交易中的相对重要性来选择的这类货物数量可以称为商品美元或一篮子市场美元(Market-Basket Dollar)。

4. 金本位不可放弃。这样一种商品美元是一个很好的价值标准,但却是一种很差的交换媒介,它太重、太大、太容易腐烂。因此,建议保留黄金作为交换媒介,但要纠正金元(Gold Dollar)的重量,使其价值等于虚构的商品美元的价值。

5. 只需要改变金条美元(Gold Bullion Dollar)的重量。因此,要通过改变金元(Gold Dollar)的重量来修正它。一块墨西哥元的重量只有我们的一半,所以它所购买的东西也只有同等重量时的一半。

6. 不需要使用金币。我们已经两次改变了金元的重量。我们可以每个月左右对金币的重量做一次改变,尤其是在我们放弃铸造金币的情况下这样做更容易。如今,黄金的流通主要是通过黄金的代理形式—— 纸券(Paper Certificates)进行。这完全可以做到。这些金元券可以用等价的金条(Gold Bullion Bars)兑换或赎回。我们提议将这些金条兑换金元券的汇率从目前每 1 美元金元券兑换 23.22 格令纯金(Grains of Pure Gold)的固定汇率改为可以不时提高或降低的浮动汇率。

7. 金本位制的本质是一个黄金可以流入和流出黄金湖。流入的黄金来自矿工和进口商,他们不直接将黄金投入流通,而是交由
xxxix 政府保管,并获得作为黄金代理人在流通中使用的金元券。黄金外流的是珠宝商和出口商,他们赎回金元券并提取黄金。这些基础将保持不变,但存款和取款条件会改变。

8. 基于价格指数的金元重量的周期性变化。金元重量的变化

不会是任意的，而是服从价格指数。比如说，每两个月，价格指数将会被重新计算，以保证一篮子商品或者说商品美元，真实地反映了生产 / 生活成本。如果这一篮子商品的价格比 1 美元高 1%，或者 1 美分，那么 1 美元就要增加 1% 重量的黄金。如果它的价格比 1 美元低 1%，那么 1 美元的黄金重量就要减少 1%。

9. **调整规则的工作原理**。千万不要以为对美元的调整是一劳永逸的。如果不这样，有可能下一次的指数计算就会出问题，然后需要进行进一步的修正。总会有偏离票面价值（Par）的情况出现，但它总是在修正过程中，就像汽车永远不会保持在所需的准确方向上一样，但我们可以让它偏离真实路径的偏差以明显的速度得到纠正。因此，金元将与商品美元保持密切联系；每一其他美元（纸币美元和存款美元）可以直接或间接地以金元赎回，其值将与之相等。

10. **针对以政府支出为代价的投机活动的限制性条款**。对于黄金存款，政府将收取 1% 铸币税（Brassage），而且金币重量的改变不得超过铸币税比例。这将防止黄金投机令政府难堪。附文和其他技术细节在附录 1 的第 1 节中详细阐述。

11. **与其他方案的比较**。增产的努力是值得赞扬的，但这些措 xl
施和限价都不会对价格水平产生很大影响。它们需要压制性的力量，而如果稳定了美元，则这些举措不费吹灰之力。

第五章 结论

1. **计划概要**。废除金币，让黄金与金元券可以互换；建立指数；根据指数与票面面值的偏差调整金元的重量（Dollar’s Weight）；收取铸币税，绝不随意改变金元的重量；保持不受限制的存、赎回金本位制度，保持健全的银行系统。

2. **该计划的关键**在于通过增加美元或金元的重量来防止美元贬值，反之亦然。

3. **金元的重量不变是虚假的。**目前美元的重量和黄金的价格都是固定的。当黄金的价值上升或下降时，我们无法把它的价格标示出来。结果是，当黄金价格应该下跌时，其他东西的价格就会上涨，反之亦然。

4. **过渡不会造成冲击。**当制度启动时，如果作为票面价值的价格与当时的价格水平很接近时，普通人将永远不会注意到这种变化。只有少数人，如矿工和珠宝商那样经营金条的人，才会注意到金价不再固定不变。

5. **遵守合同将使"扒窃"（Pocket Picking）行为不再发生**，由此产生的不满、嫉妒和猜疑也将停止；危机和萧条也将得到缓解。

xli 6. **不能包治百病。**它既不能替代经济和效率，也不能确保财富的公正分配，但它将使我们从与美元稳定相关的纠缠和混淆中摆脱出来。它将比任何其他单一的改革都更为简单。

7. **没有理论上的完美。**它的目的仅仅是为了对美元体系进行实际改善，就像对所有其他部门已经做出的改进一样。

8. **为什么这么简单的一种补救办法被忽视了。**其中一个原因是，直到最近还没有设计出指数。没有一个单位可以被标准化，除非它可以被测量。

9. **阻碍是什么。**保守主义，冷漠，无知。

10. **先例。**合同的订立是按照现行货币以外的其他标准订立的。

11. **原本可以避免的情况。**如果我们在 40 年前稳定了美元，那么在这段时期的前半段，我们就可以避免由于农民和商人破产、控制权的不当选择而造成的数十亿损失、1884 年和 1893 年的危机、大量的失业、民粹主义、局部的不安情绪和自由白银的风潮；而在后半段，我们本可以逃过生活成本上升，储蓄、债券、薪水和工资贬值的劫难，战前的食品暴乱以及此后的一些骚乱、投机、渣滓和很多“暴利”行为。这些都是世界工人阶级的大部分内容。

12. **有些事情必将发生。**这取决于美元的走势，而美元的走势又取决于美国政府和其他国家的财政政策。我们可能确信美元不 xlii
会停止波动，除非我们阻止它或者提前解决它。如果它被忽视或长期拖延，这会是一个很大的问题。

13. **我们战后的机会**是在解决受战争干扰的价格水平方面发挥主导作用。如果我们这样做，其他国家很可能会追随我们。

14. **如果我们错过了对美元不稳定进行科学补救的机会，**我们就要为一种不科学的补救办法、为江湖骗子和一场巨大的自私的阶级斗争去铺平道路。

附录 1 技术细节

1. **针对金元券（Certificates）的准备金。**增加或减少金元重量会以相反的比率减少或增加某一特定实物黄金储备（Physical Gold Reserve）中的美元数量，因此会在一个或另一个方向上干扰目前黄金储备与金元券 100% 的比率。基于这个目的，通过注销或发行金元券可以将上述比率维持在100%或任何其他固定数字上。

这些操作将有助于美元价值的稳定。与其他必要的变化相比，这样的操作只需要对美元的重量做出更少的改变。

他们还将损益项目记入政府账簿，否则属于个人所有。

另一种处理准备金的方法是不管准备金与金元券的比率，除非或直到准备金降至设定的最低安全限度，比如50%，在此之后，它可以按照前面描述的方式进行。

xliii 还有一种方法是在开始时使用一个限额，然后将超过法定准备金的盈余作为初始利润，然后按照所述的方式保持固定的比率。

只要储备不流失，美元币值稳定制度（Stabilization System）的运作就主要影响黄金的进出口。当增加了撤销或发行金元券的附加特性时，该制度的操作将主要影响这些金元券在国内的数量。

如果采用这一制度的国家只是世界上的一小部分，那么无论是否引入金元券的注销或发行以保持明确的准备金率，美元重量所要求的变化都不会有显著差异。但是，如果世界上大多数国家都采用该制度，那么第一储备制度，或者说无限储备制度就需要对美元重量做出重大的调整，这种调整比第二储备制度，即有限储备制度，要巨大得多；唯有如此才能实现美元币值的稳定。

2. 黄金投机。目前，与商人不同，政府以相同的价格买卖黄金。如果在采用稳定制度之后继续采取这种做法，每当投机者知道金价的预期变化时，政府可能就会感到尴尬。他们可能以今天的价格购买政府的黄金，然后以更高的价格卖给政府，或者以今天的价格卖
xliv 给政府，明天以更低的价格买回。对于上述套利行为，政府可以收取佣金的形式进行规避，例如收取政府买卖价格价差的1%，而且

任何时候都不能随意调高或调低价格以获取更多佣金。其他形式的投机不会造成损害。

3. 价格指数选择。商品批发价格应使用加权算术指数。批发价格比零售价格更迅速地表明需要改变美元的重量。计算频率应该大约为每两个月一次，以便为上一次调整与其效果出现之间留出足够的时间。

4. 面值(the Par)选择。这应由司法委员会(Judicial Commission)决定。或许我们应该以接近当前的价格水平来启动这一制度。

5. 如何处理现有金币(Gold Coins)。一个答案是(在停止进一步铸币的同时)允许现有的硬币继续流通，除非或直到它们的所有者选择将它们兑换成金元券或熔化成金条(如果黄金升值到足以使这种熔化有利可图的话)。

6. 如何处理现有合同中的"黄金条款"(Gold Clause)。要实现它的真正目的，即稳定，最好的办法就是废除它。联邦政府有宪法赋予的权力这样做。

7. 银行信贷和计划。银行储备将以金条美元券的形式保存，即代表黄金的纸质凭证。当然，银行自己的票据和存款应该与准备金保持某种合理的关系。实现这一目标的方法之一是调整贴现率(Rate of Discount)。这是英格兰银行(Bank of England)使用的方法。

8. 计划的国际方面。该计划不需要各国的一致行动，尽管一致 xlv
行动是可取的(以避免汇率波动带来的不便)。采用该计划的国家，其货币本位将不再受外国政治或战争的支配。无论一个或多个国家采纳该计划，国际贸易都不会受到太大影响。第一个采用该计划的国家所享有的巨大优势，特别是在国内贸易方面，很可能很快就会导致该计划的普遍采用。

9. 不同假设下的数字说明。实际计算表明，只要铸币费用、调整频率、对美元重量偏离指数平价 1% 进行的调整保持在合理的范围内，它们对最终的稳定指数就不会产生多大影响。相同的条件下，给定调整所施加影响的程度和速度也不会产生太大的区别，对于设计的稳定策略所要克服的指数趋势也是如此。

因此，如果稳定是在 1900 年开始的，价格每偏离指数的 1%，则每隔一个月把美元的重量调整 1%，并收取 1% 的铸币费用（Brassage Charge），那么，如果我们假设指数偏离 1%，每次调整 1%，
xlvi 则 2/3 的影响会发生在下一次调整之前，另 1/3 发生在下一次调整之后，这是一个非常严肃的检验。我们发现，到 1915 年秋天，当欧洲战争第一次对我们的价格水平产生重大影响时，稳定机制，如果按照上述假设发生作用，价格会在 2/3 的时间内将指数保持在平价的 2% 以内，6/7 的时间内保持在 3% 以内，并且一直保持在平价的 4% 以内。

10. 稳定美元的初步草案。一美元被定义为具有可计算的近似不变购买力的可变数量的标准金条（Standard Gold Bullion）。

一个计算局每两个月就要计算大约 100 种重要商品批发价格的加权指数。

计算结果将被传送给造币局，造币局随即按照指数与平价的比率增加或减少美元的重量（但不超过 1%，即铸币费）。

铸币厂可以随意赎回金条美元券，以金条的形式 1 美元换 1 美元；同样的情况下，可以按照储备的金条发行金条美元券，1 美元

发放 1 美元，但要额外收取 1% 的铸币费。

依据金元券，财政部长至少要维持 50% 的黄金储备。任何超过 50% 储备金的剩余都需要签发金元券，任何不足都需要注销金元券。

附录 2　不批准该计划

1. 误解是很自然的，而且很多。他们构成了对该计划的大部分反对意见。（图 13）

2. 所谓的缺陷。这项计划不完美，这是一个微弱的反对意见； xlvii
我们知道我们目前的制度离完善还很远。

3. 保守主义是唯一令人生畏的障碍，也是大多数其他反对意见的基础。

4. 特殊利益带来的阻碍实际上几乎不存在。

附录 3　备选方案

1. 另一个合理的选择是放弃黄金作为中介，切实提供复合商品美元（Composite Goods Dollar）的自由存取，以换取金元券的发行和赎回。这些操作是通过对每种特殊商品的商品权证（Goods Warrants）来实现的。

2. 在理论上，同样的制度如果没有自由铸币（即免费存款）也可以运行。

3. 同样的制度如果去掉赎回条款，将面临通货膨胀的风险。

4. 基于劳动的货币是可以想象的，但并不可取。

5. 政府控制黄金生产会有所帮助。

6. 物价指数表 / 物价指数本位制（Tabular Standard）仅在有限的情况下是可行的。

附录4 公共利益

1. 物价的飞涨或崩溃都会削弱人们对货币的信心，并引起公众对其原因的好奇。战争通常通过通货膨胀引起巨大的价格动荡，因
xlviii 此引发了关于原因和对策的讨论。

在这种时候，对货币稳定性的怀疑会与货币稳定性的坚定信念相互碰撞。因此，在价格波动放缓之后，公众很快就会恢复对货币孩童般的信心。他们认为，1 美元就是 1 美元。

在漫长的价格波动的尽头，公共利益和开放意识才得以最大程度地发挥作用。无论是 1896 年之前漫长的价格下跌还是之后漫长的价格上涨，都证明这种观点是正确的。

2. 目前的计划源于 1896 年开始的价格波动。直到 1896 年之后的 5 到 10 年，物价一直在上涨，这个计划才引起了人们的关注。随后，有关高生活成本的文章、书籍和官方报告一而再、再而三地出现。第一次世界大战爆发时，一项关于这个问题的国际会议计划正在进行中。这次会议的特别目的之一就是研究高生活费用下的货币规则。

3. 经济学家、银行家、商界人士和公众生活人士都对稳定美元的计划表示赞同。商会和其他商业机构已经通过了支持它的决议。

目前一些国家正在考虑是否在现实经济中采用这一方案。

附录 5 先例

1. 人们会优先以一种商品（如小麦或钢铁）而不是当前的货币来签订合同。

2. 物价指数表 / 物价指数本位制。在马萨诸塞州的殖民地，人 xlix
们用商品的综合数量或指数来签订合同，以保障对士兵的支付，在当前的战争中也要利用它来保障工资的购买力。

3. 像在“金汇兑本位”中那样，对货币单位本身进行校正，是为了防止国际汇兑的波动。在第一次世界大战期间，有时禁止黄金的进口或出口，其目的至少部分是为了防止过度的通货膨胀或通货紧缩。

4. 结论。可见，我们建议的每一项内容都有先例。唯一的创新是将这些之前测试过的元素组合成一个完整的整体。

附录 6 参考文献

1. 当前的一些主要指数包括美国的 6 个、加拿大的 2 个、英国的 4 个、法国的 1 个。

2. 有关指数原理的写作参考了杰文斯（Jevons）、埃奇沃思（Edgeworth）、沃尔什（Walsh）、尼不斯（Knibbs）、费雪（Fisher）和米切尔（Mitchell）的著作。

3. 对稳定美元计划的远期预期涵盖了双金属 / 金银本位

(Bimetallism)、混合本位(Symmetallism)、金汇兑本位(Gold Exchange Standard)、纸币制度(Paper Money Regimes)和物价指数表(Tabular Standard)。

4. 早在1824年，约翰·鲁克(John Rooke)就做出了与本书概念上基本相同的**直接判断**，随后在价格下跌时期，西蒙·纽科姆(Simon Newcomb)、阿尔弗雷德·马歇尔(Alfred Marshall)、安奈林·威廉斯(Aneurin Williams)、艾伦·史密斯(J. Allen Smith)、提宁(D. J. Tinnes)提出了类似的观点，在前言中提到的其他几位也有相同的看法，只是没有发表出来。

5. 引用了有关稳定美元的最新文章。

第一章　事实

1. 指数

这本书的目的是展示如何控制价格。

一位伟大的老师曾经对他的学生说:“把对任何社会状况的研 1
究分成四个问题:它是什么? 为什么? 怎么了? 你打算怎么办呢?”因此我打算在接下来的章节中讨论(1)事实是什么;(2)主要原因是什么;(3)导致的不良后果;(4)补救措施。

本章专门讨论这四个主题中的第一个,事实,也就是历史上记录的价格变动。

各种物品的价格通常不会一起变动,而是像爆裂的贝壳碎片一样分散。然而,总是有一个明确的平均运动,这些运动就像爆裂的贝壳碎片一样围绕一个明确的中心,形成许多散射的路径①。

为了描述价格的平均变动,我们首先必须找到一些方法来衡量它。一种非常简单的度量方法叫“指数”。

---

① 需要了解更多细节的读者可以参考附录 6 的参考文献。

2 指数是指价格平均上涨或下跌的数字。如果小麦自上个月以来上涨了 4%，而牛肉上涨了 10%，那么，小麦和牛肉的平均涨幅就在 4% 和 10% 之间，即 7%（$\frac{4+10}{2}=7$）。则 107% 是以上月价格 100% 为基础的情况下，本月两种商品的价格“指数”。

		上月	本月
小麦	……	100%	104%
牛肉	……	100%	110%
平均	……	100%	107%

当然，同样的方法适用于两种以上的商品价格。因此，如果三个这样的商品价格分别上涨 4%、4% 和 10%，它们的平均涨幅为 $\frac{4+4+10}{3}$，或 6%，这里的价格指数就是 106，当然它是以原来 100 的价格水平作为比较基础的。

这种计算方法给予了不同的商品同样的权重。如果一种商品比另一种商品更重要，那么，我们希望给予更重要的商品更高的权重，例如，是普通商品的两倍或三倍权重。假设小麦的重要性是牛肉的两倍。如果小麦上涨 4%，牛肉上涨 10%，两者的平均涨幅就应该是 6%（$\frac{4+4+10}{3}=6$），而不是 7%（$\frac{4+10}{2}=7$）。处理这种情况，就相当于把它当成三种商品一样，指数就是 106，而不是 107。
3 这就是大家熟知的加权平均。相反，如果牛肉像小麦一样被加权两次，那么，价格平均上涨就应该是 8%（$\frac{4+10+10}{3}=8$），也就是，指数是 108。值得注意的是，“加权”平均数（106 和 108）与“未加权”平均数（107）之间的差值非常小。通常情况是这样。图 1 说明了这

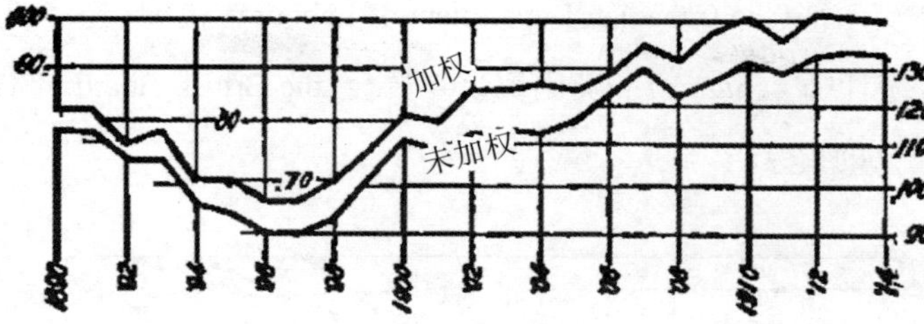

图 1　通过不同计算方式展现的价格运动

根据韦斯利·克莱尔·米切尔的方法编制。

本书图表中的曲线和其他图表都绘制在“比率图”上，在该图表中，相同的斜率总是代表相同的上升百分比。

图 1 显示了“加权”和“未加权”平均方法之间的一致性。也就是说，美国批发价格水平在任何两个日期之间变化的百分比被发现是大致相同的，无论该百分比是“未加权”计算的，即作为各种商品价格变化的百分比的简单平均值，也就是所有商品被同等对待，还是“加权”计算的，即仔细考虑每种商品的相对重要性。因此，在 1896 年至 1914 年间，“加权”指数从 67 上升到 100，“未加权”指数从 90 上升到 133。这两次上涨几乎是一样的，100/67 几乎与 133/90 相等。

一重要事实。

无论商品数量很多还是只包括数量适中的商品，一般情况下两种计算方法得出的结果没有太大区别。图 2 说明了这点。

总的来说，指数是表示给定货物价格的最佳形式。如果某一特定种类的货物在某一日期的价格为 1.00 美元，而在另一日期为 1.10 4
美元，则这些数字可被视为指数。因此，你可以将具有代表性的一篮子商品（如一磅肉、一磅糖、一品脱牛奶等）的市场价格视为指数，我们会在第四章考虑这样做。

公众现在可以选择各种各样的指数体。这些指数包括布拉德斯特里特（Bradstreet）、邓恩（Dun）、吉布森（Gibson）、《年鉴》（*the Annalist*）、美国劳工统计局（the United States Bureau of Labor Statistics）、

加拿大劳工部(the Canadian Department of Labour)、伦敦《经济学家》、伦敦《统计师》(*Statist*)和英国贸易委员会(the British Board of Trade)等提出来的指数。

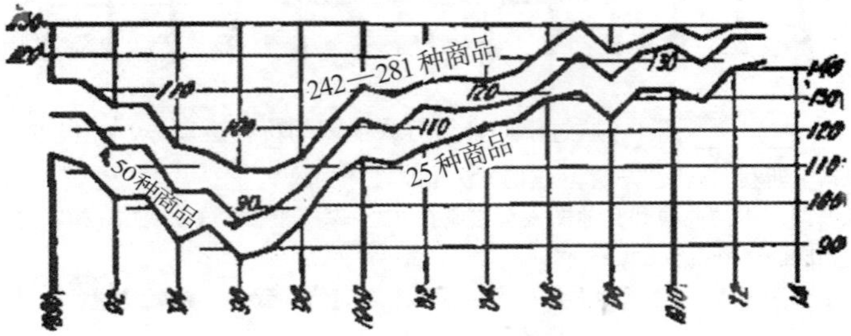

图2 使用不同商品数量计算的价格运动

根据韦斯利·克莱尔·米切尔的方法编制。

图2显示无论有多少商品包括在计算中，美国批发价格水平上升或下降的百分比是非常相似的。

美国劳工统计局目前的指数是由300种商品的批发价格构成的，由现任局长罗亚尔·米克尔博士完善。根据上一次人口普查年度的销售数量，它赋予了更重要的商品更多的权重。它以1913年的物价水平为基准，取值100，而1914年的物价指数也是100。换句话说，它表明在1913年到1914年间，平均价格是一样的。1917年的指数是176，1918年的指数是196。也就是说，1917年的物价平均比1913年高76%，1918年的物价平均比1913年高96%。因此，1918年的物价平均水平与1917年的物价平均水平之比是196∶176。

指数是一个相对现代的发明。1890年计算出的好指数不多，

1860年计算出来的好指数更少。杰文斯是英国经济学家，他比其他人更早地提出了这个想法，并且计算出了1782年之前的英国的物价指数。一些非常粗略的指数甚至可以追溯到13世纪，还有一个指数甚至可以追溯到8世纪，但其中一些年份有中断。

2. 中世纪的物价水平

一个有趣的事实是，古往今来，虽然价格有时会下跌，但总体上是上涨的。在法国，战争前的价格是500年前的四到六倍，是1000年前的五到十倍。

我们不是唯一抱怨"生活成本高"的人，在16世纪，人们抱怨小麦的价格是前3个世纪的3—10倍。1447年5英镑的购买力相当于1707年28或30英镑的购买力。这时的价格波动是用金属货币来表示的。在使用不可赎回的纸币（Irredeemable Paper Money）
的地方，波动要大得多，例如，法国大革命时期著名的纸币、我们 6
（指美国）自己革命时期的"大陆币"（the Continental Paper Money）和现在的俄罗斯纸币。据说，美国独立战争结束后，费城的一位理发师用"大陆币"铺满了他的店铺，称之为他能买到的最便宜的墙纸！人们还听到了这样的笑话：一个家庭主妇拿着装满这些"钱"的篮子来到肉店，把肉装在钱包里带回家！这些钱成了一种嘶嘶声和一种代名词；而且，直到今天，人们最喜欢的"一文不值"的表达方式就是"不值一个大陆币"。

3. 第一次世界大战前 125 年的物价变动

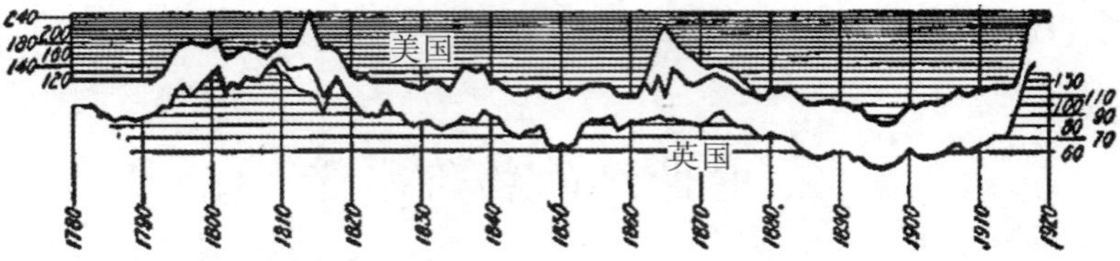

图 3　从最早的指数到第一次世界大战前几年美国和英国的价格变动

图 3 展示了两个国家类同的价格运动。英国在 1801—1820 年，美国在 1882—1878 年期间都实行的纸币本位。图中反映价格变化的线条是将当时价格转化为黄金价格来表示的。

但是，在 1782 年之前，我们还没有一个很好的衡量价格变动的标准，杰文斯就是从这一天开始建立他的英格兰批发价格指数体系的。

1789 年至 1809 年，杰文斯指数从 85 上升到 161。也就是说，20 年来，据杰文斯的统计，英国的价格几乎翻了一番。

1809 年至 1849 年，杰文斯指数从 161 降至 64。也就是说，在这 40 年里，根据杰文斯的数据，英国的价格下降了一半以上。

1849 年至 1873 年，以萨尔贝克指数（Sauerbeck's Index
8 Number）衡量的英国物价指数从 74 上涨到 111（期间有两次中断）。

图 3 展示了这些变动以及美国的物价变动情况。我们注意到这些曲线的变化幅度很大，它们很少呈水平走势。即使在和平时期，一年内也会有超过 10% 的波动。

1873 年至 1896 年，实行金本位制的国家物价下跌，而实行银本位制的国家物价上涨。在美国，由于必须从内战时期的纸币本位制恢复到金本位制，物价下跌趋势进一步加剧。物价指数从1873年的100降至1896年的51，这种持续下跌的趋势在政治上引发了著名的布莱恩竞选运动。

但造化弄人。就在举国上下为物价下跌而担忧之际，物价走势却再次转向上涨；除少数例外情况，物价涨势一直持续至今。在战争爆发前的1896年至1914年，美国劳工统计局的指数上升了约50%。基本上相同的增长发生在加拿大；而在英国，增长了35%。

4. 战争期间的价格变动

在更进一步和更近期的价格上涨中，大战是主导因素。它的第一个影响是投机增加。突然和任意的投机“加价”（Mark-Ups）通常伴随着战争，而1914年的加价和大多数其他加价一样，都是暂时的。1914年9月，它在美国达到了顶峰。一旦市场状况变得不合理（大约一个月后这一点变得明显），投机者就被迫再次降价，直到1915年接近尾声时，美国的物价再没有出现大幅度上涨。然而，从1915年年底开始，这一增长速度远远超过了以前。在战前，即1896年至1914年，批发价格的上涨幅度虽然很大，但总的来说，在美国每月仅上涨0.2%，在英国，涨幅更低；而在战争期间，美国每月上涨1%，在许多其他国家——德国和奥地利——涨幅更大，达到了每月3%，在俄罗斯，则是每月4%或5%。

考虑到当时德国和俄罗斯的利率，已计算出来的其他国家之间的指数记录之间没有什么可比性。如果在战争之前，我们能够对每

月 0.2% 的平均增长率感到兴奋，那么，我们可能会部分理解俄罗 9
斯经济动荡的一些情况，在布尔什维克主义时期，俄罗斯的价格上升幅度是之前 20 倍以上，而且幅度可能更大。

到目前为止，虽然证据还不是很完备，但是劳工局的批发价格指数显示，从 1914 年战前到 1918 年 11 月停战时，价格上升了 106%，伦敦《统计局》的指数上升了 122%。

同一时期，美国食品零售价格上涨了 79%，英国上涨了 133%，法国上涨了约 140%，等等。可以说，战争使美国和加拿大的食品价格翻了一番，西欧的价格涨了三倍多，而俄罗斯的食品零售价则涨了 10 倍或 20 倍以上①。其结果是，在全世界范围内，价格水平问题可能是战争遗留下来的最大的经济问题。

现在美国的物价总水平几乎是 1896 年水平的 3 倍。如果用货币的购买力来表达这样的事实，那就是，我们今天的 1 美元只值 1896 年货币的 35 美分。在现代俚语中，我们几乎可以直截了当地说，与我们有史以来最大的美元相比，1896 年，我们现在的美元“看起来像 30 美分”。

① 从德国现有的零售数据来看，官方的食品零售价格在战争期间上涨了约 2.5 倍，而非官方的，即非法的或“二手的”数据，价格上涨了约 10 倍。

第二章　原因

1. 错觉

我们回答了四个问题中的第一个问题，并且看到物价水平总 10
是在变化，也就是说，美元不是一个具有固定购买力或交换价值的
单位。

我们现在准备好回答第二个问题，即“为什么它总是在变动?”

在最近流行的有关“生活成本高”的原因，市面上出现了各种
各样的讨论，例如：“暴利”；投机；囤积；中间人；外国需求；战争；
工会；短时间的劳动和产量限制；托拉斯；专利垄断；关税；冷藏；
铁路长途运输；电话营销；免费送货系统；单独包装；卫生法的实施；
对牛进行结核菌素试验；销毁受污染的肉；卫生牛奶；消除翻新黄
油和鸡蛋中的“腐烂”和“斑点”；食品掺假；广告；不科学的管理；
铺张浪费；生活水平提高；政府费用不断增加；养老金和改善贫困
人口的机构、医院、精神病院、疗养院、监狱和其他公共机构的费
用不断增加；意外事故和疾病保险费用的增加；失业和犯罪负担的 11
增加；对公共事业的投资，如铁路、公共工程等；在大战之前和战
争期间，军事设施的成本不断增加；战争摧毁财富；劳动力被投入

战争中；人口集中在城市；土地价格高昂；土地和其他自然资源的私有制；土壤贫瘠；农民就近作为主要的粮食供应来源；农民的妻子不再在黄油制造或家禽饲养方面与大型企业竞争；干旱；家庭主妇囤积食物；家庭主妇每天购买食物，并放弃在阁楼、吸烟室的储藏室和冰冷的地窖里储藏食物。

我不会详细讨论这一系列所谓的解释。虽然其中一些因素是提高特定价格的重要因素，但除了战争以外，没有任何一个因素对提高价格的总水平有重要影响，当然，战争只是最近才发生的。如果读者认为除了下面的简要总结之外，还有其他原因值得特别讨论，请参考我以前的著作和其他人的著作[①]。

当我们考虑到战前商品的价格时，这些价格上涨既适用于生产者的价格，也适用于消费者、批发商以及零售商价格；既适用于竞
12 争性商品，也适用于信托控制和专利商品的价格；既适用于自由贸易国家的价格，也适用于有保护性关税国家的价格；既适用于没有工会的国家的价格，也适用于有工会的国家的价格；既适用于必需品价格，也适用于奢侈品的价格；既适用于未广告商品的价格，也适用于广告商品的价格；既适用于非军事国家，也适用于军事国家的价格；既适用于农村也适用于城市的价格；既适用于没有卫生法律的地方，也适用于有卫生法律的地方的价格；既适用于散装货物，也适用于包装货物的价格。我们前面所列举的所有巧妙的对价格上涨的解释都无法解释如此一般或普遍的价格变化。

---

① 特别参见 *Why is the Dollar Shrinking?* Macmillan, 1914; and *The New Price Revolution*, Department of Labor, Information and Education Service, March, 1919.

我并不是说上述原因对价格没有影响。自由贸易国家的价格似乎在上升（或下降）——在战前也是如此——但上升幅度比其他国家稍低；专门适用于早餐的谷类食品的价格远远高于制造它们的原材料的价格；工会增加了许多行业的成本；中间商有时联合起来压低供应给农场主的卡车的价格却提高给消费者的价格；信托组织有时会将价格提高到竞争水平之上，有时会通过信托组织的规模经济降低成本，进而降低价格，来获得垄断利润[①]。在靠近战争地点的国家，战争时期的价格比在远离战争的国家上涨得多。尽管这些事实很有趣也很重要，但它们并不能帮助我们理解高价格的原因。

2. 唯利是图者 / 奸商、投机者和中间商 13

今天，人们有很多关于暴力和投机的说法。投机总是受到价格变化的刺激。它以价格变动为生。当预期未来价格上涨时，投机者购买商品并提高了当前价格，而当将来他们出售所持有的物品时，价格会保持在原本的水平以下。像大多数情况一样，投机的正常效果应该是减少或“熨平”价格波动。

投机偶尔会引起或加剧波动；但在这种情况下，投机者通常会因此而陷自己于困境之中。1914 年 8 月战争爆发后，价格立即出现投机上涨，随后迅速下跌。投机者在其他原因不会导致价格上涨的情况下，试图人为地抬高价格。这些投机者类似于喜剧演员。喜剧

① 米德教授（1912 年 4 月发表在《政治经济学杂志》上）通过指数显示，信托产品比竞争性产品更稳定，而且总体上不太倾向于上涨。

演员说他可以“每晚赚 1,000 美元”，但又补充道：“唯一的麻烦是这种机会没有了！”

同样，冷藏是价格的稳定器，总的来说，它可能减轻而不是加剧了价格的上涨[①]。同样与事实相去甚远的是，人们普遍认为，价格上涨是由于“中间商”。诚然，分销过程往往会产生浪费，但总的来
14 说，分销可能产生了更少的而不是更多的浪费。指数显示，在 1896 年以来物价上涨的大部分时间里，批发价和零售价之间的平均利润率实际上是在减少，而在 1896 年以前物价下跌时，他们的利润却是增加的。换言之，无论是哪一个方向，批发价格的变动速度都要快于零售价格。图 4 说明了这一事实，美国劳工统计局最近的数据也证实了这一点。

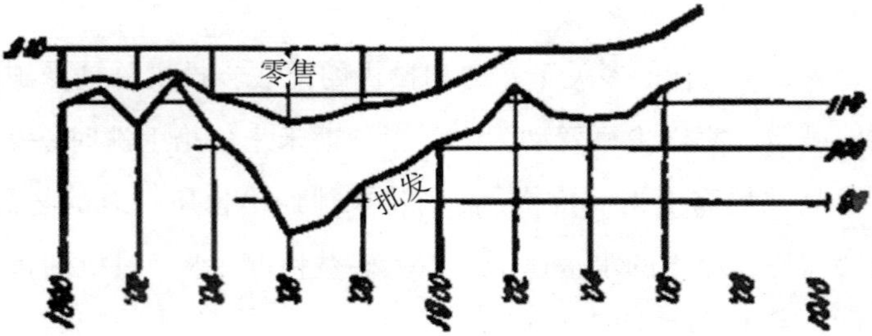

图 4　批发价格和零售价格的运动

图 4 显示：(1)两者大致相符；(2)一般来说，批发价格的变化速度(无论是下降还是上升)都快于零售价格，因此“中间商的利润”不能解释 1896 年到 1907 年的上升。

“奸商”要为物价上涨负责，这一说法在第三章将更清楚地看到。但这是在颠倒事实。事实是，物价上涨才是暴利的罪魁祸首。

---

① 参见 Fabian Franklin, *Cost of Living*, p. 97。

3. 循环论证

显然，仅仅用另一个价格来解释一个价格的普遍上涨是不够的。说“物价”上涨的原因是因为“工资”上涨，只是说商品价格上涨是因为劳动力价格上涨；那么，我们也可以反过来说，劳动力价格上涨是因为商品价格上涨，从而驱使工人罢工讨薪。同样的，说 15
制成品价格上涨是因为原材料上涨，或者说原材料上涨是因为制成品上涨，都是徒劳的。

这样的解释和园丁在被问到“锄头在哪里”时的回答一样令人不满意。有人问他，“锄头在哪里?”他回答，“和耙子在一起。”当被问到，“耙子在哪里?”回答说:“和锄头在一起。”曾经有漫画巧妙地讽刺了这种所谓的解释。在漫画中许多人站成一个圈，每个人都指责他身边的人：消费者指责零售商，零售商指责批发商，批发商指责中间商，中间商指责制造商，制造商指责工人，工人指责信托基金，而(为了完成这个循环)信托公司指责奢侈的消费者。

诚然，个别价格确实以数千种方式相互影响。但个别价格之间的几次推动和拉动并不是整体价格上涨的原因。群体中的这种力量不能移动群体本身，就像一个人通过拉他的鞋带从地上爬起来一样。我们无法通过观察木筏中的一根原木如何与其他木筏相连并被它们拉上或放下来解释木筏在海上的升降。确实，有些价格比其他价格上涨得更快，这也为其他价格的上涨提供了直接的理由。所有的价格都被捆绑在一起，它的各个部分发出吱吱嘎嘎的声音，就要进行必要的调整[①]。但是,价格之间的这种调整并不能解释为什么整个价格都上涨了。

16

4. 选择的特例错误

对某些特定商品进行研究得出来的特殊原因也不足以解释商品价格的共同上涨。例如，虽然“稀缺性”将大大有助于解释某些特定商品的价格上涨，但它无助于解释价格总规模或水平的变化，至少在战前是这样。

因此，即使由于稀缺的原因，小麦价格上涨了 20%。即使如此，相对于大宗商品而言，小麦并不重要，它对美国劳工统计局计算的 300 种商品的价格指数仅有 1% 的影响。同样的，土豆也必须上涨 100% 才能使指数提高 1%。即使是这样，这些微不足道的数字也夸大了它们对物价总水平的影响。原因有很多，这里不细致讨论。

事实是，大多数对物价普遍上涨的解释都只是抓住了眼前的第一根稻草，而这根稻草似乎能提供任何解释。人们不自觉地挑出一些他们碰巧熟悉的特殊案例，然后把它们拖到公众面前。碰巧中间商或信托公司提高价格，碰巧公司因工会要求而宣布涨价，碰巧农作物歉收导致谷类食品价格上涨。于是，立即有人立即宣称这是导致生活成本高的一个代表性原因。因此，报纸的头条新闻都会报道这类案件，令人印象深刻。这些案件越是不寻常和不具代表性，它就越引人注目。

17 只有普查才有些许真正的价值。正如我们看到的，即使是普

① 关于这一点的进一步讨论，见下文第 15 节和第三章第 13 和 14 节。

查，也不能证实太多，或者任何已经在国外流传的流行观点。

5. 概率论的观点

所有提供这种解释的人都犯了一个致命的错误。他们看错了市场。他们完全从商品而不是金元中寻找原因。商品的价格已经发生了变化，而价格是用金元来表示的。

其中哪种——一般意义上的商品或者特殊意义上的美元——有更大的可能发生变动？没有一些简单的共同原因，大宗商品却规律地涨跌，这可信吗？作为一个共同的原因，能够购买所有商品的美元，它贬值的可能性，难道不比成百上千个其他商品价值的变化都碰巧发生在一起更大吗？这些巧合纠缠在一起是不是太引人注目了？如果有一个简单的单一解释能说清，就不需要复杂的多重解释。这是公认的逻辑准则之一。

机会永远不会是单边的。如果我们把九枚硬币抛向空中，有四或五枚硬币正面朝上，我们不会感到惊讶；但如果所有硬币都正面朝上，我们会大吃一惊。发生这种巧合的概率正好是 512 分之一。有 8 次正面朝上的概率不到 1/50（正好是 10/512）。

现在，美国劳工统计局指数包含的九组商品中，只有一组（房 18
屋陈设）在战前的 1896 年至 1913 年间价格下跌。假设九组硬币和九枚硬币一样，彼此独立，例如“布料和衣服”上升时，并不能阻止“毒品和化学品”的下降；进一步假设，对于九组中的任何一组，上升或下降的机会是相等的；那么九组中有八组同时上升的概率（在硬币的情况下）正好是 10/512。

事实上，这种可能性较小，因为任何普通商品都不存在涨跌相同的假设。在大多数情况下，由于生产方法的改进，产量下降是我们所期望的。考虑到这一事实，8组商品同时上升的几率低于10/512，无疑低于1/100。

在这9组商品内有记录的243件商品中，只有27件价格下跌。诚然，并非所有243个商品都是独立的。许多商品，如面包和面粉，或生铁和铁制品，自然会一起变化；但即使如此，我相信，我们可以确信，243种商品中216种同时意外上涨的可能性会在千分之一以下。

这些都符合常识。我们很少有世界性的盛宴或世界性的饥荒。如果玉米作物在某些地方歉收，在其他地方通常是丰产的。如果玉米在各地歉收，那么，小麦、大麦或其他一些主食的收成基本上会
19 是正常的。如果日本发生战争，印度也就不太可能发生战争。一场世界大战，甚至像最近这样接近世界大战的冲突，是历史上最史无前例的事件。

我们的结论是，就概率论的观点而言，数百种商品同时涨跌的情况不太可能仅仅是巧合。更有可能的是，有一个共同的原因，或者最多是几个共同的原因。我们发现有两个共同的原因：货币贬值和（自1914年以来）战争，正如我们将看到的，战争主要通过货币贬值影响了价格。如果这些不是共同的原因，它们是什么呢？

同样的问题也出现在1873年至1896年，那时，物价出现了普遍下跌。除货币之外，还有另一种解释——发明增加了产量，降低了价格。在1873年至1896年这一时期，生产成本下降，伴随着价格下降，但在1896年到1913年，物价上涨与原来的趋势背道而驰。

在1896年到1913年，除了货币之外，没有任何共同的原因导致物价上涨，而且其他因素似乎也不太可能。

6. 统计学的观点

概率论的说法就到此为止了。但我们还有其他几条证据。首先是直接统计的证据，这些证据支持了相同的结论。这些统计数字表明，在1914年战争爆发之前，总体上并没有出现货物逐渐短缺 20
的情况，相反出现了日益丰富的情况，这种丰裕程度甚至在战争期间还在美国持续。

金（W.I.King）教授在《美国人民的财富和收入》（*Wealth And Income Of The People Of The United States*）一书中指出，自1850年以来，“实际收入”（即以商品而非美元计算的收入）每年都在增加（除了1870年，内战之后，当时略有减少）[1]！美国一般贸易额的平均增长速度超过了人口增长速度。根据农业部统计局（the Bureau of Statistics of the Department of Agriculture）纳特·默里（Nat C. Murray）先生的说法，在过去的20年里，美国十大主要农作物的人均产量都在增加[2]。肯米耶（E.W.Kemnerer）教授[3]和当时的作者[4]发现，在那段时间里，贸易量一直在持续地大幅增长。

---

① 金的1850—1910年连续的指数（以1890—1899年平均货币购买力方面来看）分别为69、79、82、111、169、232、262（p.129）。

② Monthly Crop Reports, U. S. Department of Agriculture, November, 1917.

③ “Inflation,” *American Economic Review*, Vol. VIII, No. 2, June, 1918.

④ Will the Present Upward Trend of World Prices Continue? *American Economic Review*, Sept., 1912; “Equation of Exchange,” *American Economic Review*, June, 1919; “The New Price Revolution,” Department of Labor, Information and Education Service, March, 1919.

即使在战争期间也是如此。韦斯利·克莱尔·米切尔教授在战争贸易委员会（War Trade Board）的领导下进行了一项关于原材
21 料生产的研究，结果表明，1918 年美国使用的原材料比 1913 年增加了 16%，比 1917 年增加了 2%。根据我自己发表和未发表的零碎研究以及其他人的研究，1918 年的实际贸易量估计虽然各不相同，但分别比 1913 年高 22% 至 41%，比 1917 年高 8%[①]。

1919 年 8 月 8 日，威尔逊（Wilson）总统在国会发表的关于高生活成本的讲话中，还举出了其他一些令人印象深刻的例子，比如鸡蛋、冷冻禽类、奶油黄油、盐牛肉和玉米罐头，这些都表明，高价格并不是由稀缺造成的。

除了这些关于交战国商品丰裕的论据外，还有其他证据表明，
22 在没有直接受战争影响的地区，物品价格也很高。

国家城市银行（National City Bank）统计师奥斯汀（O.P.Austin）说：

① 人们有时会犯这样的错误，认为战争所吸收的商品流应该从贸易总量中扣除，而只有剩余部分用于民用，才应该考虑与战前进行比较。他们说，这种商品的数量大大减少，因此自然要承担稀缺的代价。

但是，假定民用商品的稀缺性提高了这些商品的价值，正如主观估计的那样，但不能忽视的是，它同样倾向于提高货币价值。因此没有必要改变价格。

因此，假设无论出于什么原因，在战争中保持了和以前一样的价格水平，但是人民却遭受着缺乏食物和衣服的痛苦。这些饥饿的人可能主观上认为面包和衣服的价值是以前的十倍，但是，如果他们真的这么认为，他们肯定会认为买这些东西的钱也是以前的十倍。

尼科尔森教授在他的《战争财务》一书中写道："已故的罗伯逊·史密斯曾经说过，在东方，大饥荒往往并不伴随着价格的特别上涨。人们死于饥饿，但他们的要求没有效果。他们没有比平时更多的钱。"

价格的确表达了对商品的强烈需求，但只是相对而言，而不是绝对的。

“以生丝为例，战争对生丝没有特别的需求，而且是在敌对行动发生的地球对面生产的，从1913年生产国的每磅3.00美元涨到1917年的4.50美元，在战争结束的几个月里，每磅超过6美元。马尼拉麻，也生产在地球的另一边，不是战争需要，在生产国从1915年的180美元/吨提高到1918年的437美元/吨。来自中国、印度、墨西哥和南美洲的山羊皮从1914年的每磅25美分提高到1918年的每磅50美分以上，然而山羊皮并不是战争的特殊需求品。尤卡坦生产的剑麻草从1914年生产地的每吨100美元上涨到1918年的每吨近400美元，埃及棉花是一种高价产品，即使不用于战争目的，从1914年埃及进口的棉花从每磅14美分飙升到1918年的每磅35美分。即使是南非钻石矿的产品，与战争开始几个月的价格相比，每克拉的价格也从60%提高到100%。”

“在所有情况下，价格都是物品生产国的市场价格，而且在大多数情况下，价格都是在远离战争发生地的世界各地。他们是那些拥有大量廉价劳动力的国家的产物，在这些国家里，战争中没有对军人的需求。所报价格的上涨绝不是由于海运费用高，因为这些产品都是在生产国市场上需要和获得的。”

“为什么在战争期间下列产品的价格都翻了一番？比如，中国和日本照顾蚕的妇女和儿童的劳动产品，生产马尼拉大麻的菲律宾劳工的劳动产品，种植高级棉花的埃及农民的劳动产品，南非钻石矿的本地工人的劳动产品，尤卡坦剑麻田的墨西哥牡丹，马来亚锡矿里的中国苦力的劳动产品，中国、印度、 23

墨西哥和南美洲平原里的山羊。[1]”

阿伯农勋爵(Lord D’ Abernon)发现，在英国，那些似乎完全没有受到影响的奢侈品和只是受到劳动力和材料成本增加影响很小的产品，如旧书、印刷品和硬币，在战争期间价格大体上提高了50%。

毫无疑问，战争期间的价格上涨，即使是在商品短缺的俄罗斯，也主要是由于纸币贬值；而在美国，物价在美国参战前就上涨了，这不是因为这里的普遍短缺，而是由于巨大的黄金贬值导致美国从欧洲进口了大量的黄金(10亿美元)，换句话说，就是黄金“通胀”。而在我们参战之后，又出现了信贷通胀。

7. 价格变动因货币体系而异

到目前为止，我们的做法是消除一个个不合理的解释。我们排除了用商品来解释物价上涨的可能性(在某种程度上，战争时期除外)，最后，我们发现自己几乎被迫只能用货币来解释物价上涨。

但我们仍然有更明确的证据表明货币和货币替代品对价格拥有巨大和持续的影响。

首先，我们发现，货币本位相同的国家，其价格变动也是一样
24 的。例如，实行金本位制的美国和英国，如果追踪它们的价格指数，可以发现指数曲线之间有着惊人的相似性(图5)。只要两国货币建立在共同的黄金基础上，或接近于共同的黄金基础上，那么在整个

① “Prices, Yesterday, Today, and Tomorrow”一文是1919年4月11日在纽约商业出版协会编辑会议上发表的。

时期，英国和美国的价格走势一直是两条惊人的平行线。这要排除一国或另一国是采用了纸币基础的时期［拿破仑战争（Napoleonic Wars）或美国内战期间就是如此］。

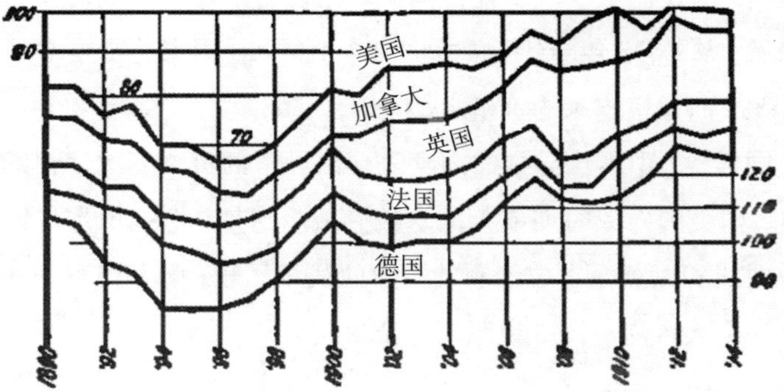

图 5　五个金本位制国家的价格变动

图 5 显示了价格的起伏有多相似。尽管五个指数的计算方法不同，但这种相似性仍然存在。

对于大多数其他金本位制国家，可用的统计数据始于 1890 年；从那一年到 1914 年战争爆发，这些国家的价格走势有着惊人的相似性，即美国、加拿大、英国、法国、德国、奥地利、意大利、瑞士、俄罗斯、瑞典、丹麦、荷兰、比利时，甚至在遥远的澳大利亚、新西兰、日本和印度也如此。

图 5 给出主要的统计数据。令人惊讶的是，任何一个金本位制 25
国家与所有国家的平均水平差距都是如此之小[①]。

---

① 如果不同国家的统计数据是用同样的方法构建的，那么会有更大的一致性。Wealey Clair Mitchell 教授通过在某些特定案例中以这种方式重建统计数据来证明了这一点。

同样，拥有银本位制的国家也有着一致的价格变动，比如1873年至1893年的印度和中国。

我们发现，货币本位制不同的国家，其价格变动也不同。当金银分离时，我们就发现了金银国家之间价格出现了巨大反差。大体
26 上来看，从1873年金银分离到1896年，黄金国家的价格水平下降了25%，而白银国家的价格水平上升了30%。

同样，货币本位异常的国家表现出异常的价格变动。在纸币制度下，如美国内战时期或英国拿破仑战争时期，把纸币本位绘制的指数曲线和以黄金本位绘制的指数曲线相比较，前者相对于看起来像是一个大水泡。图6说明了这个事实。

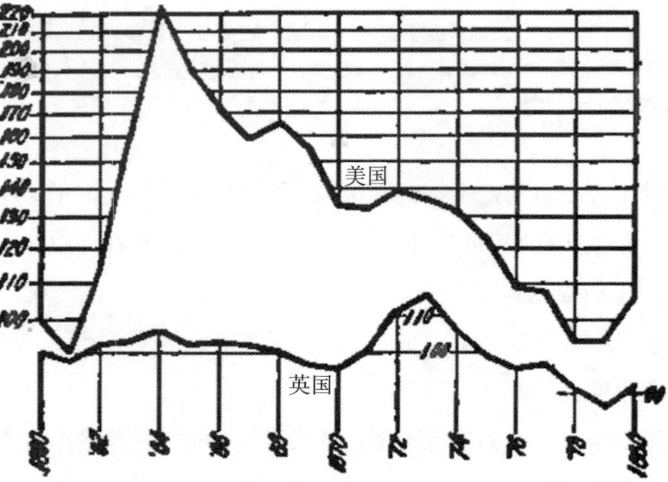

图6 美国在“绿背”标准和英国在金本位制下的价格变动

图6提供了不同货币标准下不同价格变动的例子。

因此，当一个国家从金本位制转向银本位制，从银本位制转向

金本位制时，其价格走势也会发生同样的变化。印度就是这样。图 7 说明了这一点。

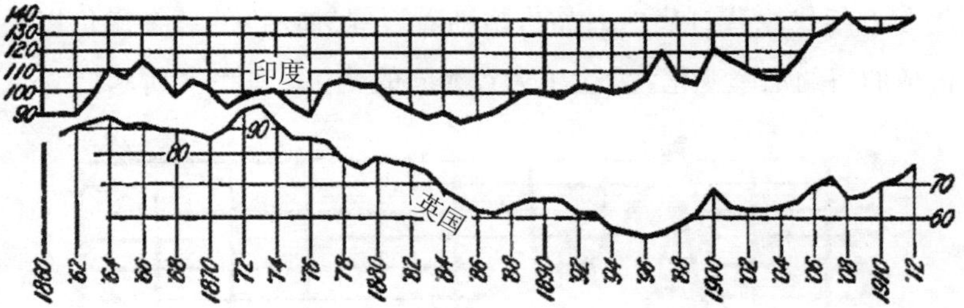

27

图 7　不同货币本位下英国和印度的价格变动

曲线对三个不同的时期进行了比较：(1) 1861—1873 年，在此期间，英国金本位制和印度银本位制在某种程度上联系在一起（通过双金属制）；(2) 1874—1893 年，在此期间，英国和印度的货币本位制没有联系；(3) 1894—1912 年，印度卢比再次与英镑挂钩（金汇兑本位制）。

要注意的是，在三个时期的第一个和最后一个时期，英国和印度的价格变动有一些相似之处，但在中间时期几乎没有相似之处。以上陈述的主要例外是中期的最初几年（1874—1876 年）和第三期的最初几年（1894—1899 年）。在前一种情况下，两条曲线显示出相似性，而不是中间阶段通常的不相似性，在后一种情况下，两条曲线显示出不相似性，而不是第三阶段通常的相似性。

有趣的是，观察到两种例外情况在很大程度上都是可以解释的——前者是因为这样一个事实，即尽管 1873 年放弃了双金属本位制，但直到三五年后，黄金和白银之间的比率才发生很大变化，而后者是因为这样一个事实，即尽管金汇兑本位制（在法律上将印度卢比固定在 16 便士上）在 1893 年被采用，（因为现存的铸银板和印度君主的持续铸币等）但仍然直到 5 年后才成功实际控制了在印度的交易。

货币本位不同的国家，不仅价格水平不同，而且其差异程度也对应于其本位的差异程度，即商品价格的变化与两种金属中以另一种金属衡量的价值的变化相对应。

例如，黄金国家和白银国家商品价格的差异大致相当于黄金和白银价格之间的差异。因此，在 1873 年至 1893 年，伦敦的白银价格下跌了 40%，而黄金国家的商品价格水平相对于白银国家的价格下降了约 40%。

同样地，与英国和德国等黄金本位制国家的价格相比，美国
28 六七十年代绿背时代的商品价格随着以绿钞计价的黄金溢价以及伦敦的纽约汇率变化，发生了大致相同的变化。如图 8 所示。

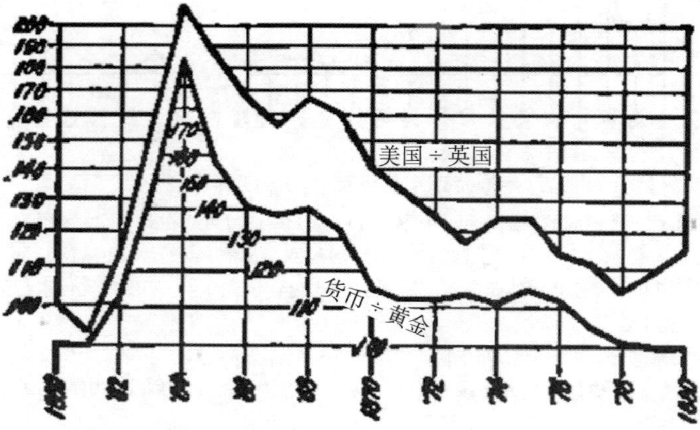

图 8　美国对英国价格水平的比率与美国对英国货币的比率的比较

图 8 显示了相当接近的相似性，并展示了与图 6 的对比。在 1861—1864 年间，货币或绿背美元（当时的一种纸币）购买一单位黄金迅速上涨（如下面的曲线所示），以绿背表示的美元价格相对于以黄金表示的英国价格也迅速上涨（如上面的曲线所示）；在 1864—1878 年间，前者的比率下降，后者也下降。

最近的战争时期，相关的数据太少了，无法用数字表示确切的关系，但我们可以按物价上涨的大致顺序排列不同国家。我们发现，这些国家的顺序大体上与这些国家的货币通过纸币膨胀的顺序以及它们的货币单位在外汇市场上贬值的顺序相一致。战争期间物价上涨和货币扩张的顺序依次是：澳大利亚、印度、新西兰、美国、加拿大、丹麦、荷兰、英国、瑞士、意大利、法国、挪威、瑞典、德国、奥地利、俄罗斯。

8. 价格变动随货币供应量的变化而变化

物价的涨跌大致与货币供应量的涨跌相对应。纵观历史，情况一直如此。对于这一广泛且普遍的事实，即使当时我们缺乏用来进行精确测量的指数，证据也足够了。无论何时，在发现了可用作货币的贵金属之后，矿产品的价格都会以相应的速度上涨。在16世纪，大量的贵金属被从新大陆带到欧洲之后；在19世纪50年代加利福尼亚和澳大利亚的金矿开采之后；在19世纪的90年代，继南非、阿拉斯加、跛脚溪采矿之后，同样情况又再次出现。同样的，当除采矿业以外的其他原因，如纸币发行的数量或质量上产生剧烈变化时，价格水平通常会发生剧烈变化。

战争为这些观点提供了重要的例证。在美国，流通货币数量的曲线和价格指数的曲线大致平行，价格曲线在滞后一到三个月后似乎是跟随货币曲线的。正是在1915年8月，美国的货币数量开始迅速增加。一个月后，物价开始猛涨。1916年2月，货币突然停止 30
增长，大约两个月后价格也停止了增长。类似的惊人的一致性仍在继续发生。图9显示了这些情况。

尼科尔森(Nicholson)[1]在英国，卡斯尔(Cassell)[2]在俄罗斯，发现了同样的价格延迟响应(可能有三个月的延迟)。

---

① J. Shield Nicholson, *War Finance,* p.100.

② Gustav Cassel, "Present situation of the foreign exchange," *Economic Journal*, March and September, 1916.

31

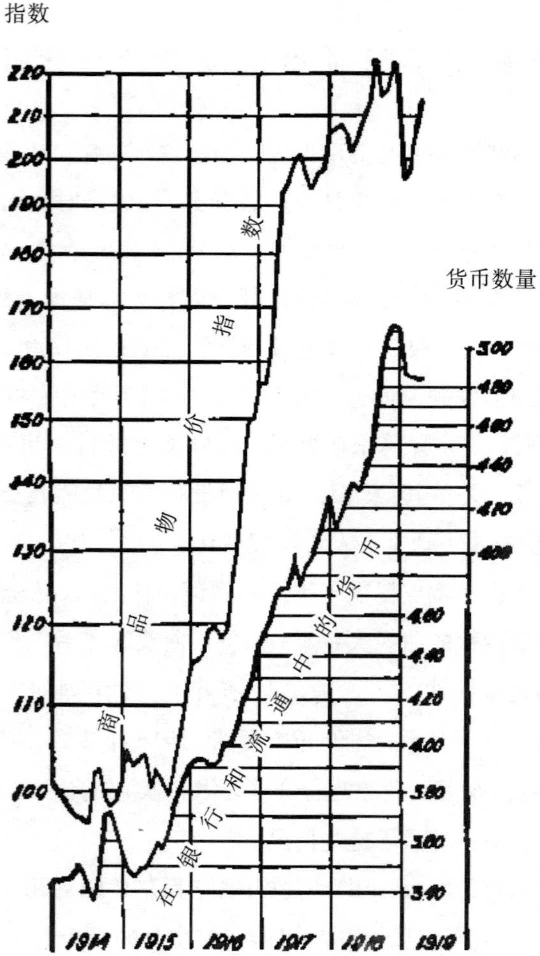

图 9　货币供应量和价格水平

图 9 显示了货币数量和价格水平之间的对应关系。自 1915 年中期以来，当美国的货币数量开始受到战争的极大影响时，这种对应关系一直很密切，价格的变化似乎通常跟随在货币数量变化的一至三个月后（右上图和下图之间的明显差异是由于联邦储备委员会采用的官方计算方法发生了变化）。

9. 通货膨胀的类型

众所周知，纸币(Paper Money)的大幅增长，即“通货膨胀”，会提高价格。还有另外两种形式的通胀也是如此，即黄金通胀(Gold Inflation)和信贷通胀(Credit Inflation)。

战争财政是通货膨胀的主要来源。战争在上述三种形式中都体现了这一点。俄罗斯沉溺于简单的暴涨中，通过印刷不可赎回的纸币来支付政府账单。据报道，在布尔什维克政权之前，俄罗斯政府的印刷机日复一日地每小时印刷100万卢布，连续一年多。

德国允许人们在申请新贷款时，将以前贷款的债券存入某些银 32
行，这些银行被授权向存款人发行纸币，然后由储户将这些纸币借给政府。在美国，自由债券(Liberty Bonds)在某种程度上被用作银行的抵押品，而银行又将这些债券存入联邦储备银行，并收到它们的票据。

战争期间，中立国被大量黄金淹没。这些黄金并没有增加真正的财富。当它直接或间接地落入美国军火制造商、食品生产商或其他商品销售商手中时，它只不过是一个美国人向另一个美国人提出的货物索取权。这只是一张黄色的代币(Yellow Token)，就像一张黄铜支票(Brass Check)，可以在我们自己的货物里兑换。这种代币或计数器数量的增加只会导致它们贬值。

战争财政给我们带来了另一种最现代的通货膨胀，这不是由于货币本身的增加，而是由于银行支票存款的增加。银行有时只需将存款记在账簿上，通过认购自由贷款(Liberty Loans)以获得政府的

信贷，而个人通常通过向银行借款的方式向政府贷款，这样借入的资金同样由银行作为其账簿上的存款而创造出来。支票存款大幅
33 度增加，在贷款还清之前，这些存款像货币一样在流通，通过支票从最初的银行客户转到政府（作为他对债券的认购）；然后从政府转到军火制造商等，再从他们转到钢铁生产商，等等，无限期地循环下去。

甚至黄金通胀也转变为信贷通胀，因为黄金被用作银行存款的基础。战争期间，所有使用黄金的交战国的人都被要求把他们的黄金交给银行作为银行储备。因此，黄金被“从人民的口袋里掏出来”，并委托给银行，在那里它产生了成倍的效果；因为每一美元的黄金储备可以支持几美元的存款。

个人无法节省借给政府的资金，而这些资金主要是虚增了存款；他们通过借贷借出。美国经济协会（A Committee of American Economic Association）的一个专门研究战时货币购买力问题的委员会报告说：“公众应该明白，借款贷出，尽管总比没有好得多，但在帮助政府方面仍然是一种非常不令人满意的方式。通过提高价格，这样往往会把战争的成本转移到穷人身上，穷人支付的是更高的生活成本。”

在英国，人们发现（正如人们所预期的那样）德隆明德·弗雷泽（Drunmiond Fraser）先生所倡导的“持续借款”（Continuous
34 Borrowing）模式，能够尽快地吸收储蓄。即在储蓄有机会满足个人欲望之前，这一模式能够立即减少存款或信贷通胀。

在所有认购金额没有被储蓄的情况下，政府创造或确保了购买力，但并没有生产出等量的商品以供购买。它要么像俄罗斯那样，

捏造出购买力，要么如德国和英国，授权银行捏造出购买力，某种程度上，美国也是如此。所有这些战争财政的方法，如（美国）内战中的绿背币（greenback）和革命时期的大陆币（Continental Paper Money），都可以以军事必要性为理由进行辩护，但它们本质上仍然是通货膨胀。即使名义上维持了黄金赎回，它的后果仍然会增加人民的生活成本[①]。正如美国联邦储备委员会(Federal Reserve Board)的米勒博士（Dr.A.C.）所言，“即使镀上黄金，通胀仍然是通胀”。

10. 战争通胀的程度

总的来说，美国流通的货币从 1913 年的约 33 亿美元增加到 1918 年的 55 亿美元，银行存款从 130 亿美元增加到 250 亿美元，两者都与物价上涨大致对应。

纵观世界，战争期间，除俄罗斯以外，世界流通的货币从 150 亿美元增加到 450 亿美元，15 个主要国家的银行存款从 270 亿美元增加到 750 亿美元。也就是说，货币和存款都增长了两倍；而平均而言，价格也可增长了两倍。

整个世界货币的供应量（俄罗斯以外）增加了 300 多亿美元。35
正如奥斯汀所说，“从面值上看，比美洲发现以来的 427 年期间全世界所有矿山产出的黄金和白银还要多。”

人们普遍认为，战争总是抬高物价。但是，对交战国家指数的研究表明，在拿破仑战争、1812 年战争、墨西哥战争、克里米

① 参见附录 4 第 1 节。

亚(Crimean)战争、美国内战、普鲁士(Franco-Prussian)战争、美西战争(Spanish-American)、布尔(Boer)战争、日俄战争(Russo-Japanese)和世界大战期间，战争很少会提高物价。除非在这种情况下，战争的成本迫使政府或其人民将通货膨胀作为财政上的权宜之计。

上述论据(以及其他可能补充的论据)得出的结论是，在过去，就货币的购买力而言，和平的主要扰乱者总是或至少几乎总是货币本身，而不是货币购买的商品。

11. 货币幻觉

通货膨胀政策对这么多人之所以有吸引力，至少在某种程度上，是出于所谓的货币幻觉。

普通民众很难承认钱会太多。无论多么有钱，似乎金钱总是稀
36 缺的[1]。每个人都想要他能得到的所有的钱，自然而然地他也会认为一个国家和个人一样不会拥有太多。如果推理是正确的，那就证明造假(counterfeiting)是正当的。造假确实让造假者变得更加富有，即使假货从未被发现，它也是以其他人的损失为代价的。通货膨胀几乎可以被称为合法造假。

在一次快速的通货膨胀开始后，要求更多钱的呼声会越来越

① 参见 Bullock's *Monetary History of the United States*, N. Y. (Macmillan), 1900, p. 38; 也可参见 Irving: Fisher, "The 'Scarcity' of Gold," *Cotton and Finance*, New York City, February 15, 1913. The recent attempts of the gold-mining interests in England and the United States to secure a Government subsidy utilized this illusion。

高，就像酒鬼一旦受到酒精的影响，他就需要越来越多的那种欺骗性的酒精。

在所有关于货币的幻想中，最让我们感兴趣的是一种错觉，即货币币值总是固定不变的，即"一美元就是一美元"。如果这是真的，我就不会写这本书了。正是因为这么多人认为这是真的，因此，很少有人要求改变。为什么要试图稳定本已经稳定的东西呢？

货币在实践中提供了一种公认的便利，但在理论上它已成为一个巨大的绊脚石。我们一直在谈论货币并且生活在货币营造的氛围中，就像它本来该是那样的。我们对待货币就像我们呼吸空气一样变得集体无意识。

为了摆脱这些幻觉，如果用"美元购买力下降"的说法来替代"物价普遍上涨"的说法，我们的注意力就会集中在货币上，而货币才是物价的主要控制者和干扰者。

即便是许多见多识广的人，也会根据"黄金价格"永不改变的 37
事实，强化了美元是一种稳定的价值标准的错觉。就在最近，一位前政府官员声称，黄金的价值显然是不变的，因为它的价格是固定的！

我曾经问过一位牙医，"高生活成本"是否影响了他的材料价格。

"当然，"他回答说。

"是因为你买来做填充物的黄金？"我开玩笑地说，希望他知道这不可能。

令我吃惊的是，他回答说。"我想是这样的，"然后，派他的助手去调查此事。

她很快就回来了，郑重地告诉我们，他买黄金的价格和以前差不多。

“这不奇怪吗？”他叫道：“黄金一定是一种非常稳定的商品。”

我回答说，“就像一夸脱牛奶的价格总是两品脱牛奶一样令人惊讶。”

“我不明白。”

“那么，一美元是什么？”我问道。

“我不知道，它是什么？”

这个问题至关重要。几乎所有人都不知道答案，这主要是因为几乎所有人都误解了生活的高成本和美元价值的起伏！

法律规定 1 美元是 25.8 格令“标准”黄金（也就是说，1,000 克黄金中包含 900 克纯金）。因此，1 美元的实际纯金为 25.8 格令的 $\frac{9}{10}$ 或 23.22 格令。因为一盎司等于 480 格令，所以 1 盎司纯金等于 $\frac{480}{23.22}$ 或 $20\frac{67}{100}$ 美元。换言之，任何一块 100 盎司的黄金，被
38 金矿工人带到造币厂，通过切割，然后兑换成 2,067 美元交还给他。因此，将美元中的纯金定为 23.22 格令，必然会将纯金价格定为每盎司 20.67 美元。自然地，矿商就可以得到每盎司 20.67 美元。只要美元的重量（含金量）不变，这个“价格”就永远不会改变。简而言之，我们可以说，省略分数，1 盎司黄金总是值每盎司 20 美元，因为 1 美元是 1/20 盎司黄金，正如 1 夸脱牛奶总是值两品脱牛奶，因为 1 品脱等于半夸脱。因此，黄金仅仅就其本身而言是稳定的。

但是，当然，美元重量（含金量）的固定性（以及黄金本身计件的黄金价格）并不能固定其价值以换取其他大宗商品。它并不能使

黄金免受供求关系的影响。美元的价值，就其一般购买力而言，就像其他任何东西的交换价值或购买力一样，并不稳定，而是随着供求关系而波动。唯一的区别是：因为黄金价值下降不能降低黄金价格，所以它必须提高以黄金计价的其他东西的价格；由于黄金价值上升不能提高黄金价格，它就必须降低其他东西的黄金价格。

因此，黄金（以及影响其价值的票据和信贷替代品）的供求关系是无法阻止的。既然我们不给这种供求关系正常的提高或降低黄金价格的渠道，那么他们就会通过降低或提高其他东西的价格来报复。

如果我们不是用黄金，而是用牛奶或鸡蛋来代替黄金，也就是 39
说，如果我们用这些东西来购买所有其他东西，它们就会获得同样的价格固定性，也就是说，以牛奶或鸡蛋为单位的价格；然后，我们就会沦为与生俱来的固定性幻觉的受害者。如果一美元不是 23.22 格令的黄金，而是一打鸡蛋，显然鸡蛋的价格总是 1 美元一打，因为 1 美元就是一打鸡蛋。如果母鸡不下蛋，鸡蛋的价格就不会上涨（或者根本不会变化），相反，其他商品的鸡蛋价格就会下跌；而如果鸡蛋是市场上的一种药品，它们的价格不会下降（或者根本不会变化），而以鸡蛋计价的其他商品的价格就会上升。然后困惑的公众会严肃地质问，“为什么生活成本这么高？”那时，世界的价格将任由母鸡摆布，就像现在它们受矿山、银行、政府和私人金融机构的摆布一样。

在殖民时代的弗吉尼亚州，烟草就是货币。在那些日子里，小麦的高价格可能被归因于小麦的缺乏，而实际上是由于烟草的丰富，正如今天我们把大多数东西的高价格归因于这些东西的稀缺，而实际上是由于货币的充裕。

12. 与鸡蛋或其他物品相比的黄金本位制的不稳定性

为了不时了解一美元的购买力是多少，我们只需将显示价格总
40 水平的指数数字倒过来；因为如果这个水平翻一番，美元的购买力就会减半，反之亦然。

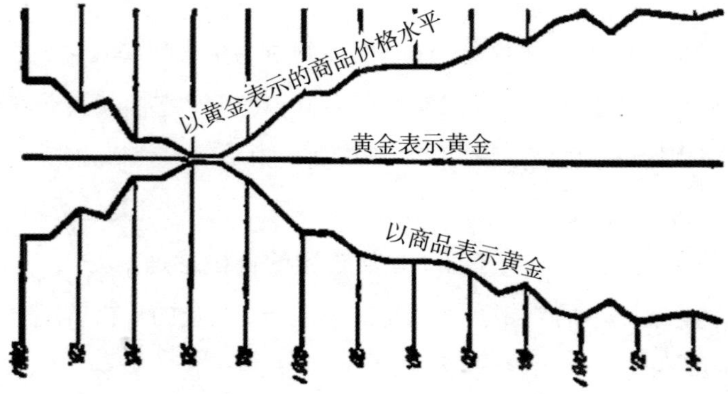

图 10　以黄金表示的商品价格水平、以商品表示的美元购买力和黄金价格的对比

因为许多商品比一种商品构成更好的价值标准。商品的明显下跌和上涨（上曲线）实际上意味着黄金的上涨和下跌（下曲线）。而中间（水平）线所显示的黄金价格相对于其本身更为稳定。下面的曲线是一条重要的曲线，与其他曲线一样，会在图 11 中显示。

图 10 显示了上述两种情形。上曲线显示价格水平的变化，下曲线显示美元购买力的相反变化。也就是说，上曲线表示以金元

(Gold Dollar)计价的商品的变化，下曲线表示以商品计价的金元的变化；中横线则表示黄金以黄金自身表示的价格的恒定性。

如图 10 中的曲线图所示，美元对其他商品的购买力总体上波动很大。如果加上战争原因，波动将更加剧烈(如图 3 所示)。 41

如果我们将图 10 的这条较低曲线与其他商品的类似曲线进行比较，我们可能会怀疑黄金是否真的比其他任何一种商品标准都好。

图 11 给出了这种比较。在这本书中，我不仅画出了黄金的购买力，还画出了生铁、生铅、棉花、白银、鸡蛋、小麦、地毯和砖头的购买力[①]。我们看到，就一般购买力而言，黄金并不比鸡蛋更稳定，且比地毯的稳定性差得多!

同时，黄金和其他商品联合起来的相对稳定性也会令人感兴趣。套用一句古老的格言，我们可以说“联合起来就有稳定性”。图 11 还显示了代表八种物品的组合曲线，即生铁、生铅、铜、银、鸡蛋、小麦、地毯和砖(它们最初是随机挑选的，作为代表性物品，当时没有考虑把它们联合起来)。

图 10 的下曲线是黄金曲线。它显示了以一般商品的购买力来 42
衡量的一个单位黄金的涨跌。白银的曲线同样显示了一单位白银购买力的变化。其他曲线显示了生铁、生铅、铜、鸡蛋、小麦、布鲁塞尔地毯和砖的购买力。

可以观察到，作为一般购买力的标准，黄金比白银更稳定，但比鸡蛋或地毯更不稳定，后者最后被证明是这一时期最稳定的购买

---

① 这些曲线的数字很容易通过将任何商品(例如生铁)的指数除以一般商品的指数得到。

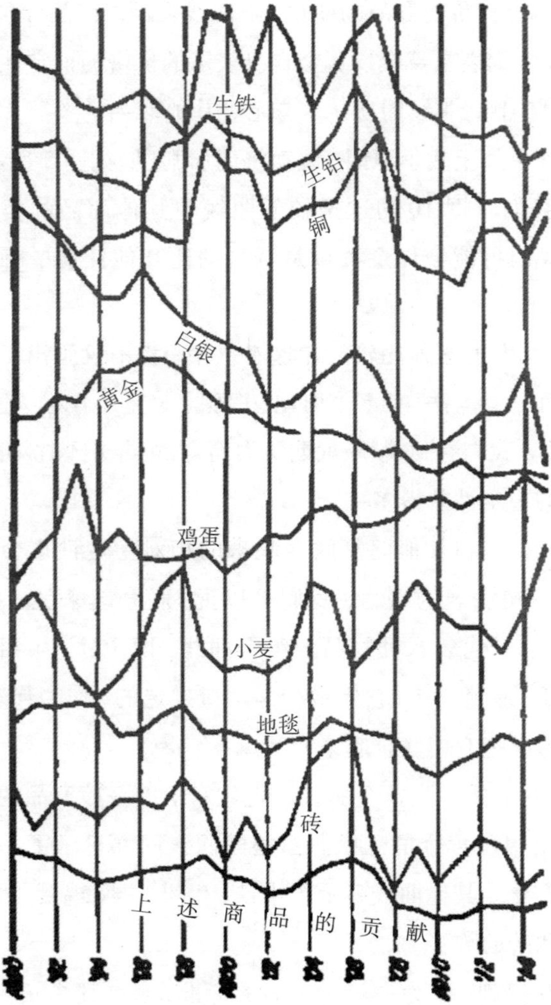

图 11　用一般商品衡量的某些商品的相对稳定性

力标准。至于小麦，其购买大宗商品的能力波动很大，但总体呈横向趋势。

13. 设身处地看待自己的问题

如果我们用看待自己的国家的眼光去看另一个国家，这将有助于把我们从货币幻觉中解放出来。1871 年至 1896 年，伦敦的银价下跌时，我们很容易将印度（一个银本位国家）的价格上涨归因于“白银贬值”。但如果站在他们的角度，印度商人只看到了黄金价格 43
的上涨，并很容易地将美国价格的下跌归因于“黄金升值”。

戴维·巴伯（David Barbour）爵士讲述了如下一件具有启发性的事件：已故将军 V. C. 基廷斯（Keatings V.C.）告诉我，当他在阿萨姆邦担任专员时，他采访了一位印度商人，并向他提到卢比贬值的严重程度。这位商人很惊讶，他说每周都会收到加尔各答的经纪人的来信，但他们中没有一个人说卢比贬值的消息。停顿了一会儿，他补充道：“但他们提到了金价的上涨，也许这就是你所想的。”

英国人和印度人都理所当然地认为自己的货币币值是固定的。每个人都能看出对方货币的不正常，但对自己的货币问题却视而不见。印度人认为黄金上涨是因为他们用白银衡量黄金，而英国人认为白银下跌是因为他以黄金衡量白银。每个人都更将问题归咎于对方的国家，而不是自己的角度。然而，如果他用其他商品来衡量黄金和白银的价值，这两种货币都不可能是正确的。可以合理地假设，大宗商品的综合价值比单一商品白银或黄金更稳定。

我们自己的货币是固定的，而其他一切都在变化，这种错觉，就像我们坐火车经过另一列停在道岔上的火车时会经历的错觉一样，或者是能感受太阳在升起和落下，而并不是地球在自转一样。 44

因此，我们被商业上的表象所欺骗，就像我们被天文学中的表象所欺骗一样。地球似乎是固定的，所有其他天体似乎都在移动。当然，这些物体确实在运动，但我们试图将其归因于地球的运动，而不是其他天体的运动。因此，货币似乎是固定不变的，所有其他商品似乎都在运动。诚然，这些商品确实在移动；然而，我们倾向于将其归因于货币而非商品。

我们花了很长时间才克服了对太阳、月亮和星星的实际升起和落下的错觉。事实上，第一批天文学家并不怀疑这种流行的观点，而是接受了它，并通过许多特殊而复杂的假设(关于“周期”和“轮回”)成功地解释了所有观测到的运动，甚至是行星的运动。这就是托勒密的体系。而人类思想中最伟大的革命之一就是采用了后来的哥白尼天文体系。天文学的这种思想革命主要是基于这样一个假设：简单的解释比复杂的解释更可能是正确的。

经济学迟早会发生一场类似的革命，我们将看到，价格的走势主要是由于货币的流动，而不是所有或几乎所有其他商品的同时变动。我们现在只考虑商品的黄金价值(Gold-Value of Commodities)，然后我们也将考虑黄金的商品价值(Goods-Value of Gold)。

45 14. 圣诞老人的拜访

许多人被迫承认，货币的充裕或稀缺在某种程度上确实会提高或降低其他物品的价格，但他们仍然有些困惑，因为他们无法追踪货币在某一物品价格上运行的中间过程。他们问道，“黄金的进口(或纸币的发行或银行存款的创造)真的会影响我的食品杂货商向我收取黄油的价格吗?”他可能从未听说过这种新的黄金(票据或银行信贷),更不用说见过了。

答案是,更多的钱放在钱柜和口袋里意味着更多的挥霍,也就是说,在没有更多物品供应的情况下,对商品的需求更大。

为了使画面生动,让我们想象有一个金融圣诞老人。让我们假设,在他来访之前,美国实际“流通”的人均货币量,即除美国财政部以外的所有货币,大约是40美元。在圣诞节,圣诞老人会让这一数额翻倍。也就是,每个人、公司和银行手头上的资金突然增加了一倍。

现在,由于个人的支出和收入产生变化,那么他携带的货币总量必然会波动。但如果站在一大群人的角度来看,平均携带量通常波动不大。如果突然增加总流通量,使人们的口袋里多出40块钱,那么,大多数人首先想到的将是如何将这笔多余的钱花掉,而不是仅把它放在口袋里闲置。如果他们倾向于把它藏在长筒袜或保险箱里,或者埋在地下或扔进海里,商品就不会有涨价的倾向。然而 46
相反,他们通常会用它购买商品或将其存入银行待使用。在大多数情况下,人们以其中的一种或两种方式将圣诞老人来访几天后就把剩余的钱处理掉。让我们假设一半是通过消费来处理,另一半是通过存款来处理。

因为消费显然会提高价格;因为人均20美元的突然支出将意味着商店的抢购潮。假设每个人在大约两周内花费人均40美元,这可能是事实。这相当于每天3美元,相当于全国每天3亿美元。如果在收到圣诞礼物后的5天内,普通人要花掉额外40美元的一半,即20美元,那么结果是每人每天增加4美元,或国家每天增加

4 亿美元，或超过原来每天的全部开支。如此突然的生意兴隆，会使店主大吃一惊，并促使他们迅速提高价格；否则，他们的货物库存很大程度上会在几天之内就全部用完。

乍一看，按照这个假设，每个人只需要 5 天就可以把多余的钱花掉，所以价格的狂飙只是暂时的。然而，这样的推理是错误的，因
47 为个人花钱的唯一方法就是通过消费把钱交给别人。整个社会并没有把这部分钱消化掉。在我们的圣诞老人假设下，如果店主们已经把他们的收银台的钱乘以 2，而他们又收到了顾客的剩余现金，那么他们会因为手头的盈余资金而倍感尴尬，反过来又会设法利用这些资金，或是采购货物，或是存入银行里。也就是说，每个人花费自己的盈余，让它在人与人之间流动。每个人仍然有更多的钱可以买，但是没有人有更多的商品可以卖。这种行为对价格的影响将是上涨的，这种影响将持续到价格达到足够高的水平，才可以停止。

另一假设：大部分的钱不是花掉的，而是存入银行，也不能避免这个结论。存款因此突然膨胀的银行家现在将成为盈余的银行家。银行家不希望有闲置的准备金，他们会将准备金的增加作为业务增长的基础。此外，那些把多余的钱存起来的人会用支票来支付，而不是让它闲置，这些支票同样会提高价格。而且，随着物价上涨，银行的客户将不得不通过扩大经营规模、贷款规模和存款规模来跟上上涨的步伐。例如，一个商人为了用从银行借来的钱购买一定量的存货，就不得不借更多的钱，因为他所需要的商品的价格已经上涨了。

48 最终，社会上的货币翻番将意味着，第一，实际流通的货币总量增加；第二，银行的准备金增加；第三，基于准备金的存款和贷

款增加；第四，价格上涨。几乎所有东西的价格都会翻倍。只要价格还没有翻倍，剩余和花掉它们的倾向会始终存在。每个人，包括商人和银行家都会设法花掉手中的剩余，他们的努力必然提高价格。只有当价格达到了原来的两倍后，大量的现钞将不再被拥有者视为盈余。那时，由于80美元只能买以前40美元买的东西，额外的40美元就不再显得多余了。人们会发现他们的工资或收入同样翻番。因此，如果以前每个人习惯于每年花费1,000美元，平均余额为40美元，那么现在他将花费2,000美元，平均余额为80美元，80美元之于2,000美元与以前的40美元之于1,000美元作用相同。

不用说，刚才描述的这个虚构的案例是高度理论化的。在实践中需要有许多条件，特别是由于债务的存在。正如下一章将强调的那样，以美元来计算的债务是固定的，与价格不同，并不能改变。因此，圣诞老人的恶作剧不仅会打乱债务，而且会在某种程度上扰乱刚刚设想的比例变化。然而，货币增加往往会使物价上涨这一基本事实不会改变。

我们给出的这个虚构的例子大致代表了当新的黄金被发现之后，市场上发生的情况。那个矿主将他们的产品转换成货 49
币，从造币厂获得硬币或“黄钞”[Yellow Backs/金元券（Gold Certificates）]。然后他们发现自己拥有的钱远远超过了所需的零用钱数额。假设这些人中的一个从造币厂得到1,000金币，而对于零用钱来说，50美元就足够了。毫无疑问，他会迅速处理掉至少950美元的剩余，或者把钱用于享乐，或者投资于耐用品或存入银行。在任何情况下，他和其他数百名处于同样处境的人都倾向于花钱消费，或者在存款银行开出支票，而这些行为的最后结果必然是提高了社区的物价。

正是因为如此，五六年前加利福尼亚州的采矿营地和一二十年前科罗拉多州和克朗代克的矿价都上涨了。这种地方性的物价上涨很快就传导到了其他地方；因为一个地方的物价水平不可能大大超过邻近地区的物价水平，而不使货币从一个地方流动到另一个地方，用于购买廉价的东西。因此，新的货币逐渐在全世界流通，随着资金从一个地方流向另一个地方而提高价格。在任何情况下，一个人都会努力利用闲置资金，但闲置资金不能因为转手而消散，而是带来价格上涨。

15. 溯源觅踪

货币增加会导致物价上涨，这种运作是非常微妙和普遍，于它无处不在，毫不特别。街角杂货店的黄油价格随着这股浪潮而上涨，而我们却无法观察到涨价与通货膨胀之间的关系，就像渔夫的船被海水涨潮掀翻，而他却无法将涨价与月亮的运动联系起来。

因此，为了明确地回答这样一个问题：通货膨胀是如何提高街
50 角杂货店黄油价格的，我们可以说：(1)部分原因是他的顾客有更多的钱可以花；(2)主要是因为批发商的价格提高了；批发商的价格也因为同样的两个原因而提高了，即(1)部分原因是他的顾客有更多的钱(和一般的购买力)去消费，和(2)主要是因为他必须支付的价格已经被提高了；如此无限循环下去。在这个解释中，每个阶段的主要因素是第二个因素——其他商品价格的上涨。但是，当我们继续追溯到第二个原因的其他阶段时，很显然，在每一个阶段，

主要的因素都可以部分地分解为第一个原因——货币的充裕。回溯的早期阶段所有没有被解决的问题，最终都会变成这样。因此，当考虑到所有阶段时，第二个因素就会消失，而第一个因素在任何一个阶段都是小问题，但意味着问题的全部。

在有关高生活成本的文献中，我们有时会发现上述一系列调整的部分内容。有报纸说，增加成本提高了工资，进而导致生产的商品价格更高，反过来，以高生活成本形式表现的高物价要求高工资，等等，这就形成了“恶性循环”；也有报纸称，涨价是一场击鼓传花 51
的游戏，也是一种盲从的游戏。一本书中提到的“跟上利基”就是根据这个想法写出来的。这种认为在价格上涨过程中，价格以无休止的链条或圆圈相互影响的观点是正确的，但认为价格上涨的起始是任意的，过程中没有开始或结束的观点是错误的。事实是，价格并不是靠自己的力量来上涨的。

简言之，通胀推高物价的过程被误解了，因为在任何阶段，通胀几乎都是看得见的。杂货商提高价格的唯一重要原因是批发商提高了他的价格。任何一个特定价格的专家都能给出的唯一重要原因是其他价格上涨了。但当一个价格因此而推高另一个价格时，它只是传递了潜在通胀的推动力量。

16. 货币以外的其他因素

价格水平不仅受到严格意义上货币数量的影响[①]，而且还受到

① 仍然有少数金融学的学生不接受任何形式的货币“数量论”。然而，幸运的是，

许多其他因素的影响。物价水平的上涨不仅是因为货币的增加（无论是像黄金一样的初级货币，还是像纸张一样的次级货币），而且还因为以支票支付的存款货币（Deposit Currency）——我在银行里的钱——的增加，或者由于货币或存款流通速度的增加，或者由于在贸易量减少上。而这些原因的背后有无数其他原因（例如金币、
52 纸币、存款货币，它们各自的流通速度和贸易量），通过他们中的一个或多个起作用。

影响物价水平的几个原因，其重要性因具体情况而异。因此，在 1914 年的第一次世界大战中，影响价格的因素出现了非常复杂的变化①，其中包括贸易、货币流通速度和存款或支票流通速度的放缓，以及从信贷到现金的暂时转变等。但在几乎所有重大且长期的价格变动中，主要因素还是货币数量。贸易量很少是主要因素，因为统计数据显示，贸易量的增长非常稳定。

在所有证据的基础上，我们可以得出结论，在一般的货币原因（货币、存款及流通速度）的基础上，我们应该将几乎所有价格水平变化的大部分归因于货币原因。简言之，美元购买力变化的主要原因在于美元本身。

在第四章中描述的本书的建议，即使是以我在《货币的购买力》中陈述的形式展现，也与这个理论没有联系。见附录 2 第 1 节中的 D 和 E。

① Irving Fisher, "Equation of Exchange for 1914, and the War," *American Economic Review*, June, 1915; 可参见同一作者的同刊文章，June, 1919。

第三章　弊端

1. 高价格的弊端不会导致普遍的贫困

价格变动，通常而且在很大程度上，是由货币引起的。我们不 53
能被外表欺骗。正如要描绘天文运动真实的样子一样，必须想象出太阳和星星不是围绕地球和谐地升起和落下，而是太阳和恒星基本上是固定的，照射在一个旋转的球体上。因此，要明白经济运动的真实，同样不能去想象无数种商品围绕固定的美元协同舞动的场景，而是美元在围绕相对于几乎固定的大宗商品进行运动。

但在这里，读者可能试图得出这样的结论：高生活成本只是名义上的。如果价格不是因为商品稀缺翻了一番，而是因为表达它们的美元翻了一番，那又如何呢？如果因为我们有两倍多的钱要用，那危害在哪里呢？因此，我们被带到第三个问题，“后果是什么？”

的确，我们的高生活成本并不像有些人认为的那样是一场大
灾难；它也不像生活成本上升而收入没有增加那样糟糕。只是对 54
于普通人来说，努力换来的经济成果越来越少。但事实是，整个世界——当然是在战争之前——的商品总量并没有变得越来越稀缺。全世界的收入都在增长，而且总的来说，他们的增长速度超过了生

活成本。根据W. I. 金（W.I.King）教授的数据，我们发现1900年到1910年，美国的人均收入增长了41%，而物价水平只上升了25%。

然而，这种平均的改善并不能解决问题。它的弊端不在于一种平均的幸福，而是它的分布。问题是：谁从这种增加的生产中得到了好处？有些人的收入变化比其他人少，有些人根本没有变化。正是在这种不平等中——个人收入变化的不平等——才是一般价格变动的主要弊端之所在。

对我们每个人来说，如果收入的增长只是为了跟上生活成本的上涨，那么高生活成本就没有实际意义。这种增长只不过是镜花水月。

2. 合同的困扰

在收入增长和生活成本上升之间，从来没有完美的调整发生过，也不可能发生。在不同时期达成的在以后某个时间支付某个特定金额，使得这种平衡不可能实现。

考虑债权人和债务人的关系。如果国会突然下令，现在的50美分硬币今后应该被称为1美元，那么，很明显，在实际操作中，
55 这种变化将不仅仅是名义上的；因为虽然当前价格会迅速翻番，但已经签订的合同条款不会被调整。因此，每一个债权人，每一个债券持有人，每一个银行存款人，显然都会被骗走一半的到期债务。

另一方面，如果国会下令，从现在起，1美元等于50美分，那么每个债务人都会突然背负原先假定的两倍债务。

无论哪种情况，都会造成难以估量的不公正。每一份合同的一

方都会因为另一方的利益而受骗；这种欺诈行为会影响到这片土地上几乎每个家庭的命运。

现在，同样的困难原则也适用于美元购买力的所有变化。

是否有意的改变并不重要。进一步看，对于一个无意的改变，没有人需要承担责任也是不合适的。我们，作为这个国家的主人，忽视了这个问题。而依宪法有权监管货币价值的国会也忽视了这个问题。结果是，随着货币购买力的每一次变化（换句话说，随着价格水平的每一次变化），一些人失去了属于他们的东西，而另一些人得到了不属于他们的东西。

3. 薪资调整缓慢（跟不上变化）

依照法律程序强制执行的实际未履行的合同也无法阻止这种不公正的发生。有许多费用仅仅是由于习惯或惯性而固定不变，或
者只是根据货币购买力的变化而缓慢地调整。文员、教师、公职人 56
员的工资和许多专业费用都是如此。在相当大的程度上，工资也是如此。

近年来，工薪阶层和蓝领阶层一直在亏损，因为虽然薪水和工资上涨了，但他们没有跟上物价上涨的步伐。在生活成本提高之后，他们的工资几个月甚至几年都没有改变，因此，他们不得不罢工。根据美国劳工统计局的数据，实际工资即他们的购买力，在1917 年我们参战时，只有 10 年前的 2/3 多一点。

此外，与一般人的印象相反，普通工人（虽然不是所有类型的工人）在战争中失去了生活的基本保障。1918 年的实际工资只有

1913年的80%。

最低工资法在这种情况下失去了意义。一度足以维持基本生活水平的最低工资，后来虽然得到法律的批准，但却不足以维持当时的生活。

4. 法律和惯例确定的费率调整缓慢

此外，还有许多价格和费率由法律或惯例规定，用于支付公共事业和政府职能部门。例如，执照和罚款，以及铁路和电车的费用。

“一战”前，在法律限制的费率下，铁路公司很难做生意，因为
57 他们收取的价格是固定的，但是他们的运营成本随着物价总水平的上升而上升了很多。

有轨电车同样遭受了损失，因为它们的票价是由法律、租车或习俗规定的，比如为5美分。只有20年后在破产或濒临破产的某些情况下，他们才能将票价上涨到6美分、7美分、8美分，有时是10美分。事实上，有轨电车公司的困境是最能说明货币贬值的事实之一。罗杰·巴布森（Roger Babson）先生算了一笔账，这个国家的有轨电车因此损失了10亿美元。

当有轨电车或水力发电权以政府可“收回”的权利租赁给企业经营50年或100年时，可以想象，到那时美元将有很大的不同。威斯康星州最高法院在这方面有一些有趣的案例。

孟加拉的税收是以卢比作为永久结算货币的，当时卢比价值为$2\frac{1}{2}$先令。现在以黄金计价只值$1\frac{1}{3}$先令，而且黄金本身已经迅速贬

值了。正如提请注意这一事实的麦基奇尼（W.E.McKechnie）少校所说，"那些建造永久定居点的人可能根本不知道货币在购买力上会有波动"。类似荒谬的问题可以在中国海关[①]、英国和其他国家的法规中见到。

5. 1896 年前后的对比 58

物价上涨和物价下跌的弊病在最近两个截然相反的时期得到了很好的说明，这两个时期是 1873 年到 1896 年和 1896 年到大战结束。

在第一个时期，物价一直在下跌。卖家——农民和商人——抱怨他们的利润被削减或完全消失；因为他们的产品价格持续下跌，而他们必须支付的许多费用——利息、租金等——仍然是固定不变的。另一方面，那些有钱放贷的人，比如"大量债券持有人"（Bloated Bondholder）和永久管业者（Dead Hand）（比如房产、基金会、医院、捐赠的教堂和大学）开始"掌控地球"。他们的货币收入是固定的，但是同样的钱每年都能够买到越来越多的东西。出于同样的原因，薪职人员变得越来越肥胖和舒适。

但是从 1896 年到现在，随着物价上涨而不是下跌，运气变了。债券持有人、储蓄银行存款人、出租人、工薪阶层和工薪阶层等各种"伪"的债权人成为了受害者。而股东、农民、商业"企业家"和牛

① 根据 18 个大国签署的现有条约，中国在 1897 年、1898 年和 1899 年平均价格的基础上，不能将进口税提高到超过 5% 的从价税。根据今天的价格，这仅相当于从价税的 2.5 %。

市投机者(Bull Speculator)则成为了这场博彩的赢家。总之，一个人以几乎固定数量的美元(每一美元的购买力都下降了)来支付他的经营费用，如利息、租金、薪水、工资之后，他得到的剩余财富很少。

59 在战争之前，债权人的损失以每年近 3% 的速度增长。在战争期间，它以大约 8 倍的速度前进。

赫蒂·格林(Hetty Green)和罗素·塞奇(Russell Sage)等放债人正是在价格下跌期间发家致富的。这从 1896 年到现在，几乎是不可能的。因为即使他们把每一分钱的利息都存起来，再加上利息，他们最终也只会是徒劳，而实际的购买力也会比之前下降。因为美元不断缩水，自 1896 年以来，没有人能够通过简单的存息和投资来积累财富。

因此，一个新的富人阶层现在虽居住在第五大道的宫殿里，但在不断增长的高价格压力下，"大量债券的持有人"无法保持昔日的辉煌。他们让位于"奸商"。在这两个短语中，伟大的未开化的公众对真相表现出一种奇怪的直觉，虽然无法理解，至少他们知道"谁赚到了钱"。

莎士比亚道出了经济的真相："人生中有一股潮流，被洪水冲走，最终走向财富。" 1873 年至 1896 年间的这股浪潮把债券持有人带到了《财富》杂志上，使他们变得"臃肿"，而从 1896 年到今天，它把股东们带到了《财富》杂志上使他们成为"奸商"。

6. 错不在个人而在社会

当然，指责彩票中奖的幸运儿是没有用的。公众将低价归因于

邪恶债券持有人的“扼杀”是大错特错的，而今天将高价归咎于奸 60
商的个人卑鄙行为也是大错特错的。错不在他们。虽然他们在某种意义上赢得了邻居的赌注或掏了邻居的腰包，但他们这样做并没有意图诈骗。他们只是玩游戏而已。我们应该停止游戏，而不是责怪玩游戏的人。我们怎么能责怪一个商人(尤其是作为一家公司的管理者，按照出资方的利益而行事的人)去获取他能得到最好的价格呢？我们不能指望他以低价出售。事实上，如果市场环境导致利润落入他的手中，作为商人他不应拒绝这种利润。我们的目标是使这种不正常的市场状况成为不可能。

7. 两个说明性案例

一位 1896 年在储蓄银行存了 100 美元的女工，如果它以 3% 的利息累积，今天她就有 200 美元。但是，现在的花费大约是 1896 年的 3 倍，当她打算花 200 美元的时候，她发现不能像当初用 100 美元一样买到同样多的东西。在几十年的自我克制之后，她的回报和利息在哪里？她无意中被骗走了所有的钱，仅仅是因为储蓄账户里的“美元”在贬值。而利息累积得不够快，甚至不能抵消本金的贬值，就像爱丽丝梦游仙境一样，她必须尽可能快地跑，才能待在原来的地方！

债券持有人也面临同样的困境。虽然他在名义上一直在靠利 61
息为生，但事实上，他的本金购买力却在下降，但他却不知道其实是在以本金为生。为了保持资本的价值不受损害，他就不得不将所有的利息再投资，甚至更多。而此时，股东却得到了债券持有人所失去的东西。

皮斯·诺顿(Pease Norton)博士在谈到这一时期的前半段时曾说:“债券投资者通过储蓄所有利息支出和再投资才能维持本金的购买力,但如果他这样做,他就没有收入。以购买力衡量,股票投资的收益比债券投资每年高出6%”[1]。

8. 社会不公正的程度

因此,受价格水平变化影响的金融利益总额是巨大的[2]。在战前,艾尔弗雷德·内马尔克(Alfred Neymarck)估计,当时世界上流通的证券总额为1,750亿至2,000亿美元。

而今天证券的交易量更大,战争债券的总额可能增加了50%以上。

62 除了有价证券或流通证券外,还有许多私人债务从不流通。储蓄银行的存款和普通银行的存款多达几十亿,由超过千万的储户持有。各种各样的保险合同有几百亿美元,其中许多是长期的,例如人寿保险。20年前丈夫为自己的利益投保而受益的遗孀,今天只得到保险单规定的购买力的1/3多一点。

---

① “Stocks as an Investment When Prices Are Rising,” Securities Review, Scranton, Pa., Sept. 1912. Several other writers (e.g. Charles Rist in *Revue Economique Internationale*, Brussels, March, 1913) have shown clearly that dividends rise greatly during rising prices and fall greatly during falling prices.

② 就纸币通货膨胀所带来的危害而言,无论从不止一个方面来看,其危害程度是极大的,见Sumner's *History of American Currency*, N. Y. (Holt), 1884; Bullock's *Monetary History of the United States*, N. T. (Macmillan), 1900 (especially pp. 40 and 74)。

从 1915 年秋天到停战，每年损失大约 25% 的购买力。因此，债券持有人不仅损失了全部利息（比如 5%），而且每年还损失了本金的 20%。在同一时期，股东则获得了巨大的收益。弗雷迪（Friday）教授指出，1915—1917 年，美国公司的股息是 110 亿美元，而 1911—1913 年则是 75 亿美元。这种股息增长本身就跟不上物价上涨和公司数量的增加。还有一个事实是，1915—1917 年，企业在盈余账户中的再投资是 130 亿，而 1911—1913 年则是 40 亿。

现在，在战争结束时①，美国有 100 万人拥有自由债券（Liberty Bonds）；数百万人持有战争储蓄券（War Savings Certificates）；数百万人从士兵保险中获利，总额约 400 亿美元。所有这些人都不包 63
括数百万已经在银行存款或拥有抵押贷款或债券的人。

当然，在欧洲，缔约国之间的转变更为迅速，因为它们的货币贬值速度更快。德国债券持有人基本上已经破产了，据报道，俄罗斯债务被彻底抛弃，在通胀的掩护下，前途未知。

自 1896 年以来，由于美元、英镑、法郎和其他货币尺度的缩水，收入和本金的不公正转移（假设目前的高物价水平将继续下去），无疑超过了 1,000 亿美元，其中一半或更多发生在战争期间。每年几乎都有数不清的价值数十亿美元的损失需要社会来承担。

最终的结果（排除可能影响到这个问题的反向运动），实际上战争费用挤占了向孤儿寡妇、大学和医院、储蓄银行存款人和工薪阶层发放的钱。这些都是拥有相对固定收入的人。

---

① 关于我们面临的与战争债务和价格水平相关的严重问题的简要讨论，见附录 1 的第 4 节。

9. 不确定性

“固定收入”——通货膨胀和随之而来的美元购买力贬值使这个词变得多么可笑！通过法律，我们保证合同的不可侵犯性，并通过将信托基金投资于债券等证券，迫使受托人保护我们的权益。但事实上，有时由于立法原因，这些“不可侵犯”资金中的一半可能会遭受损失。

64 当然，如果受害者能够清楚地预见到价格水平的上升或下降，他们就会先发制人或多或少地成功地抵消损失。但其效果微乎其微。当物价上涨时，利率通常会上涨一点，以部分补偿贬值的本金。然后，人们会意识到债券是一种糟糕的投资，因此债券价格下跌；而真实利率上升，而价格下跌时，情况恰恰相反[①]。经验表明，这种补偿很少或永远不会完成。大多数人不注意已经发生的事情，更不用说试图预测未来，并以他们的预测为指导。事实上，即使看到前面的损失，也没有多少人能够逃脱；因为他们已经被长期合同套住了。

为数不多的为价格变动操心的人大多是专业投机者。价格水平变化的后果之一就是投机。投机者，如果他猜对了，就会赚钱，并把其他人的大部分损失据为己有。其他人当然包括普通大众。价格水平变动越大，预测难度越大，投机者就越活跃。因此，内战结束后，随着绿币（greenback）不断波动，投机活动猖獗。

---

① 参见 *The Rate of Interest*, Irving Fisher, (Macmillan), 1907, Chapter 14。

世界大战之后，出于同样的原因，投机活动再次猖獗起来。除非我们稳定金元，否则价格波动会持续下去。现在没有人真正知道价格会往哪个方向走。直到最近，一般人的预期价格会出现下跌，但大量借贷、战争货币的缓慢清算与缩减、经济地使用黄金以及储蓄银行业务的增加，往往会阻止这种情况的发生[1]。 65

因此，对我们目前美元的主要指控是，它是不确定的。只要把它当作一根标尺，每一份合同都必然是一张彩票；每一个缔约方都被迫在未经自己同意的情况下成为一个黄金赌徒。

生意总是因不确定性而受损。不确定性使努力陷于瘫痪。而美元购买力的不确定性是所有商业不确定性中最严重的。仅举一个具体的例子，价格水平的不确定性使抵押贷款变得危险。银行家担心，农场价值的大幅缩水可能会毁掉保护他抵押贷款的保证金，因此他需要索取更高的收益。稳定的美元值只需要一个较低的收益率就能够让农民抵押高达其农场价值的一大部分，这样既帮助他，也帮助了银行家。

高度文明的一个主要标志是人类所面临的各种生命和财产风险的减少。从这个标准来看，不稳定的美元是野蛮的遗物。

10. 贸易周期

不确定性的结果之一是价格波动导致了商业波动的交替出现。

---

① 参见 Irving Fisher, *The New Price Revolution*, Information and Education Service, U. S. Department of Labor, March, 1919。

繁荣和危机，紧接着是收缩和萧条。价格上涨很容易以商业崩溃告
66 终，在这之后，会有一个长时间的下跌，导致工业萧条，然后又会攀升到下一个崩溃。然而，普通的商人并没有意识到这些贸易周期与美元不稳定之间的密切联系。

简言之，其过程是这样的：当价格上涨时，就会获得巨大的利润，正如我们所看到的那样，“奸商”或股东不需要从债券持有人和雇员那里获得薪水或工资。他轻松获取的利润导致他“扩张自己”，直到利息、租金、薪水和工资真的赶上了物价的上涨，他的繁荣就停止了，然后他陷入债务，破产，并让其他人陷入一系列的破产。

一场普遍的危机甚至恐慌可能接踵而至。事实上，朱格拉（Juglar）将危机定义为价格上涨的顶点，即美元购买力下降到最低。这类危机发生在过度的繁荣之后，这种繁荣往往发生在战争之后不久——例如，拿破仑战争（1818年）、克里米亚战争（1857年）、内战（1866年）和普法战争（1873年）之后。然后，当价格下跌时，固定费用被认为是对商业最严重的拖累，随之而来的是贸易萧条。

然而，商业人士很少会想到，由于美元蹒跚，商业因此停步不前。

11. 怨恨和暴力

在这一点上，可能有些人会自鸣得意地说，我们并不知道我们所遭受的，其实并不是真正的痛苦。但我们不能接受这么简单的心
67 理治疗。相反，不仅财富再分配、经济波动、繁荣、危机、衰退和萧条带来的罪恶是非常真实的，而且它们本身就是一种罪恶，但这点人们并没有理解。人们受到了伤害，却不知道是什么伤害了他们。

他们对几乎所有的事情和所有的人产生了怀疑。

几年前，这种怀疑导致了所谓的“揭发黑幕”运动。尽管许多大罪犯因此暴露在外，但他们的阴谋并不足以解释不断变化的美元所造成的1%的罪恶；如果进行足够的探究就可知，可能比历史上任何时候美元波动所引起的罪恶都多。

这种由不满和猜疑所滋生的揭发丑闻，加剧了这种猜疑和不满；因为与普通工人可怜的工资相比，它在公众媒体的聚光灯下展示了大企业和高管们所攫取的巨额利润。正如华盛顿大学已故院长卡尔顿·帕克（Carleton Parker）所言，这种公开揭发丑闻的行为在观察力强、反应快的工人心中形成了一种固定的不满情绪，并与“工民阶级”（I.W.W）的成长和痛苦有很大关系。

生活成本的每一次上涨都会增加对社会不满的人员数量，并且让他们成为社会的牺牲品，并开始憎恨社会。他们在起诉书中列举了生活必需品的高价格和某些大公司的高利润，他们把这两者归因于“奸商”的蓄意掠夺，或是“剥削”的社会制度。

他们从来没有想到非个人的原因会带给他们伤害和帮助，他们 68
也不会想到得到太多钱是一个残酷的笑话。

怨恨和阶级仇恨也可以部分归因于公开的暴力和破坏行为，在这种仇恨中有时雇主的工厂被摧毁；在食品暴乱中，有时零售商的商店破坏。

12. 价格下跌和上涨都会导致不满

在物价下跌时期，怨恨和猜疑同样盛行。我们中的一些人还没有忘记20世纪90年代西方农民对华尔街的怨恨，还在怀疑农民的困境、穷人的痛苦、贸易萧条、失业，甚至1893年的恐慌，都是华尔街的阴谋造成的。布赖恩(Bryan)在1896年民主党全国代表大会之前发表的著名演讲，使他成为民主党的总统候选人，他的演讲是基于这样一种想法：工人和农民正是由于这种邪恶的影响被钉在"黄金的十字架"上。那一年的政治竞选活动中充满了对所谓的"73年罪恶"的暗示，同时也意味着货币政策上去白银化的开始(白银非货币化)。当时的民粹主义是从无法忍受的利息负担中得到了启示，正如今天的社会是从难以忍受的高生活成本的负担中得到启示一样。最近，堪萨斯州的游客找不到民粹主义者了，因为"现在民粹主义太有钱了"。这是对事实的无意识的认知，即农民的利益
69 不再像以前那样受到物价下跌和抵押贷款负担增加而受到伤害，而是在物价上涨和抵押贷款减少的情况下有所改善。正如民粹主义在物价下跌停止几年后停止，同样，在物价上涨停止几年后，工会主义(I.W.W.ism)也消失不见了。

13. 战时物价导致不满

在写战争史的时候，我们会发现，高生活成本会引起日益严重的民众不安以及由此产生的猜疑，即使并不是引起战争的原因，那也会是战争开始的序幕。事实上，在战争之前，生活成本的上升迅速使包括德国在内的全世界都成为了社会主义者，而德国政府，作为开启战争的一方，必须权衡对日益严重的国内阶级斗争的压制，这种阶级斗争正是由高生活成本带来的。

而且，当所有的证据具备的时候，我们发现，布尔什维克退出战争的愿望受到了俄罗斯纸币通货膨胀以及商品稀缺导致的价格飙升的极大刺激。

即使在以前很有秩序的德国，战争期间也发生了暴乱，原因是物价高企，其中一部分原因肯定是通货膨胀。最近，一位敏锐的观察家——科布伦茨的一位美国官员报告说，关于德国士气突然崩溃，最可信的理论是，德国人民对高价格、暴利和负担转嫁感到愤怒。法国和英国的劳资纠纷可以归咎于同一原因。据报纸报道，阿 70
伯农勋爵（Lord D'Abernon）说，在他看来，欧洲 80% 的劳工不满都是因为此。战后的劳工不满情绪是世界性的，因为物价上涨是世界性的。这种不满并不局限于那些实际参与战争的国家，而是出现在一些偏僻的地方，如葡萄牙，甚至遥远的新西兰，这些地方曾经被称为“没有罢工的土地”，但现在却饱受罢工之苦，因为工人们觉得有必要通过罢工使工资能满足高昂的生活成本需要[①]。

如果我没有大错特错的话，那么现在高物价问题上又有麻烦了。在战争持续的时候，它作为一种借口和解释，是恰当的。但是现在战争结束了，对许多人来说，高价格似乎是不可原谅的。如果像我预期的那样，如果物价保持在高水平，而公众不明白原因，他们会报复，一是针对他们愤怒的不幸的对象，另一是针对奸商、房东、雇主、投机者、中间商、零售商、托拉斯、铁路、工会等。如果价格水平保持在高位，暴利将继续增加，就是物价上涨的结果而不

① 新西兰聪明的商人明白，劳动力问题再次出现的主要原因是货币贬值，因此，新西兰贸易委员会现在正在认真考虑引入这里提出的稳定货币的计划。

是原因。

一个很可能出现的结果将使公众既惊讶又愤怒。因为工业企业收益的进一步大幅增长，其普通股的价值也会大幅增长。如果价格保持在战前的两倍，在扣除固定的利息和租金、优先股的股息以
71 及归属于普通股的利润后，净收益也会增加一倍多。世界工人联合会和其他激进分子时刻在关注华尔街的这些数字，他们会对华尔街的繁荣做出自己的解读。他们认为高利润代表着社会不公是正确的。但他们没有意识到的是，这种不公平主要是针对债券持有人的，而收益在两类投资者之间的转移是价格上涨的结果，而不是他们的原因。

14. 最需要也最不受欢迎的调整

我们所看到的最有趣、最令人好奇的不适应副产品之一，以及对这一过程本质的误解是，公众对那些最近通过涨价寻求救济的人产生愤怒，但这些人正是那些最需要救济的人。

长期以来，正是公众的这种心理态度阻止了铁路运价的上涨。在战前，州际商务委员会(Interstate Commerce Commission)曾多次拒绝了铁路公司意图通过提高费率避免政府救济的请求。州际商务委员会的行为有意无意地反映了公众的意见。公众在物价的普遍上涨中没有看到美元的贬值，只是看到了铁路公司因为物价上涨而迅速做出的相应的涨价策略，而铁路公司的价格此前在美元贬值的情况下一直没有调整过。公众愤愤不平的感觉是：“生活成本如此高，我们的痛苦还不够吗？当我们在抗议其他提高价格的同

谋者并试图迫使他们降价时，你们却还想进一步增加我们的生活成本。”因此，公众只考虑到他们自己的不满，却忽略了这样一个事实： 72
铁路公司比他们自己的承受痛苦的时间更长。

直到 1918 年，作为战时铁路总经理的麦卡杜（McAdoo）先生提高了铁路运价；事实上，自 1896 年以来，铁路运价几乎没有变化。即使包括 1918 年的预付款，货运和客运价格也仅比 1896 年分别高出 12% 和 20%[①]，而物价水平却上涨了 200%！

同样强烈的公众情绪长期以来阻止了电气化铁路公司的票价上涨，传统票价为 5 美分。

如果说 5 分钱的票价是 1896 年的，如果这个案子中的其他因素，工资、材料、设备等，平均来说，随着物价的普遍上涨，也就是说，是 1896 年的 3 倍，那么今天公司的“公平票价”应该是 15 美分。或者，如果今天 5 分钱的车费是公道的，而且 1896 年的费用比现在的价格要低，那么 1896 年的公道费应该是 2 分钱。

就像房客们对租金上涨深恶痛绝一样，尽管如此，但涨价仍然是迟早的事。多年来，租金一直没有对一般价格的上涨做出反应，事实上，在欧洲的某些情况下，租金是根据延缓偿付原则暂时减免的。当房租最终做出回应突然上涨时，对于已经长期受高生活成本伤害的房客来说，房租上涨似乎是对所有收入“最无情的削减”。在写这本书的时候，欧洲的“租房暴利者”正受到嘲讽、侮辱，甚至被石头砸死。

---

① 见 Theodore H. Price, “*The Index Number Wage*,” Commerce and Finance, May 7, 1919。

73 更让人好奇的是，高价的受益者自己也对别人的高价感到愤慨。获得高价格和高利润的雇主往往强烈反对提高工资和薪金。获得高价的农民也强烈抗议支付高价。有一个真实的故事可以说明这一点。一个农民向制造商询问他以前买过的一种马车的现价。在他看来，制造商的报价高得离谱，因此他指责制造商“牟取暴利”，提醒他这辆车以前的价格是多少。制造商在查阅了交易记录后，发现农民先前用一批以当时的低价格计算的小麦支付了这样一辆马车的费用，他回答说：“如果你按照以前购买旧车运来的相同小麦数量给我一辆新车，我很乐意为您提供马车，另外还将为您赠送一件家具和一个好的厨房炉灶！”

简言之，每个人都渴望利用物价上涨的机会，但如果有人抢走了这一优势，他就会感到很委屈。因此，高昂的生活成本就成了名副其实的纷争的根源。

如果高物价一直持续下去，当然所有的调整越早越好。工资尤其需要提高，薪水、租金和公共服务公司的费率也需要提高。总的来说，将少数调平可能比降低多数商品价格会更容易。

15. 糟糕的补救措施

74 简言之，无论物价水平上涨还是下跌，都会使社会各阶层产生不满、猜疑和暴力。虽然公众无法区分这些麻烦背后的真正原因，但他们能够准确无误、不费吹灰之力地察觉是谁拿走了他们的钱。如果在第一时间不知道正确诊断的情况下，那么市场就需要治疗。

因此，任何价格波动都能听到各种改革运动的声音，不管是合宜的还是无关的，也不管是好的、坏的还是无关紧要的。例如，物价下跌和上涨使亨利·乔治（Henry George）的单一税收受到欢迎。价格下跌让人们联想起租客被日益沉重的租金负担所压迫，独立的农民们则被日益沉重的利息负担所压迫。这些罪恶将“土地问题”推向了风口，特别是在爱尔兰和堪萨斯州，任何解决土地问题的建议都会有听众。

后来，当价格上涨时，人们很自然地将这种上涨归因于依赖耕地人口生存压力。尤其是租金和土地价值开始出现迟来的上涨时，理论就被急匆匆地推了出来。高昂的生活成本似乎可以用高昂的房地产价格和高昂的地租来解释。尤其是在那些控制自然资源的大公司通过土地欺诈、抢夺和剥削，不劳而获地获得了巨大的财富增长时，人们对土地私有制的愤慨也很容易被激起。

并非所有从价格变动中人为助推的改革都是真正的改革。

事实上，价格震荡最严重的后果之一是提出的恶性补救办法，75
就像原始医学的补救办法一样，它们往往不仅是徒劳的，而且是有害的。然而病人总是需要药物。别管他了。他知道现在的情况很糟糕，需要改变。他的心态是一种疯狂的“我不知道到底是怎么回事，也不知道该做什么，但看在老天的份上，让我们做点什么吧”。很明显，除非找到并应用科学的治疗方法，否则庸医的治疗总是有很大的危险。

20世纪90年代，在经历了70年代开始的长期价格下跌之后，人们对所谓的“73年罪恶”进行了大量讨论，于是，市场上出现了一些不科学的补救措施。当时一本非常流行的名为《硬币金融学派》（*Coin's Financial School*）的书提出，把所有带到造币厂的银锭都铸造成银币，每种银币的重量是金币的16倍，而当时一个金币在市场上购买的银币重量不是16倍，而是32倍左右。但这本书有着惊人的发行量和影响力；而这种比疾病更糟糕的“16比1”的疗法，几乎被采用了。这场运动是基于对价格下跌的真正原因——对于黄金不足的认识；但“自由白银”的倡导者并没有客观地看待这一点，仅仅是为了防止进一步的波动，而是把责任推到“华尔街的黄金虫”身上，并试图通过美元突然贬值百分之五十来进行报复。

76 当然，从那时起，我们就见证了，黄金本身的贬值幅度超过了这个数字，今天一个金元的价值还不到1896年金元价值的1/3。然而，谁会认为贬值是对“73年罪恶”的补偿呢！相反，我们认为贬值（如不断上涨的物价水平所示）不过是另一种罪恶。我们现在也希望找到一种补救办法。然而，今天我们正受到其他不科学的补救办法的威胁。不计后果的激进主义在高物价的浪潮中乘虚而入。

16. 损失是普遍的

我们已经看到，这种反常现象的主要祸害是社会不公，是对公众财富的一种巧妙的扒窃。乍一看，这种转移似乎并不是一种普遍的罪恶；因为有些人失去的东西，另一些人似乎得到了；而起初他们也是这样做的。但次要的祸害是非常普遍的，它包括投机、不确定性、危机、沮丧、怨恨、暴力、考虑不周的“补救办法”等带来的恶果。而且，奇怪的是，与普通赌博一样，即使是赢家的不义之财最终也基本上会被一扫而空。因此，在当前物价上涨期间，罢工、暴乱、暴力和其他物价上涨的副作用通过阻碍工业的车轮，甚至摧毁其工具，消灭了赢家的利润。如果我们要让不满的工人砸碎我们的窗户，让木鞋塞进我们的机器，与其说是谁能得到利润，倒不如说是有没有利润的问题。如果我们想让工人们满意，我们就必须让他们享有公平的繁荣，而不是让不断缩水的美元欺骗他们。

此外，"繁荣"时期之后的危机本身就是一个清算日，在这一 77
天，获利者为自己的繁荣付出了高昂的代价。

同样，在价格下跌时期，当吸血鬼不是获利者而是债权人时，胜利者也容易输掉赢来的钱。正如上文第 10 节所示，债权人所要求的规定利息会变成债务人一种无法忍受的负担，债务人会破产。当债权人取消了债务人对工业的抵押贷款，而他自己又缺乏经营能力时，对商业的特殊伤害就来了。债权人——尤其是普通债券持有人——通常是资本的简单投资者，是商业中的"沉默合伙人"(Silent Partner)。他缺乏成为工业领袖的气质和训练。然而，在多年的价格下跌期间，他一直在悄悄地榨干他所持有债券的企业的鲜血，直到管理它的工业领袖没有利润，抵押贷款被取消赎回权。最后，对企业破产负有责任的工业领袖被迫下台，受尽耻辱，名誉扫地。即使在这种时候，他完全无法表达，甚至无法理解这不完全是他的错，如果有错的话，那也是他的计算工具——美元的错误。因此，债券持有人被迫取得控制权。因此，管理层落入了坏人的手中，变成了管理不善，债券持有人也就自取灭亡了。就像夏洛克一样，在不知不觉中，他一直在榨取自己的每一磅肉，直到他死亡为止。也正如戴维·哈勒姆(David Harum)明智地说："让别人偶尔赚一块钱也不是什么坏主意。"

工薪阶层也卷入了这场灾难。在物价下跌时，他主要是一个受

78 益者，因为他的工资下降比物价下降慢，但在生活成本下降期间，他比在物价上涨期间遭受更多的失业，在管理不善的情况下，他也会与其他人一起受苦。

简言之，几乎没有人能从价格上涨或下跌中获得长期或更多收益。对整个社会来说，无论是哪种情况，都会遭受巨大的净经济损失，也会对社会正义和善意造成极大伤害。

17. 结论

因此，这个看似简单的缩短或延长货币尺度的小事，远不仅仅是一个是名义上的、不重要的改变，实际上或多或少要为历史上一些重大事件负责[①]。它会引起价格的剧烈震荡，这直接或间接地将让社会结构摇摇欲坠。

① 上面提到的这些价格变动的影响都特别邪恶，但是历史还充满了许多其他巨大的影响，有些甚至是有益的。价格变动，像战争一样，不可避免地引起激怒和刺激。由于爱尔兰农民债务人的可怜处境，价格下跌刺激了爱尔兰大规模的土地风潮和地方自治运动。价格下跌刺激了保护关税的想法。价格上涨刺激了自由贸易的想法。当生活成本上升时，英国废除了关税法，在同样的鞭笞下，美国采用了安德伍德低关税，更早的 1857 年的低关税也是因此原因。正是作为 20 世纪 20 年代和 90 年代价格下跌的解毒剂，保护主义在美国取得了最大的成功。如果没有货币单位的失常，不仅是经济史，政治和社会史也会完全不同。

第四章　补救措施

1. 曾经提出的补救措施

我们现在准备好回答这本书的实际问题了：“我们要怎么做?” 79

过去十年来，我看到了许多稳定物价的措施，有些措施在一些地方已经得到采纳，例如：包裹邮寄；修建农贷设施；对工人进行补偿；提供其他形式的社会保险；推进政府所有制的公用事业；实行各种各样的社会主义；减少人类疾病和残疾；禁酒；倡导“简单生活”，包括放弃社会义务和“移民”到城镇的不同地区（如《一条出路》一书中所述）；建立家政市场俱乐部；建设市政屠宰场；面包店和肉店实行国营；发展电车货运服务；由农民进行合作销售；利用空置的城市土地；市政市场；科学管理；减少中间商；合作；利润分享；价格和利润的宣传；单一税；（在美国和德国）实行较低关税；（在英国）实行更高的关税；更好地监督度量衡；使用大宗商品而不是包装货物；使用“量贩”（Cash and Carry）系统，而不是“电话配送”；废除对橄榄油的征税和其他消费税；随着饲料出口税率的提高（目的是
将饲料留在国内，使肉类更便宜）降低蔬菜和鲜鱼的铁路运价（在法 80
国）并鼓励从阿尔及利亚、突尼斯和其他地方进口牛肉；鼓励（瑞士）

从乌拉圭进口冷冻肉；以成本价出售土豆、鱼和某些其他食品；制定针对投机和垄断的法律；固定价格；对冷藏厂的监管（在美国）；对（在法国）冷藏厂的提供补贴；由政府对普通食品进行控制；对产品价格和利润进行宣传；工会主义；解散工会；通货膨胀；弹性货币；金银本位制；实行以生活费用为基础的浮动工资；解除武装。

尽管我很愿意，但我将不会花费许多时间详细讨论这些建议。其中一些建议已经不是补救办法了而应该称为弊端。另外的一些措施，虽然很出色，但与这本书的问题无关；也就是说，他们根本不会倾向于稳定物价水平和货币购买力。它们会帮助我们忍受高昂的生活成本，但不会减少或阻止它。其中有些对于人类的幸福来说，甚至可能比即将提出的补救办法更重要。不过，这些措施和补救办法毫不冲突，而是对书中提出的补救办法的有益补充。

因此，上面列出的建议并不是不分青红皂白的谴责，而是为了
81 表明人们在提到高生活成本问题时倾向于往哪个方向想。这类建议大多涉及商品生产、分配和消费的经济性和效率。这一事实表明，人们通常很少考虑市场的另一面，即货币方面的问题。

在“高生活成本”这一项下，确实有两个问题：(1)我们收入多少的问题；(2)我们收入中的每一美元能买多少东西的问题。第一个问题更恰当地说是“收入问题”；第二个问题严格来说就是“高生活成本”的问题。

上述大多数建议的一个麻烦是，虽然人们关心第一个而不是第二个问题，但他们也希望解决第二个问题。失望伴随着措施的应用，除非找到第二个问题的真正解决办法，即稳定物价水平的有效手段，否则困惑和愤怒的公众往往会继续尝试各种所谓的补救办

法，无论是好的、坏的还是漠不关心的，但结果往往是灾难性的。我要提出的计划只涉及解决第二个问题，即美元的购买力问题。

2. 美元，唯一尚未标准化的单位

真正的罪魁祸首是美元，真正的补救办法是修复美元的购买力。

我们的美元现在只是一个固定重量的黄金（定额黄金）——一
个重量单位，被伪装成一个价值单位。二十分之一盎司的黄金并不 82
是真正的价值单位或一般购买力①，也不是一磅糖或一打鸡蛋。用重量来定义价值单位或一般购买力，几乎和用重量来定义长度单位一样荒谬，也和用任何一根重一盎司的棍子来定义尺码一样荒谬。

确保我们的美元和以往一样“重”，这对我们有什么好处呢？这一事实有助于我们承担一点高昂的生活费用吗？我们真正想知道的是，美元是否能像以往一样买得起同样多的东西。我们需要一美元，它将永远购买相同总量的面包、黄油、牛肉、培根、豆类、糖、衣服、燃料和其他必需品。

以前有一首歌是关于一个店主的，当被问到一盒袜子的价格时，他回答说：“一美元一盒。”“我要这一盒”顾客说，然后递上他的一美元。于是店主拿出袜子，把盒子递过来。“我卖给你的是盒子，不是袜子，”他说！

我们的美元有点像那个盒子。它保持了它的形式，但失去了它

① 确切地说，一美元中的纯金是 1/20.67 盎司。

的内容。在前面这个例子中，取走袜子并不是合同一方有意或必须承担的义务，但更糟糕的是！因为受害方没有追索权。就好像这盒袜子的购买者被迫事先同意让旁人随意脱袜或穿袜。

我们需要的是稳定或标准化的美元，就像我们已经标准化了尺度、磅重、蒲式耳篮子、品脱杯、马力、伏特，实际上还有除美元以外的所有商业单位。当时，现代科学把最好的点放在各种测量上，
83 因此，所有这些商业单位都经历了从原始时代的粗糙到今天的精确单位的演变过程。

一码一度被粗略地定义为部落首领的腰围，并被称为围带，后来是亨利一世的胳膊长度，后来又是伦敦塔上一根铁棒的长度。今天我们在华盛顿有一个标准局，在那里，现代的尺码是由一块金属合金定义的。它放在一个恒温的房间里，在一个玻璃箱下，观察者不能靠近它，以免他身体的温度会引起它的变化，而只能通过房间对面的望远镜看到！

除了美元以外，旧的粗糙的和现成的单位都不再被认为适合现代商业。美元是这些原始货币的唯一存留。想象一下，现代美国商人能够容忍一个以美国总统腰围来定义的一码吗？假设塔夫脱（Taft）先生执政时期的以码为单位的合同现在已经履行，你能想象吗？

然而，码这个尺度被用于所有以长度为标准的合同中，以及除此之外的所有其他合同中！在这样一个尺度上的缩水，不会比我们在更重要的商业尺度——美元上所遭受的缩水更大。因此，我们不稳定的美元所带来的弊端——混乱、不确定性、社会不公、不满足
84 和无序——与所有其他商业单位——标尺、蒲式耳篮子、工作时间等——曾经经历过的一样。所以，在某种程度上，计量单位应该协

调一致地改变。

我们容忍美元的不稳定只是因为它所造成的破坏是由其他机构造成的。如果受害者知道美元的真相，它应该在下一届国会会议上被稳定下来。

我们固执地坚持我们的美元永远不变的幸福假设。我们似乎不仅像巴纳姆（Barnum）所说的那样，喜欢受骗，甚至喜欢自己欺骗自己。

3. 一种虚构的商品美元

如我们所希望的货币本位那样，一个真正的价值标准（对商品的一般购买力），不应仅仅依赖于一种商品，无论该商品是黄金、白银、小麦还是任何其他单一种类的商品。

两种商品总比一种好，就像两个醉汉手挽手走比分开走更稳一样。每当它们倾向于向相反的方向倾斜时，它们的力量就会互相抵消。这是过去提倡金银本位（Bimetallism）、混合本位（Symmetallism）和其他金银联合计划的依据。这一论点对于黄金和白银无论向那个方向运动时都适用。在 1873 年至 1896 年时就是如此。例如，上一代人以前，我们采用了合金[①]美元，一半是黄金，一半是白银。因此，当时的价格水平就没有像其他金本位国家的价格水平一样遭受 1896 年以前那样的快速下跌，也没有遭受到银本 85
位国家曾经经历过的快速上涨。它将在黄金本位国家和白银本位

① 国会议员斯蒂芬斯于 1879 年为此目的提出了一项法案（参见赫本的《美国货币史》，第 288 页）。

国家的价格波动之间保持中间水平。

但这种含有两种商品的合金，虽然在许多情况下比其中任何一种商品都更稳定，而且在所有情况下都比不太稳定的两种商品更稳定，但实际上并不是很稳定。

一种由金、银、铜、铂和所有其他金属组成的复合材料比两种金属的合金在某种程度上要稳定一些，就像许多喝醉了的男人可以挽手走得比只有两个人走得更稳一样，排队的所有人都不可能在同一时间朝同一方向蹒跚而行。一些人在一个方向上的倾斜几乎总是在实质上受到其他人在另一个方向上倾斜力量的抵消。如果有足够的机会，我们就应该这样做！

但为什么只使用金属呢？美国劳工统计局的指数显示，“金属和金属产品”这一组合作为一个整体，是所有商品组中最不稳定的[①]。

为了确保美元对一般商品的购买力不变，它应该代表这些商品的综合指数。因此，我们应该使我们的金元（美元）在价值上对应于一个假想的综合商品美元（Composite Goods-Dollar）构成，例如。

86 1 板英尺的木材（与其他商品一样，由各种材料制成）：

1/40 蒲式耳小麦

1/2 磅钢铁

1/2 磅牛肉

15 磅煤

1/200 桶小麦面粉

---

① 组合分九种，即农产品、食物等、衣服和衣物、燃料和照明、金属和金属产品、木材和建筑材料、药物和化学品、家居用品、杂项。

1/2 磅糖

1/2 磅猪肉

1/6 磅棉花

1/6 加仑汽油

1/2 个鸡蛋

1/2 品脱牛奶

1/2 盎司黄油

1/50 蒲式耳土豆

1/200 双鞋

3/4 磅甘草

1/2 盎司牛皮

1/2 盎司烟草

1/4 盎司人造烟草

3/4 盎司猪油

1/4 盎司皮革

1/15 盎司羊毛

1/4 盎司钢铁

1/2 盎司铜

1/20 盎橡胶

1% 加仑食用酒精的 1/6

1 盎司肥皂

等等

这些数据恰好大致相当于美国劳工统计局在编制价格指数时 87

使用的一些商品的相对数量。一些清单中被指定的物品更重要，它们今天实际上价值约一美元。

如果我们能以某种方式使我们的金元等同于这样一篮子货币，即一种复合货币（a Composite Dollar）；这种货币由一篮子物品组成。这种复合的一篮子物品，我们称之为“商品美元”，显然它在任何时候都必须值一美元。而生活成本——至少是篮子里代表性品种的成本——不会上升或下降。因为一美元相当于这个产品组合，所以这个产品组合总是要花一美元。简言之，那时保持一篮子商品的价格不变（不管其成分之间的差异有多大），就像现在保持黄金价格不变一样简单。这种复合物的价格永远是一美元，就像今天黄金的价格总是每盎司 20.67 美元一样。如果以鸡蛋作为标准，就像一打鸡蛋的价格永远是一美元。如果以合金作为标准，就像黄金和白银的合金一样，这种合金的价格是不变的，不管它的成分彼此之间的差别有多大。

这种复合商品美元不是个笑话。我将建议采纳它——至少是间接的！

4. 金本位不可放弃

一些缺乏想象力的读者现在可能急切地想指出，如果一篮子商
88 品美元在流通中或用于进出口，那将是多么不方便，更不用说怪异了。它含有 15 磅的煤，太重搬不动；含有木头和干草，太笨拙；它的半个鸡蛋会坏掉；而把一双鞋分成 200 份会使它们的价值荡然无存。黄金是最好的选择，因为它是不朽的，容易分割，容易携带，

容易出售。

而正是这些特质导致了人们选择了黄金作为货币，而不是像一些人错误地假设的那样，是黄金稳定的属性导致人们选择它。

那么，无论如何，让我们保留这种金属黄金，因为它具有便携性、耐用性、可分割性和可销售性，但让我们纠正它的不稳定性，使它的一美元可以随时购买大约一篮子的货物。根据提议的计划，只有经过适当修正的金元才能得到实际处理。商品美元只是一个虚构的概念，我们可以从统计学上对黄金美元进行检验和修正。

今天的货币有两大功能。一种是交换媒介，一种是价值尺度。选择黄金是因为它是一种好的媒介，而不是因为它是一种好的标准或尺度。

认为黄金之所以成为货币是因为它被认为是一种很好的价值标准或尺度，这种说法是没有根据的。事实上，当它被用作货币时，那时还没有指数，因此也没有办法检验它的稳定性或不稳定性。在那个时候，对于货物，没有太多的需要和足够的理由去考虑价值标准，因为当时几乎没有如期票、抵押贷款和债券等定期票据。几乎所有的交易都是当场成交的。当一个人要用现金购买时，货币单位 89
对他来说无关紧要。

但今天，如果一个男人买了一件东西，并承诺在三个月内付款，情况就不同了。当付款的时间到了，知道“美元”是否与协议签订时设想的一样值钱是很重要的。

我们的现代合同，可以持续数月、数年、几代甚至几百年，包括价值数千亿美元的付款协议、本票、抵押贷款、债券、铁路债券、政府债券、租约、保险合同等——价值标准的职能，即延期付款的标准，也许已经发展成为货币两大职能中更重要的一种职能了。

然而，由于我们的祖先发现了一种良好的交换媒介，我们现在发现自己背负着一种糟糕的价值标准。因此，我们需要做的是保留黄金作为一种好的媒介，同时又使它成为一种好的标准；不是放弃金本位，而是纠正它；不是摆脱金本位制，而是使它契合复合货币或商品美元的购买力。

在即将提出的计划中，黄金被保留下来，黄金自由进出流通领域的机制基本不变。但根据这一计划，金元将成为一种价值标准，而不是衡量重量的标准。

我们现在拥有的是没有“标准”的金本位制！当我被问到这个提议是否是真的要“放弃金本位”时，我的回答是：“不！就是把标
90 准纳入金本位制！”就是通过转换或修正现在所谓的金本位制，使之符合复合本位制（Composite Standard）。

5. 只需要改变金条美元的重量

但是我们怎样才能矫正金本位呢？这就是我们在这一章中要回答的问题。简而言之，答案是：通过适当地改变金元的重量。现在，金元的重量是固定的，而购买力是可变的。我们需要的是一个固定购买力的金元，因此其重量是可变的。

我认为任何一个理智的人，不管他是否接受我所接受的货币理论[1]，都不会否认黄金在一美元中的重量与其购买力有很大关系。

---

① 因此，B. M . 安德森，可能是少数几个仍然反对任何形式的“数量理论”的人中最有能力的人，仍然赞成通过调整美元的重量来稳定美元价值。

更多的黄金能够购买更多的商品。因此，如果没有抵消的原因，超过23.22格令的黄金将比23.22格令的黄金购买更多的商品。因此，如果美元不是23.22格令，或者大约是黄金的1/20，而是一盎司、一磅或一吨黄金，那么在其他条件相同的情况下，它肯定会比现在的黄金购买更多的东西，这就等于说价格水平会比现在要低。

一块墨西哥金元的重量大约是我们的一半，因此购买力较低。
如果墨西哥采用和我们一样的美元，没有人会怀疑它的购买力会上 91
升两倍，也就是说，墨西哥的物价水平会下降一半左右。同样，如果我们采用墨西哥元，我们的价格会翻一番。

那么，让我们承认，根据金元是更重还是更轻，它的购买力会或多或少地增加或减少。结果是，通过以足够快的速度将新的黄金添加到美元中，以弥补每一格令购买力的损失（当然，反过来，也可以减少黄金含量以弥补收益），我们就可以在购买力方面确保一个稳定而不是浮动的美元。

6. 不再使用金币

在读者能够接受刚才所说的稳定美元购买力可以通过改变美元的重量来解决这个说法之前，有三个问题需要回答：定期改变金元的重量是否可行？根据什么标准进行变更？这种变化真的会稳定美元的购买力吗？

首先，关于第一个问题：在实践中，改变金元或其他货币单位的重量怎么可能？

这项壮举当然是可能的，因为它已经被实现过。欧洲历史提供了许多这样的例子。几年前菲律宾比索就做过这种改变。我们自己也曾两次改变过金元的重量；一次是在1834年，当时美元中的黄金减少了7%；另一次是在1837年，当时它增加了1/10。如果我们一个世纪能改变一个货币单位的重量一到两次，那么，我们就可以在一个月内改变一到两次！如果我们用可以赎回金条的纸币
92 代表黄金流通，并且停止使用金币，那么这种金元重量的周期性变化比历史上记录的偶然变化更容易实现。

事实上，现在的黄金几乎完全通过黄钞（yellow backs）或金元券（gold certificates）在流通。黄金本身［通常根本就不是硬币的形式，而是以“金条”（bar gold）的形式］就藏在政府的金库里。

一根成色九成的金条（nine tenths fine），重25,800格令，恰等于1,000美元，每一美元25.8格令，就好像那根金条被切成100块，每一块都印上了10美元。当黄金的所有权以纸质的“黄钞”流通时，1,000金元已经嵌入或焊接在金条上了。

从那时起，即使是今天，我们大部分的金元都是以纸币的形式在流通，如果黄金的唯一流通形式是纸张，就不会有任何不便。在战争之前，英国人偏爱在口袋里携带黄金，现在大多数人已经戒除了这种习惯；而大多数仍这样做的美国人（在加利福尼亚州、俄勒冈州和华盛顿州）也正以同样的方式戒掉这种习惯。

因此，金币只不过是在法律上表达一种现有的习俗而已，它完全可以被废除。为了简单起见，让我们假设这是要做到的[①]。因此，当我谈到时不时地改变金元的重量时，读者不必想象出反复收回黄
93 金，或是各种重量的金硬币在市场上混乱地一起发出刺耳的声音。

① 如附录6的第3节B所述，这是由李嘉图提出的。

我们完全可以消除头脑中金币的概念，而是把美元想像成放在美国财政部金库里的金条。这个数字时不时在变动，但在某个特定的时间它是确定的和具体的。我们只需要记住，在流通中，黄钞代表金条。

因此，假设没有实际的金币流通，而所有的黄金都只以黄钞的纸币形式流通，我们就有可以随意改变金币的重量，而不会产生任何因硬币的存在而产生的烦恼或复杂情况。政府只需改变金条兑换成纸币的数量，即在特定时间内发行或回收的一定数量的纸币，使其吻合黄金的价值就可以了。

一个杂货商可以轻易地改变一美元所能购买糖的数量，政府也可以改变一美元换多少黄金。如果今天政府给珠宝商或出口商规定一美元换 25.8 格令的黄金[①]，那么下个月的价格可能是 26 格令或 24 格令。黄金的增加或减少当然是为了补偿美元购买力的下降或 94
增加。

7. 金本位制的本质

在继续讨论第 6 条第二个问题之前，我们有必要停下来告诉人们，废除金币不会对黄金在流通过程中的流入和流出造成实质性的

① 当然，证书上的措辞需要稍作修改。它们不能再被恰当地称为仓库收据，另一方面，它们也不会完全类似于政府票据；他们将介于两者之间。它们可以被描述为“金条美元凭证”。它们随时都可以兑换成当时官方重量的金元 ——一个价值不变的可变重量，而不是像现在这样重量不变但价值可变。关于新凭证的拟议措辞，见附录 1 的第 10 节。

改变。就像现在一样，黄金矿工会把黄金带到造币厂、化验室或其他政府保管处以交换纸质代币或者黄钞。唯一不同的是，他不会总是为了得到一美元的黄钞而存入同样数量的黄金。向政府出售黄金以换取黄钞，这种不受限制的存款，本质上是无限制铸币，也就是通常所说的“自由铸币”。黄金就是这样通过黄钞代替黄金在市场上流通的。

此外，珠宝商或黄金出口商也用黄钞来购买黄金，这样黄金就会从政府金库取出，从流入变成流出。唯一的区别是，他们不会总是用一美元黄金来换一美元的黄钞；同一张黄钞在不同的时间值不同数量的黄金。像现在一样，每一美元的黄金，其相应的黄钞，退出国内流通，出现在艺术品或外国流通中。因此，这一过程实际上就是金元从国内流通到艺术品或国外的流动过程。这种交换相当于对黄钞进行不受限制的“赎回”。

95 因此，不受限制的存款和无限制的赎回将在很大程度上继续进行，一个趋于增加，另一个趋于减少金条券的数量，即流通中虚拟黄金的数量。

简言之，我们的金本位制度可能被描绘成一个黄金湖，通过黄钞的循环来储存黄金，这个湖由矿工和进口商喂养，被珠宝商和出口商抽干。

这个系统，湖泊及其流入和流出，将保持不变。只有存放和提取黄金的条款会改变。

8. 基于价格指数的金元重量的周期性变化

那么，在回答我们三个问题中的第一个问题时，我们发现美元的重量可以随意进行周期性变化，而且，至少在不改变金本位制目前运作机制性质的情况下也是如此。

我们现在准备回答第二个问题：应该用什么样的标准来指导政府改变美元的重量（含金量）？我们是不是建议应该授权一些政府官员根据自己的意愿随意对美元进行升贬呢？当然不是。美元调整的一个明确而简单的标准就在眼前——现在人们已经熟悉的价格“指数”。我们应该要求发布最佳指数的美国劳工统计局或标准局或其他合适的政府机构，在规定的时间间隔内（比如双月一次）公布这一数字。

具体地说，每两个月（或什么样的调整期都可以），统计局就 96
会根据当前的市场价格来计算我们的一篮子商品的成本。这个数字（价格指数）要公布。这个数字将给予造币厂厂长为改变金元的重量（含金量）提供必要的官方标准。也就是说，政府通过改变金元券的数量从而改变了黄金的数量，从而提高或减少了金元券的购买力。

金元券的价值总是与金元相等，而金元的价值则与商品美元的价值相等，这是最终的标准。

例如，如果一篮子代表性商品的当前价格指数为 1.01 美元，即比理想面值高出 1%（即高于 1 美元的价格），这一事实表明美元的购买力降低了，因为它需要比 1 美元多 1 美分才能买到理想的一篮子商品。这一事实是金元重量需要增加 1% 的信号。

另一方面，如果计算出来的指数比面值低 1%，那么意味着美元的购买力就提高了，需要将美元的重量降低 1%。

简言之，我们的调整规则或标准很简单：在任何调整日，如果指数偏离票面价值超过或低于 1%，那么我们就会增加或减少 1% 的美元重量。

9. 调整规则的工作原理

97 现在我们来讨论第 6 条中提出的三个问题中的最后一个问题：上述改变美元重量的规则真的会稳定美元吗？我们怎么知道，如果指数比面值高出 1%，那么金元重量增加 1%，就足以推动指数回归面值？答案是我们不知道，正如我们所知道的那样，当汽车的方向盘转动时，汽车转弯的距离和角度都恰到好处，这就证明方向盘的转动也恰到好处。在调整的这段时间内，有许多事情可能会受到干扰。但如果修正量不够或太大，下一次计算指数时，指数将说明问题。绝对完美的修正是不可能的。任何缺陷都会继续出现，但它总是无法逃脱最终的修正。

例如，假设下个月或调整期内，指数仍保持在 101% 不变，也就是说，一篮子商品的成本仍然是 1.01 美元。这意味着美元的重量要增加 1%。如果下个月，指数是 $100\frac{1}{2}$，也就是说，比票面价值高出 0.5%，那么 0.5% 的指数将要求美元的重量增加 1/3 ——这次是 0.5%。因此，只要指数继续保持在稍高于票面水平，美元将继续在每个调整期加码，直到必要时，美元的重量达到一盎司或一吨。

当然，在它变得非常沉重之前，额外一点重量就足够把指数推回到面值；也就是说，流通券的购买力就会恢复。 98

或者，反过来，假设指数跌破面值，比如说比一篮子商品价格低 1%，即 0.99 美元。这一事实表明美元的购买力已经上升。相应地，金元的重量将减少 1%。在指数仍低于面值的每一个调整期，过于沉重的美元会被卸下，其购买力将恢复到面值。

因此，通过增加或减少美元的重量，我们的美元总是在适当的水平上上升或下降，也就是说，与我们的一篮子商品的价值相等。

简言之，这种调整和所有人类的调整一样，都是在“试错”中进行的，总有一点偏差，但总是在被纠正的过程中。方向盘使货币汽车不完全保持在标记的直线上，而是始终在它的一侧或另一侧靠近它，因此，它的偏差将始终提供转向所需的标准。

因此，对第三个问题的答案是，尽管稳定机制不能绝对防止对面值的轻微偏离，但它将持续使出现的每一个偏差都趋于零。 99

偏差的原因是什么根本不重要。它们可能与黄金、银行信贷或其他任何东西有关。无论这种偏离是如何引起的，都会对金元的重量产生一个平衡性的变化。只要指数继续偏离，在每一个调整期，这个重量的变化都将继续发生。

其结果是，价格水平只会轻微波动。而不是像我们在历史上所发现的那样，价格剧烈震荡。指数总是接近平价 / 票面值，比如 101、100.5、101、100、102、101.5、100、98、99、99、99.5、100 等，很少会出现超过 1% 或 2% 的偏离。

修正美元价值的过程可以看作驾驶汽车。或许形容为蒸汽机上“调速器”的自动调节或挂钟上“补偿”摆锤更恰当。每一次偏离都有其自身的修正。

因此，我们将金元近似地等价于想象中的“商品美元”。所有其他类型的美元可以与金元互换，并保持与这一面值相等。除了储备黄金的银行之外，我们的银行体系不需要改变，他们的储备不需要部分是金元券，部分是实物黄金，只需要金元券就可以了。政府将持有实物黄金。无论谁都可以选择用真金（黄金）赎回金元券，当然包括将黄金用于珠宝和其他艺术品或出口的行为。但如果一家银行这么做的话，如果它购买的黄金像白银一样多，很容易受到价值波动的影响。

总而言之，每一美元的钞票和其他信托货币，就像现在一样，
100 都可以兑换成一美元的黄钞（也称为金条美元券），因此，这种纸币，
就像现在一样，将与这些黄钞保持平价。

总的来说，真实的一美元、一美元金条、一美元黄钞、一美元的银行票据、一美元银行存款或者任何形式的一美元都绝对地相互等值，也近似等于想像的综合（复合）商品美元。然后，我们将基本上摆脱价格水平波动及其带来的长期不良后果。换言之，货币尺度被标准化了。

10. 针对以政府支出为代价的限制性条款

为了避免以政府支出为代价的炒作黄金的投机行为，应向黄金储户收取一笔小额铸币税（brassage），美元重量的任何变化都不应超过这一费用。

这是一个技术细节，还有其他技术要点，如金条美元券背后的储备状况、指数的初始面值、组成复合美元的商品的选择和修订、金币和铸币的保留问题、存款货币的控制等。这些内容无需在此细说。这些在附录一中有详细说明。本章所讲的内容是，如果我们愿 101
意的话，我们有能力稳定美元的购买力。

11. 与其他计划的比较

正如我们所看到的，大多数其他解决“高生活成本”的建议都是通过经济和效率来实现的。没有什么比这更值得称道和更合时宜的了。无论现在或将来，我们都应该争取增加生产，停止劳资之间的纷争。无论价格是高是低，也无论这些目标的实现程度如何，世界都会变得更好。

然而，如果他期望从这些措施中，让价格指数有任何明显的下降，那他注定会失望。人们普遍预期的价格下降，首先是因为忽视了货币方面的问题而产生了错误认识；其次，对经济和效率的看法过于夸大，而这是可以实现的。我们大罢工中最严重的一次，使国民生产减少的产量仅仅相当于一个假日的停产，而工业的大部分浪费，虽然很大，但是不可避免的，只能通过教育逐步减少。

我们可能会责骂工人，指责他们懈怠，而 99% 的工人甚至连我们说的话都不听，就拖着沉重的步伐走着。我们可以立法，希望在一个荒废的世界上强制推行经济和效率；如果我们能做到弊大于利，那就幸运了。我怀疑，全世界所有政治家和道德家的共同努力， 102
是否可能在一整年内，使产量比原来增加 2% 或 3%。

另一种补救办法，也是目前最流行的一种，是价格控制。在战争期间，合法的价格管制效果最大，但可能只对少数商品有很大的作用，其他商品很难说。正如援引的统计数字所显示的那样，对一般价格水平的影响只有 5%。现在是和平时期，这种影响能达到当时的一半就几乎是不可想象的。

然而，管制这项工作对任何人或任何政府来说都太大了。如果我们的政府试图通过固定零售价格来保护消费者，那么它必须采取更进一步的措施，确定批发价格，以保护零售商，然后，同样地，确定批发商、制造商和原材料生产商的价格。成千上万的经销商将不得不受到政府官员的监视、控制和惩罚，一旦他们转身，规避行为就会发生。

我毫不犹豫地预测，目前试图确定个别价格的努力将像以前所有的尝试一样，甚至是在专制的德国也将以失望告终。

在没有使用任何力量的情况下，可以通过稳定美元来获得所期望的效果，而使用这么多力量却没有多大效果，这难道不可笑吗？如果我们试图用武力确保执行“夏令时”，迫使每个工厂、商店、学校、教堂提前一个小时开始工作，每个人比以前早一个小时吃早餐，司法部长肯定会忙得不可开交。

103 相反，我们没有雇用一支警察部队，在成千上万个不同的地点施加压制，而是简单地调整了我们的时间测量工具——时钟，然后工厂、商店、学校和教堂就会自动提前一个小时开始营业，每个人也会自愿提前一小时吃早餐。

因此，就价格水平而言，高压手段不仅成本高昂、无理取闹而且徒劳无益。对价格测量工具——美元进行简单的调整，将不费吹灰之力，而且更重要的是，将会取得成功。

在供求的经济力量面前，控制任何一种价格都是非常困难的，但是控制价格的总体规模非常容易；因为总的价格规模除其他外，取决于金元的重量，而金元的重量是我们有选择地制造的。

不管其他原因对价格规模的影响有多大，这种影响总是可以通过适当改变金元的重量来抵消，当然，前提是所有其他美元都可以用金元兑换。

金元是最基本的单位，是局势的关键。

第五章　结论

104 1. 计划摘要

如上一章所述，这项计划很简单。

（1）废除金币，并将我们现有的金元券转换成金条券。持有人在任何日期都有权获得同等重量的美元金条，该金条是官方宣布的构成该日一美元的构成。

（2）保留“自由铸币”，更确切地说，是黄金的无限制存款，同时也保留金条券的无限制赎回。

（3）指定一个理想的复合物或“商品美元”，由一系列具有代表性的商品组成，与当前重量的金元等值，并建立一个“指数”。通过这个指数以便在规定的时间内，用金条美元记录这种理想的商品美元的市场价格。

（4）在规定的时间区间内调整美元（即金条美元）的重量，每次调整都要与记录的指数对面值的偏离成比例。

（5）对储蓄金条者收小额“铸币”费，并规定任何人改变金条的重量不得超过该项费用。

105 除了计划本身的这些特点之外，我们需要保持一个健全的银行体系，对此必须达成共识。否则，稳定计划的效力将大打折扣①。

2. 计划的关键

该计划的关键在于（4）——调整金条美元重量的规定。这是一个调整规则，用指数来调整美元的重量。它的意义在于：

为了防止美元贬值，我们让它的重量增加，从而让我们认识到贬值的美元是重量小于规定重量的美元；反过来，为了防止美元升值，我们使它的重量缩水，从而认识到美元升值是一个超过了规定重量的美元。

换言之，由于美元升值或贬值仅仅意味着黄金价格的下跌或上涨，我们可以这样说：为了保持其他物品的价格水平不变，我们让黄金的价格浮动②。

3. 美元重量不变的虚假性

目前，一美元通常含有 23.22 格令的黄金，黄金价格总是每盎司 20.67 美元。不管黄金真的贬值到什么程度，我们人为定义的美 106

① 具体细节，参见附录 1 的第 7 节。

② 这两个说法和上面总结的（4），实际上是同一调整规则的三种不同提法。第四种提法：我们通过降低或提高黄金价格来防止美元购买力的损失或增加。所有四种表述模式可以统一如下：我们通过（1）增加或减少美元的重量（2）降低或提高黄金的价格来抑制（1）价格水平的上升或下降（2）美元购买力的下降或上升。对于大多数人来说，我认为最初的公式［以上总结的（4）］是最方便的，即根据价格水平和美元的重量而不是根据美元的购买力或黄金的价格，或者两者都是。

元为黄金创造了一个人为的固定价格。它不允许降低黄金价格来使黄金贬值。因此，在其他东西的价格上涨中，它就表现得非常不正常。因此，强制性地用其他物品的价格来记录黄金价值的波动，既错误又荒谬。当黄金贬值时，它的价格应该降低。此外，当我们看到其他任何东西，比如玉米的价格上涨时，我们应该能够合理地确定，所有这些上涨都代表着玉米价格的上涨，而不是以黄金表现的价格的下跌。相反，当黄金升值时，它的价格应该提高；当其他任何东西的价格下跌时，它应该完全代表某一特定商品的下跌，而不是以黄金表现的价格的部分上涨。

目前，法律没有授权政府在黄金下跌时下调价格，也没有在黄金上涨时上调价格。杂货商可以在货物上做标记。他可以增加或减少一美元可以换取的糖的磅数。但政府无能为力。当大量的黄金从跛溪（cripple creek）、兰特或饱受战乱的欧洲涌入时，政府不允许将价值1美元的黄金重量增加到23.22格令以上，或将黄金价格降至每盎司20.67美元以下。相反，因为市场存在着过多的货币，导致了“高生活成本”。

107 另一方面，当我们的出口商需求黄金时，我们的政府无法提高黄金的价格，也就是说，将价值1美元的黄金重量降低到23.22格令以下。这项法律迫使它继续以每盎司20.67美元的老价格出售其日益减少的库存；因此，导致货币可能会出现剧烈收缩。

无论是哪种情况，我们都将我们宝贵的货币本位置于外国条款、冶金发明和淘金者的摆布之下，置于珠宝的时尚、银行体系的变化和政府金融家政策的操控之下。

这里提出的建议是，授权控制黄金流入及流出的水闸门，以使我们的资金池保持在一个统一的水平。通过增加或减少美元的重量，我们将为洪水或排水做准备。

4. 过渡不会造成冲击

当然，这项计划应该从接近其通过前的实际价格水平开始[①]。我认为，不应试图将价格恢复到多年前的水平。因此，该项计划的实施不会有任何冲击。商业活动会从未来的冲击中解脱出来。

当我们采用标准时间并相应地调整手表时，工作时间变动带来的冲击会很小。正如全世界的时间安排通过调整手表的时间转移到标准时间而得到改进一样，而最近又因“夏令时”的转变而得到
改进。因此，商业活动中的货币契约活动也可以置于一个真正的标 108
准上，而不会出现冲击或混乱。

在新制度被采用之前，基本上相同种类的货币会在人们的手上传递。普通人将完全不知道制度的任何变化——事实上，他感知不到新制度的运作，就像他不知道现行制度的运作一样。就像印度居民，“金汇兑”标准生效 25 年之后才知道这件事。只有那些买卖金条的人才会注意到这种变化。一方面，黄金矿商和黄金进口商把黄金存放到政府的金库里，另一方面，金匠和出口商会把黄金带走。这些人最终会发现他们存入黄金和卖出黄金的价格并不总是每盎司 20.67 美元。

① 这一观点会在附录 1 的第 4 节展开说明。

5. 遵守合同将使“扒窃”行为不再发生

这项计划将彻底制止一个困扰世界几个世纪的可怕的罪恶——扰乱货币契约及其对货币的误解所带来的罪恶。目前所有的合同，虽然名义上是在执行，但实际上却被篡改了，就好像在运送煤炭或粮食时使用了假的重量单位和尺度一样。

如前一章所述，我国宪法禁止国家干扰合同的执行，政府本身
109 也应遵守这一禁止原则[①]。但是，根据我们的商业标准，遵守宪法规定最多只能符合文字，而不是精神。因为合同的字面意思，是通过法律以黄金的重量来确定双方义务，而合同双方其实并不关心金元的重量；事实上，通常情况下他们甚至不知道一美元是一个重量单位。他们的思想交流基本上是基于一美元的价值，即美元在商业上带给他们什么好处。而他们对价值的任何变化几乎不做任何考虑。

因此，在上述宪法条款的保护下，合同一方总是在一定程度上抢劫另一方。如果我们的货币标准得到规范，这种无意识但真实的社会扒窃行为就会停止；同时，随着货币规范的推行，不满、嫉妒、猜疑以及由此衍生的社会不公也会停止。甚至降低危机和贸易萧条的程度也不是不可能，而导致许多不合理投机行为的根本原因也将会消失。

如果最大和最普遍的不确定性或赌博，被移除的话，（因为其

① 除了某些例外，如特殊情况下的破产法律。这方面的内容可以参见附录 1 的第 6 节。

不可预见而带来灾难——在黄金上的赌博）那么总是受到美元恶作剧般周期性地干扰的商业，将会建立在比以往任何时候都更加稳固的基础上。

6. 不能包治百病

稳定美元的购买力并不能消除金融、商业和工业界的所有抱 110
怨，更不用说作为进步经济的替代品了。一个稳定的货币单位不会比一个稳定的蒲式耳篮子更能替代土壤肥力。然而，一个可靠的蒲式耳将间接地帮助甚至耕作土壤；一个可靠的美元将消除现在对我们的生产动能造成严重障碍的东西，从而间接地帮助所有的生产。可靠的重量、措施和标准消除了那些来自不确定性导致的巨大浪费，而在商业中使用所有不确定单位可能产生的废物中，来自不确定美元的废物是迄今为止最大和最严重的。

我也无意暗示稳定的美元将确保财富的公平分配。然而，这将有助于实现这一目标，不仅可以防止一种微妙的扒窃行为（见第三章），而且可以澄清整个收入分配状况。这将使世人清楚地认识到，国家每年的财富所生产的商品实际上是在增长或还是在萎缩，而不仅仅是在资金流上辗转反侧。这将为每个人提供一个合理的基础，来判断自己的命运是否会随着他人的命运而变化。它将大大有助于我们摆脱现在阻碍我们采取有效行动的意见和主张，也避免了我在讨论和调查最基本的事实时耗尽我们的精力。

当前经济讨论的基础隐含着相互矛盾的断言，有人认为劳动者
的实际工资（即他用货币工资可以买到的商品）在增加；有人认为正 111

在减少。有人认为工薪阶层的困难是由于他们自己的浪费性支出；有人则认为是由于雇佣资本家的贪婪，资本家攫取了越来越多的产品份额。有人认为它们不是由于这两个原因，而是由于无所事事的地主或自然资源的私人所有者吸收了越来越多的年产量份额，他们既不在开发中投入劳动力，也不消耗资本把这些资源租给有这种特权的人，并向工人和资本家索取贡品。有人认为某些铁路工人阶级要求增加过高的工资，不应该给予；有人认为这些要求是平衡增加的生活成本所必需的，应当予以满足；有人认为铁路部门要求提高运价或有轨电车的票价，是为了弥补因物价和工资上涨而增加的成本所必需的；有人认为这些要求并不是为了这个目的所必需的。没完没了。

在对这些所谓的邪恶行为采取行动之前，必须先查明事实真相；但美元的波动毫无希望地掩盖了事实。它蒙蔽了广大人民的眼睛，他们有权了解事实；在我们民主的政府形式下，他们最终有责任选择一种或多种补救办法来对付现有的邪恶。美元的波动使我们都蒙在鼓里，而稳定的美元则会揭露事实。

毫不夸张地说，与当今世界上几乎任何其他改革方案相比，稳
112 定美元将直接或间接地实现更多的社会正义，在解决我们的工业、商业和金融问题方面比现有世界上提出的其他改革会走得更远。做到这一点不需要动用任何镇压性的警察力量，就像适应夏令时一样只需要简单地静静地拨动一下手表。

不确定性是一个文明不发达的标志，高度发达文明的主要特征之一是消除这种不确定性(通过应用科学、保险、保障和标准化)。我们不确定的美元只是石器时代的遗物。在今天这是很反常的现象。

7. 没有理论上的完美

当然，拟议中的商品美元，并不是完美的。它不是一个“绝对”的价值标准。价值的绝对标准和长度的绝对度量一样难以达到。从理论上讲，相对价值的变化可能表明商品或货币的“绝对”价值发生了变化；但我们不可能知道，除了一般情况外，有多少绝对变化是在商品中，有多少是在美元中。我们的处境和天文学家差不多。我们经济上的“恒星”只是在相对意义上固定的。我们不能用绝对值来衡量它们之间的距离，而只能用可见物质来衡量。它们的平均值和恒星的平均值一样，是我们在实践中所能达到和测量到的最接近绝对不变性的方法。

因此，目前的建议只是为所有商业中最重要的单位——美元——做我们已经为每一个其他度量单位所做的事情。

8. 为什么如此简单的补救措施被忽视了

谨慎和保守的读者会问：既然现在的美元弊病如此之大，补救 113
方法如此简单，为什么我们没有在多年前像它改进了所有其他单位一样改进货币单位？为什么这么简单的想法被忽视或忽略？

在附录2 中曾经讨论过几个方面的答案，包括：无知、金钱幻觉，以及直到最近还没有任何大量的跨期合同（Time Contracts）需要任何可靠的延期付款标准。

但最具体、最具结论性的答案是：人类直到最近才可能将货币标准化，因为直到最近，货币还缺乏必要的测量工具，即指数。正如人类只有在一种合适的仪器，即天平被设计用于测量重量之后，才有可能标准化重量单位；正如欧姆和千瓦等电量单位，只有在测量这些量值的适当仪器发明之后，它们才能被标准化；因此，直到发明和完善指数，我们才能将货币标准化。

指数是我们唯一用来衡量购买力的工具，它是最近才发明的。我想，上一代人之前的杰文斯（Jevons）教授也许真的可以说是指数发明者（尽管一般的想法已经被其他人预料到了）。但直到最近十年或二十年，这项新工具还没有得到充分的完善和检验，无法使人们对其结果产生普遍的信心。只是在短短的这一段时间内，指数才在商业期刊中得到普遍应用，并且赢得了商业界的信任。因此，我
114 们看见将这一伟大的工具实际应用于改善我们的粗糙美元是姗姗来迟的，虽然没有迟到几个世纪，但也有几十年。

9. 障碍是什么

就我所知，与货币和银行领域的任何其他实际建议相比，反对通过该提案的理由并不那么重要。大多数其他提案都有许多明显的利弊。这个提议只是为了减少货币单位的变动。它就像度量衡一样无可非议。

正如附录 2 第 3 条中充分地强调的那样，提案最大的障碍，与世界历史上阻碍其他任何改革的障碍类同：即纯粹的保守主义、“一成不变”的心态、对创新的心理偏见。这种阻挠者会以不同的面目出现在不同的场合，但总是会有相同的心理个性。通常情况下，

明确反对改革的人一般都不知道他们真正反对的东西是什么。而且，一旦复合标准已经成为一个既定事实，顽固保守者将是其最坚定的捍卫者；因为他们只是现有秩序的朋友，而非现有秩序的敌人。

我们可以用一个简单的直接问题来考验这样的人（或者他们愿意的话也可以自己去做）：不要让他们在现行金本位和复合本位制之间做出选择，前者在使用中，后者没有；而是让他们在铜本位和复合本位制之间做出选择，它们都没有被使用。如果以商品美元计 115
价的合同比以铜元计价的合同更安全，为什么它不比以金元计价的合同更安全呢？

也许同样重要的障碍是无知，或者更确切地说，缺乏必要的想象力来想象美元的不停变化所造成的恶行，并将其结果与原因联系起来。如果真能如此生动地认识到正在发生的事情，那么现在反对任何体制改革的保守派和现在主张采取不相干的改革来弥补一些弊端的激进分子，都会联合起来，立即要求稳定的美元。

为了证明这是真的，我们只需要想一想，如果我们所讨论的模糊不清的社会不公，只有在明显的救济中显现出来，会发生什么。我们可以想象一下，一个拥有稳定美元的社会，但却面临着同样的不公正，如果它不是被蓄意管理成这样，还是什么原因呢？

为了使这一假设变得明确，假设美国在过去几十年里拥有稳定的美元，但出于某种奇怪的恶意，使用加拿大或欧洲的价格指数（假定这是旧的不稳定体系所持有的）来制造与我们实际经历过的完全相同的邪恶。事情会是这样的：根据指数的反复无常，1880 年签订的 1,000 美元的债务将不得不在 1896 年实际支付 1,200 美元，而 1896 年签订的 1,000 美元债务在 1919 年仅需支付 400 美元。在

1896年之前，生产商将被所谓的法律剥夺其利润，而债券持有人在该日期之后将被剥夺其全部权益和部分本金。工薪阶层的工资将
116 被法律明确扣减，这样1919年的工薪阶层只能得到1913年工资的3/4。

如此异想天开地利用指数进行诈骗，当然一刻也不能容忍。保守派会大发雷霆，激进派更是如此；只有改革者才不会将此归结为破坏、定价和限制冷藏等原因。每个人都会团结起来，阻止这种利用指数来破坏稳定标准的行为。

然而，正是同样的理由，在完全相同的程度上，现在证明使用指数来稳定一个不稳定的标准是合理的！

10. 先例

甚至在人们梦见指数之前，一些缔约方就曾在货币单位的不稳定性变得特别难以忍受的时候，寻求局部规避。附录5中列举了许多类似的例子，其中包括以外国货币、谷物、铁或货物复合材料为条件的合同。最后一个例子包括最近许多公司和官方机构通过生活成本指数对普通货币工资进行补充或修正。

11. 原本可以避免的情况

让我们停下来想想，如果我们和其他国家在1879年恢复货币支付时（不再更往前），就应用这些原则，并真正标准化货币单位，会发生什么。

我们应该能够逃避数十亿美元的损失。在 1879 年到 1896 年 117
间，价格下跌给农民、独立生产者、债务人、股东和企业家带来了数十亿美元的损失。我们本应逃脱这种损失。市场出现了破产、止赎和重组，以及由此产生的控制权从天生的工业领袖转移到抵押债券持有人和其他沉默的合伙人手中，这些合伙人不具备管理工业企业的气质或能力。我们已经看到，这些人最终都破产了。但这并不是他们的过错。

我们也应该能够躲过随之而来的商业动荡以及 1884 年和 1893 年的危机，包括：大批人失业；“科克西军队”（Coxey's Army ）的招募；西方债务人对东方债权人的痛苦情感；“民粹主义”的发展；对“贪婪的债券持有人”和“华尔街的金融臭虫”的仇恨；徒劳、昂贵、商业萧条、自由的白银风潮；以及 1896 年政治运动的危险，它一度威胁到我们要使用比疾病更糟糕的补救办法。

同样地，我们也应该能够避免 1896 年以来发生的那些灾难：生活成本的上升、穷人储蓄利息和债券持有人实际收入的损失（隐藏但真实的）。我们本应避免工薪阶层未能分享我们日益增长的财富的悲剧。例如，1907 年至 1917 年，即我们参战的那一年，实际工资的 33%（以食品为单位）净损失。我们本应该逃过世界各地的粮食骚乱。我们本应逃过许多如此广泛的投机；许多揭发丑闻的鼓
动；许多工人阶级（“I.W.W.”）的痛苦；许多由于幸运的“奸商”而 118
导致的针对商人的阶级仇恨。

我们本应逃过 1907 年的危机。我们本应该逃过需要因为要求提高工资而产生的罢工，它使我们备战陷于瘫痪。我们本应避免铁路、有轨电车和其他公共服务行业的尴尬，因为这些行业的费率是

由法律规定的，它们不能只向劳工支付工资，同时，也不能赚钱或投资新资本，为公众提供所需的服务。最后，虽然黄金在战争期间仍回到了我们手中，但仍然没有能够避免目前的制度带给我们痛苦的通货膨胀。

在这次黄金通胀中，失败者被告知别人赢的正是他们所输的，这是一种冷冰冰的安慰。这甚至不是真的，因为，正如我们所看到的，混乱和不确定性、工业车轮的错位和移动，已经造成了普遍和绝对的财富损失，在这种情况下，大多数人都共同承担这种损失。只有少数人获得了净利润和丰厚的财富，成为最幸运的大奖得主。没有一个热心公益的人能为这种不劳而获而高兴。

12. 有些事情必将发生

我们还不知道局势会朝哪个方向发展。如果欧洲国家迅速准备恢复硬币支付，欧洲将出现美国内战后同样的灾难性收缩；这种收缩效应会传播到国内，我们囤积的黄金会流回欧洲，从而导致经济萎缩。

119 另一方面，这些欧洲国家可能不仅避免收缩本币，还可能进一步膨胀货币。重建欧洲的巨大任务可能会导致新的纸币发行；而且可以肯定的是，商业贷款会有新的扩张。几乎可以肯定的是，现在几乎完全局限于盎格鲁-撒克逊国家的一般存款银行业务将遍布欧洲大陆，为流通媒介增加数十亿虚拟货币。正如美联储委员会的A.C.米勒（A.C.Miller）所说："如果国际联盟（League of Nations）、削减军备等成为现实，那么在国家恐惧或雄心壮志的冲动下积累的黄金必然重回以往过时做法的老路上去。”这一事实将导致通货膨胀。

还有许多未知因素，包括欧洲货币的重新安排和政府的债务政策（无论是立即从资本中支付、从收入中缓慢支付、拒付、还是继续增加债务）。目前还没有人知道哪一组影响会占上风，是倾向于通胀的那一组还是倾向于收缩的那组。也许先有一个集团，然后另一个集团，会在一场激烈的战争中，交替获胜；就像在战争爆发后，我们的黄金先离开我们，然后又返回，使外汇交易剧烈动荡一样。历史上可能很少有时期会出现如此令人费解的前景。我们可以做出预测或猜测，但没有一个人的眼睛能透过薄雾看得清真相[①]。

不过，有一件事我们可以肯定！如果我们不把价格水平拴住，120
价格不会停滞不前。伴随着巨大的冲突力量，价格会一直向前；如果我们期望完全的平衡，那将是愚蠢的。相反，在下一代，我们可能注定会看到比过去更不稳定的重要的价格变动。

货币本位的整个问题将不可避免地会被提出来讨论。历史将在某种程度上重演，欧洲几乎肯定会看到一个绿钞（greenback）政党的出现，就像我们在内战后所做的那样，他们会反对回到旧的价格水平，特别是因为这种回归将使偿还战争贷款的成本增加一倍或四倍。双金属本位和自由白银论的支持者会再次要求召开听证会。黄金生产商由于其产品已成为市场上的毒品（通过大量的票据和信贷替代黄金）会受到重创，最近他们会要求救济来缓解这种这些措

① 关于我自己的猜测，请参阅 *The New Price Revolution*, United States Department of Labor, Information and Education Service, March, 1919。

施带给他们的糟糕局面。

我冒昧地预测，我们目前的问题——战争造成的价格水平失调，将继续坚持，直到问题解决为止。但它不会自行解决。如果价格进一步上涨，不满情绪可能会演变成愤怒或引发革命。这绝非不可能。

如果价格远低于战前水平，我们将走上贸易萧条、失业和人民不满的道路。这些在 25 年前曾经出现过。

如果由于意外的因素，价格水平史无前例地稳定在高水平上，那么它继续保持如此高的价格水平的原因将长期受到质疑。

121 另一方面，如果我们在参考了专家和公正委员会的意见之后，还是选择了某个价格水平，然后保持这个水平不变，那么，我们必须说明这样做的原因。判决很快就会被普遍接受。任何未经调整的因素都会逐渐做出必要的改变。商业将摆脱美元特质的不确定性障碍。尤其是，工资将上涨，以恢复在与高生活成本的竞争中失去的购买力。因为货币不稳定而产生的社会怨气会一年一年地消退。换言之，在解决目前困扰全世界的许多问题方面，我们将向前迈出一大步。

13. 战后的机会

既然能够轻易地稳定价值标准，我们是否应该让价值标准随波逐流，成为环境的傀儡？是不是要让我们的美元和价值数十亿美元的美国合同成为战后未知和不可知的欧洲政策的牺牲品？是否会永远受我们无法控制的条件的摆布？

值得注意的是，如果一个国家能够真正科学地解决货币标准问题，欧洲的问题将大大简化。

世界现在前所未有地期待着我们的领导。这是我们制定世界标准的黄金机会。如果我们采用一种稳定的价值标准，似乎可以肯定的是，其他国家，只要能够尽快理顺自己的事务，恢复货币支付，并再次获得稳定的汇率，他们就会效仿我们。1873 年金银本位制 122
分崩离析后，各国相继采用了金本位制；而现在，在世界大战造成的所有国际交流渠道四分五裂之后，无论哪个国家首先抓住机遇、率先采取行动，都可能建立起新的秩序。

14. 如果我们错过了机会

如果我们不这样做，如果我们不提供一个真正科学的补救办法，如果我们认为我们必须随波逐流，那么我们将无助于纠正或防止将来出现历史上曾经警告我们的巨大的社会不公。如债权人与债务人之间、工薪阶层与雇主之间、受薪者和获利者之间的不公正一样，我们只不过是在为一种危险的激进主义培植舆论土壤。那么一定会有一些煽动者大放厥词，提供一些考虑不周的补救办法来扫除眼前的一切。那么，我们将看到，一些人不是科学地研究一个技术问题，让各方准备好公平解决问题，而是会导致以愤怒的名义，要求实行报复政策和巨大的自私的阶级斗争。不满、动乱、猜疑、阶级仇恨、暴力、江湖骗子——都会随之而来。即使在这样一片毫无希望的土地上，最终会有一个相当令人满意的解决方案，但痛苦仍将继续存在；它将深深地、如此顽强地植根于土壤中，以致我们世世代代都无法摆脱它。

即使我们浮动的美元与大多数被指控的罪行无关，即使高生活成本与美元无关，基于与我们标准化所有其他单位相同的一般原
123 则，也仍然有很好的理由将美元标准化。因此，一位朋友建议，该计划应独立于“生活成本”的讨论，纯粹作为一个度量衡的问题来考虑。

但是起诉会成立。案件中的证据研究得越多，公众就越深刻地相信，我们不断变化的美元对巨大的社会错误负有责任；因为通常将这些错误归咎于其他原因，因此我们的错误会更加严重。当能够运用这种补救办法的聪明的公众，意识到我们的美元是最大的扒手，它先是抢劫一批人，然后是另一批人——每年抢劫他们数十亿美元，扰乱商业计算，扰乱贸易，激起不满，煽动阶级仇恨的火焰，歪曲政治，同时它还让其邪恶的行动出现在视线之外和不受怀疑。我说，当公众和立法者意识到这一点的时候，行动总有一天会到来；我们将为所有的子孙后代带来福祉：一个稳定的合同标准，一个稳定的美元。

附录1　技术细节

1. 针对金元券的准备金

A. 稳定美元将动摇目前100%的储备。如第四章所述，在稳定美元的计划中，应增加某种附加条款，以确保黄金储备的永久充足性。

针对我们现有的金元券，政府要有100%储备。这些金元券实际上是仓单（Warehouse Receipts），相当于每存23.22格令的纯金，就发行1美元的金元券，并且随时能以同样的价格赎回黄金。但是，根据先前提出的计划，我们可能定期需要改变金元的重量，因此，财政部国库中的美元黄金数和未偿付的金元券将不再是完全相等的。任何一个都可能超过另一个；或者先是前者有盈余，然后另一个可能超过。

美元重量的任何增加都会自动减少给定的实物金条库存中的美元数量。100盎司纯金相当于以现在1美元值23.22格令纯金来计算的2,067美元。但如果美元的重量增加一倍，100盎司只含有1,033.5美元，即原来的一半。或者，如果美元的重量减半，同样的100盎司黄金将是原来美元数量的两倍（4,134）。因此，美国财政部的储备（即使其实际数额没有变化）将根据 1 美元可能不时出现的重量变化来计算美元数量的多寡。

126 假设在采取稳定计划时，金元券背后的财政部的储备金条有 232.2 亿格令纯金。此时，以 1 美元值 23.22 格令的黄金来计算，财政部的黄金价值 10 亿美元，并由流通中的 10 亿美元金元券来代表。也就是流通中的 10 亿美元由 100% 黄金储备来支撑。但一旦美元的重量发生改变，这种完全的平等就会消失。假设美元的重量增加了 1%（从 23.22 格令提高到 23.4522 格令）。虽然，在这一变化之后的瞬间，储备中有同样的黄金和同样未偿付的金元券发生了相同的变化。也就是，储备中的美元将不再是 10 亿美元，而是约 9.9 亿美元（或确切地说，232.2 亿格令 ÷23.4522 格令）。那么黄金储备将是大约 99% 的储备，而不是 100% 的储备。

另一方面，美元重量减少 1% 将使实际不变的黄金储备中等值的美元数量增加约 1%。在这种情况下，黄金储备将变成大约 101% 的储备！

因此，金元券与我们现在的金券几乎完全一样，（就目前的规定而言）它们通过存放黄金而存在，通过赎回黄金而消失。但同时它们与我们现在的金券大不相同，因为它们不再是真正的仓单。由于背后有无限的储备，它们将具有政府债券（Government Notes）的性质。

B. 重新启动 100% 的储备。不断地将储备恢复到 100% 完全是可能的，但根本没有必要。当黄金贬值时，政府就要为此付出同等代价来补偿贬值。另一方面，当黄金升值时，政府就会获利。

127 如果黄金的储备量比金元券少，我们可以通过增加黄金或减少金元券来恢复平等。较简单的方法显然是从流通中回收并注销必要数量的金元券。因此，如果有990,000,000美元的黄金储备和1,000,000,000美元的金元券，政府只需通过税收或其他方式回收10,000,000金元券，并且注销它就行了。在这种情况下，政府会损失这笔钱。

相反，如果黄金储备量超过金元券，则可以通过减少黄金或增加金元券来恢复平衡。后一种方法会更简单。政府可以发行必要数量的新金元券，并将其投入流通，以弥补政府支出。因此，如果黄金储备为1,010,000,000美元，而未偿付的金元券仅为1,000,000,000美元，政府将印制并发行10,000,000美元的新金元券。在这种情况下，政府将从中获利。

因此，金元券的流通将按发行或注销进行管理，以便始终与储备金中的美元数相等。如前所述，发行问题可以通过政府不时向公众支付任何种类的费用来解决，注销问题可以通过公众向政府支付税款或不定期的其他收入来实现。

由于需要做到监管的及时性，因此最好对这些支出或收入进行预测，以便在准备金和金元券之间出现任何不符之处后立即进行发行或注销。这种即时发行或注销的最好办法是将金元券存入银行或从银行提现来实现。这样，发行或注销对“流通中”货币量（即政府金库之外）的影响将会立竿见影。

当然，这些与银行的交易不会改变一个基本事实，即从最后的 128
分析来看，金元券的注销将通过税收或其他收入来实现，而发行这些金元券将有可能减少税收。

C. 由此引起的反应。如前所述，注销旧金元券或发行新金元券，即使它们有黄金储备作为支撑，也与赎回和发行金元券用以交换黄金的常规操作截然不同，不过，这两套操作之间必然会相互影响。

因此，如果黄金相对商品贬值，如商品价格指数上升趋势所示，其后果将是：(1)金元的重量(含金量)将增加，即黄金价格将下降；(2)黄金存款(发行金元券)将受到抑制，鼓励赎回金元券，这两种操作都有减少金元券流通量的趋势；(3)由于黄金储备量将下降到100%以下，政府持有的一些金元券将被注销而不是重新流通，从而进一步减少了金元券的数量。

因此，第三种操作(政府注销金元券)将使第二种操作的收缩效应，有助于将不断上升的指数降至票面价值，并将在下一个调整期避免或减少美元重量进一步增加的可能性。

如果黄金升值，则会出现相反的情况，即(1)美元的重量将减少；(2)鼓励黄金的储蓄(发行金元券)，而不鼓励赎回；(3)将创造和发行新的金元券，以提高金元券的总量，从而使储备相等。(3)的效果将是再次加强(2)在扩大货币和降低指数方面的效应，
129 从而减少在下一个调整期进一步降低美元重量的可能性。

简言之，如果我们像这样保持储备不变(相对于金元券)，我们就可以减少美元重量的变化[①]。

---

① 然而，黄金贬值的损失并不能归咎于稳定美元和维持储备。无论黄金何时贬值，无论美元是否稳定，它都会以某种形式出现同样的损失。在我们目前的制度下，损失由持有金元券个人承担，而不是由政府国库承担。每当黄金贬值时，我们口袋里的每一美元金元券的购买力就会缩水。稳定美元只是提供了这种损失的具体衡量标准，而维持储备的操作将这种损失转化为税收。

同样的原则也适用于相反的情况。在我们目前的制度下，当黄金升值时，每个持有

D. 有限和无限储备制度(The Definite and the Indefinite-Reserve System)的对比。最后一句只指出了两种形式的稳定制度之间几个有趣的对比之一:第一种,或者说无限储备制度(见上文 A 所述),其中允许储备变动;第二种,或有限储备制度(如 B 所示,其中储备受到监管)。

在“无限储备”制度下,金元券的唯一流入和流出通过黄金的存入和取出来完成的,正如目前一样;而在“有限储备”制度下,金 130
元券的流入和流出将通过金元券的特别发行或注销来使金元券保持与黄金储备一致。

在“无限储备”制度下,价格水平的唯一调节者就是调整美元的重量。在“有限”制度下,增加了直接调整金元券数量的监管机构。

然而,这两个监管机构都通过影响金元券的数量来控制价格水平。无限储备制度间接地这样做。在这一制度下,如第 4 章第 9 条所述,当美元的重量降低,即黄金价格上涨时,鼓励黄金的储存(与其他情况相比),而黄金的提取则相对不受鼓励,而且,正如我们所知,每次存入或取出黄金都意味着金元券的签发或注销。

简而言之,在实践中,“无限储备”制度的效果取决于其在影

金元券的人都会得到增值。金币在我们口袋里增值了。在美元比值稳定和固定的 100% 准备金的制度下,政府财政部将获得这一优势,并通过减轻许多税收负担,将其回馈给公众。

因此,当现存黄金的价值发生变化时,保持 100% 的储备不变只会改变收益或损失的形式。在稳定计划下的任何收益或损失都将比目前更加明显,而且都会进入政府账户。

当然,这种收益或损失不能与缔约方的收益和损失相混淆,因为稳定会使缔约方的收益和损失完全消失。(见附录 2 第 1 节)

响或防止黄金国际流动时的稳定效应，而“有限储备”制度则不需要干预目前发生的黄金流动。

“无限储备”制度总是有崩溃的风险，而“有限储备”制度则不然。在“无限储备”制度下，准备金有时可能会降至零，赎回变得
131 不可能，而在“有限储备”制度下，准备金的充足性总是能够得到保障。

“有限储备”制度比“无限储备”制度更能迅速稳定物价水平，因为在有限储备制度下，金元券流通量的变化会更迅速。一旦美元的重量发生任何变化，储备美元的数量就会发生变化，并且金元券的数量会立即根据这个变化做出调整。而在“无限储备”制度下，只有当黄金的存取速度发生变化时，对流通的影响才会显现，因此价格的反应要慢得多。

E. 小国和大国的稳定状况比较。“无限储备”制度运行引起的黄金转移将对单位重量的黄金价值产生影响。然而，实际上，除非以“无限储备”形式存在的稳定制度几乎得到普遍使用，否则这种影响可以忽略不计。任何一个小国，比如瑞士，都可以采用“无限储备”制度而不会明显扰乱黄金市场；因为这样一个国家造成的任何黄金转移都是微不足道的（相对于其自身流通之外的大量黄金储备而言），不会影响黄金在世界市场上的价值，即购买力。

但是，如果一个大国，或者至少是许多大国，采取“无限储备”形式的稳定制度，那么黄金的流动所引起的任何变化，都可能使任何不采用该系统的国家的外部的小水库（即艺术品中的黄金和流通中的黄金）过剩或枯竭。

黄金从一个或多个拥有该制度的国家加速流动，或假设由于货

币单位重量增加而导致黄金流向这些国家的速度减慢，都会使世界黄金贬值。这就进一步需要增加货币单位的重量，如此就会产生恶性循环。

结果是，在通过一个给定的百分比对价格变化趋势进行补偿的过程中，美元的重量最终将改变一个更大的百分比，而如果使用有限储备制度的话，则不会如此。

因此，假设这一制度始于1900年，并考虑到1915年的情况。132
届时，如果要让价格水平保持不变的话，要克服30%的价格上涨，美元的重量只需要增加30%。

F. 50%的最低准备金。如B所述，维持100%的政府黄金储备只是储备问题的几种可能解决办法之一。它符合我们现行的金元券制度所隐含的理念，即金元券是黄金的流通代理。

但是还有其他解决问题的方法。一是只要储备量超过规定的最低安全限度，就不必动用储备量，只有当储备量低于该最低限额时才予以补充，即在建立明确的储备制度之前，维持无限的储备制度。如果有可能的话，储备金应该降到最低水平，比如50%，而B所述的保持100%准备金的原则将在以后适用。如果储备不足，换言之，如果在任何时候，未偿付的金元券超过储备金的两倍，则多余的金元券将被注销。

例如，如果目前的黄金储备在实物量上保持不变，但过了一段时间，美元的重量增加到现在的两倍，那么50%的下限达到了。

G.“无限储备”制度很快会达到极限吗？如果发生上述这种变化，这种变化所需的时间将取决于美元在黄金贬值之后的变化率。让我们举一个和平时期迅速贬值的极端例子。假设黄金从1896年

（价格的低谷）到1914年（大战爆发）迅速贬值。在此期间，美国的
133 物价水平以每年2.5%的平均速度上涨，那么，需要美元的重量每年增加2.5%左右。根据这个数字，我们可以计算出使美元重量翻倍所需的时间，以及将给定的实物黄金储备中的美元数量减少一半所需的时间。这将是28年。

这个结果假设黄金储备在实物上没有变化。实际上，黄金储备会略有增加。虽然这一制度的效果是将黄金拒之门外，但同时也会阻止黄金外流，因为它会让金元券的流通出现收缩，如果没有特殊的相反因素介入，最终会降低价格水平。在价格回归到均衡水平时替代效应将停止。这种情况如果发生在一个增长中的国家，将会导致少量的黄金流入，价格回归到均衡的时间将由前面提到的28年延长到30年或35年。

H. 50%的固定准备金和可变盈余。如上文D所述，如果只是从簿记的角度来看，第三种方法与第二种方法不同。将储备中超出50%法定储备的黄金分离出来会有一些好处。这个超出的盈余将被视为二级水库，其中一部分可以保持在50%的恒定水平。每当
134 "储备"超过50%时，超额部分就会溢出到"盈余"中，"储备"本身就会一直保持不变的比率。

为了便于思考，我们可以假设"储备"和"盈余"分别存放在国库的两个单独的金库中，每周或每天，国库账户要结清，黄金在两个房间之间进行实物转移，无论哪一个方向都需要将"储备"保持在50%，然后不再变化。相应地，我们应该也有一个"储备"，其金额（以美元计，而不是重量）将始终为未偿付金元券的50%，而"盈余"则代表全部超过50%的部分，该部分所占的百分比会根据政府

宣布的美元重量、黄金存款和铸币费的变化而上下变化。在这种簿记制度下，只有当“盈余”完全消失时，才需要财政部做出牺牲来弥补“储备”（或者更确切地说，将多余的金元券注销）。

通过这种方法，这种制度一开始就可以为政府带来很大的账面利润。

I. 将盈余投入营运。第四种方法，对我来说可能是最好的方法，与 H 中描述的第三种方法非常相似，但它不仅仅是利用账面上的“盈余”。通过将闲置和无用的“盈余”用于运作，就可以获得利润；那么耗尽“盈余”的日期即使不是无限期的但也可以推迟更长时间。

到目前为止，我们假设“储备”和“盈余”都是实物黄金。但只有“储备”才需要保留。“盈余”的一部分，或全部，代表制度启动时的利润，可以投资，即交换政府债券以赚取实际利息；因为任何这样进入“盈余”基金的债券，自然也应该为该基金赚取利息，就像它们在私人手中一样，财政部的普通基金必须向进入“盈余”基金中的资金支付利息，就像支付给这些债券持有人的利息一样。

这个制度使我们认识到 100% 或其他高“储备”所带来的不必要的浪费。正如一位经济学家所说，在当今经济时代，这种“储备”几乎是美国特有的一种“昂贵的奢侈品”。事实上，我们通过将金元券转换为美联储票据的方式，部分地免除了这一负担。

J. 由此产生的反应。不过，应该指出的是，将闲置的黄金盈余转换为活跃的债券盈余，这种操作本身至少在理论上会对黄金的价 135
值产生影响。它可能会降低或提高该值。它产生的净效应是两种相反趋势博弈的结果。

在这两种情况中，首先解释降低该值的趋势。如果我们循序渐进地遵循其中的步骤，就可以清楚地描绘出这种趋势。你能想象得到，在逐步出售而不是立即出售全部黄金盈余换取债券时，黄金价值会在若干期内进行调整并延续。

抛售到市场上购买债券的黄金大多会退出流通环节，即出国或进入艺术品市场。这种流出将是间接的；因为据推测，最初的债券持有人不会亲自交易本应作为他们债券的金条。他们会把这些金条交还给政府，以换取金元券，就好像这是从矿里淘来的新黄金一样。

结果基本上是一样的，就好像这些债券不是用黄金而是用新发行的金元券购买的一样，黄金仍保持盈余。

但这种额外输出的金元券不会继续流通，而是会再次消失并被注销；因为它们会提高指数，导致美元重量增加，即导致黄金价格下跌；导致来自矿山和进口的黄金流入量减少，导致流入艺术品和国外的黄金增加，也就是政府向矿工和黄金进口商发行的金元券会减少，向珠宝商和黄金进口商发行的金元券会增加。

结果是，实质上，在黄金不受债券持有人欢迎的同时，在随后的一段时间内逐渐贬值，黄金将在海外或艺术品领域找到市场。也
136 就是说，实际上效果是被债券取代了的黄金，在政府、债券卖家、黄金出口商和珠宝商之间转手之后，流出国内或进入了艺术品领域。黄金盈余相当于被债券转移出去了。

但是，现在美元比以前更重，即使假设“储备”中的实物黄金保持不变，50% 的黄金“储备”也将按比例耗尽，因此必须从“盈余”中补充。

简言之，在从黄金转化为债券的过程中，最初的“盈余”将趋于贬值。它会因此而缩水，一方面是因为，如果黄金在市场上强制出售，它将不得不做出一定的牺牲；另一方面，在全部出售之前，“储备”的减损将侵蚀一部分“盈余”。

我们现在准备好描述相反的趋势，即将黄金盈余转换为债券盈余，将有助于提高黄金价值。迄今所述的反应没有考虑到减少未偿债券数量间接对价格水平产生的重要影响。正如最近的战争经验所表明的那样，债券发行趋向于通货膨胀，因此债券的注销将趋向于收缩。这一影响将是相当大的，不仅因为债券被用作银行票据流通的基础，而且还因为作为私人贷款最方便的抵押担保形式，债券经常被用作此类贷款和存款检查的基础。因此，将债券撤入国库，往往会收缩票据和存款的流通，从而部分或全部抵消因发行金元券而造成的扩张。

在假定的黄金盈余被债券替代后，如果储备需要不时补充或者说需要减少未偿付的金元券，盈余基金只需将部分债券再次转换成金元券，随后这部分金元券会被注销，直至恢复到 50% 的流通准备 137
金率。只有当盈余资金用尽时，用本文所述方法维持这一比率才不可能。如前所述，它可以不再购买金元券，并且重复这个过程将需要征税。（见上文 B。）

K. 盈余产生的利息可以节省税收。只要盈余赚取任何利息，补充储备金的费用将部分或全部由赚取的利息承担。粗略估计，从这一盈余中赚取足够的利息（补充储备金）将要花费 35 年的时间；在 G 中提到的假想例子中，这一过程将延长到大约 50 年。如果我们假设美元重量每年的增长率是 1.5% 而不是很高的 2.5%，这本身就是一个很高的利率，那么在同样的假设下，计算的净结果是盈余的投资将需要无限期地弥补损失。在这种情况下，“无限储备”制度将无限期持续下去，而且还不能征税。

L. 未来。当然，这些计算纯粹是说明性的。例如，没有人能保证，黄金的大幅贬值并不是来自外部。

如果贬值速度太快，以至于稳定的代价对于政府来说成为一个真正重要的问题——例如，如果能够找到一种科学方法，从南部的粘土、海水或据说位于萨克拉门托河口的冲积沉积物中提取大量的黄金——那么，完全废除金本位制是可能的，就像我们废除腐烂水果而采用更具价值的东西作为基础标准一样。

无论如何，这种未来可能发生的大灾难给政府带来的代价，也
138 不是反对稳定美元的理由。因为，正如我们所看到的，如果出现贬值，不管美元是否稳定，其代价无论如何都必须由人民承担。恰恰相反，稳定美元是因为个人不应该被强迫去赌其他单位的变化一样，他也不应该去赌所携带的钱的价值。

如果我们愿意的话，就应该像钻石矿主为了保持钻石的价值而限制钻石的生产一样。我们可以通过限制黄金产量，使黄金本身不那么容易变质，而不是采取如此激烈的行动放弃金本位。这种对黄金生产的控制将简化稳定问题，因为这本身就是一种局部稳定。这将是第一次用手工对科学仪器进行粗略的调整，随后，用千分尺，即指数，进行更精细的调整。

另一方面，如果黄金在没有任何政府干预的情况下变得稀缺并升值，那么货币体系将为政府赚取可观的利润。

M. 总结。美元重量的每一次变化都会改变储备中金元的数

量，并扰乱储备与金元券的比率。

如果黄金升值或贬值不多，黄金储备将始终足以确保赎回。但是，由于黄金总是存在过度贬值的可能性，因此应该提供一些方法来确保充足的储备。在几种可能的方法中，最好的办法似乎是：确定储备对金元券的准备金率，如 50%，并始终保持不变；在开始时，将 50% 以上的盈余全部拨付作为政府的利润，然后将其投资于政府债券；同样，在将来，政府利润、任何可能产生和支出的盈余，都要用来支付政府费用以及使储备金达到 50% 限额所涉及的任何费用。

这些政府的损益并不是什么新鲜事，而仅仅是发生了转变。在 139
我们目前的体制下，公众作为个人都能感受到同样的得失。

维持一定的储备与金元券的比率，迫使两者一致扩张或收缩，并使黄金在各国之间、艺术品与货币之间基本保持目前的水平。

一个"无限"的储备制度会在一定程度上扰乱这些潮流，减缓黄金的涌入或退潮。如果这个国家是一个大国，则会影响黄金的价值。

2. 黄金投机

A. 防止"隔夜"投机。最优的"铸币"费。在正文（第 4 章第 10 节）中，简要说明了政府应收取少量的黄金保存费用[①]。这一费用

① 任何时候，金条美元的重量被称为黄金的赎回重量，即一张金条美元券可以赎回的黄金重量。任何时候，发行一张金条美元券必须存入的黄金数量可以称为黄金的存储重量（对应于当前的铸币重量）。按照铸币费，这超过了赎回重量（即"美元"）。如果这个费用是 1%，考虑到美元的重量，而现在一美元的重量（纯金）是 23.22 格令，那

在某种程度上相当于旧的铸币收费，为了方便起见，可以这样称呼。然而，它的目标主要不是支付造币局的开支，而是防止黄金投机，而投机对政府有害。

140 如果没有这样的保障措施，每当美元重量和金价预期发生变化时，政府都将面临持续亏损的危险。例如，如果在任何时候，政府随时准备以每盎司 20.00 美元的价格买进或卖出黄金，如果知道明天这个价格将提高到 20.10 美元，投机者可以在今天以 20.00 美元的价格购买政府的金条，并在明天以 20.10 美元的价格卖出，从而在一夜之间将每盎司 10 美分的利润收入囊中，而投机商的利润则来自政府的开支。如果允许或促成这一行动，政府财政部将付出高昂代价，并可能暂时耗尽其黄金储备。

反方向的投机行为，如果不加以阻止，就会伴随着官方价格的下跌。拥有一定黄金存货的投机者可以想象，今天以 18.00 美元的价格出售给政府，明天以 17.90 美元的价格回购，同样，投机者以政府为代价每盎司获利 10 美分。尽管最后（在行动期间）会增加政府的黄金储备，对政府来说代价高昂。

但收取铸币费将有效地保护政府免受任何一种投机的影响。这时，财政部如同一个商人或经纪人，随时收取略高于当时支付的价格，并从中获利。这一利润或铸币费，将是政府维持货币体系的

么这个费用就是 0.2322 格令。因此，黄金的存款人要想获得 1 美元的存单，不仅要存入 1 美元的金条（23.22 格令），还要缴纳 0.2322 格令的铸币（储金）费，总共是 23.4522 格令。换句话说，赎回价格是每盎司 20.67 美元（即每盎司 480 年格令 ÷23.22 格令一美元）的话，黄金存款人得到的存储价格（对应于当前的铸币价格）不是每盎司 20.67 美元，而是 480÷23.4322 或 20.47 美元。在这个术语体系中，美元和黄金的官方价格是根据赎回来定义的，而不是根据储蓄来定义的，后者涉及铸币费。

服务费。铸币费保持一个固定的百分比，比如说1%，夹在两个政府价格之间一起上涨或下跌。

为了使这一差额始终能够充分保障政府的利益，计划中应规定，两个价格的任何一次变动，无论是向上还是向下，都不得超过价差或铸币费。因此，如果费用为1%，任何一次变动都不能超过1%。

显然，这样的限制会有效地阻止任何令人尴尬的投机。因此，141
假设费用是政府存款或购买价格的1%，今天的价格是18美元。那么今天的政府价格将是：

购买黄金的价格	18.00美元
卖出黄金的价格	18.18美元

假设明天的价格被提高17美分，几乎达到1%的限度，或者说：

购买黄金的价格	18.17美元
卖出黄金的价格	18.35美元

显然，一个试图在上涨的市场上获利的投机者将失败；因为他今天必须付出18.18美元，而明天只能得到18.17美元，实际上每盎司损失1美分。充其量（也就是说，如果价格变动不是17，而是全额的1%，或18美分），他只能盈亏平衡。

相反地，如果政府定价几乎降到了极限，比如说，16美分，或者从买入价18.00美元和卖出价18.18美元，到买入价17.84美元，卖出价 18.02 美元，那么投机者显然无法通过下跌获利。如果试图这样做，就意味着让政府今天以 18.00 美元买入他的黄金，明天再以 18.02 美元的价格卖给他，这将导致他实际上每盎司损失 2 美分。充其量（也就是说，如果价差不是 16 美分，而是整整 1% 或 18 美分），他也只能维持不赚不赔。

诚然，对官方价格上下变动施加的这种限制，虽然可以有效地
142 阻止有害的投机行为，但在某些情况下，也会暂时阻止指数所要求的美元重量（以及黄金价格）的全面调整。

比方说，指数可能需要黄金价格变化 2%，而在上述限制条件下，仅允许 1% 的变动。假设黄金赎回价格为 18.00 美元，而储蓄价格降低 1%，即 17.82 美元。再者，假设某个调整期的指数比面值高出 2%。那么按照规定，黄金价格的变化不能超过 1%，也就是 18 美分。由于 1% 的限制，赎回价格只会从 18.00 美元降至 17.82 美元（而不是 17.64 美元），而存款价格将从 17.82 美元降至 17.64 美元（而不是 17.46 美元），如果没有限制的话，应该降低 2%，即 36 美分。

参考调整期，如果铸币费或价差合理，那么，该项制度在效率上的牺牲则微不足道[①]。即使牺牲效率的代价更大，但相对于目前这种毫不调整的不能变通的制度，这种局部调整也会有很大的优越性。

如果调整是每月或每两个月进行，1% 的调整很少会对稳定造成明显的阻碍；如果是季度调整，最好使用 2%，因为这样可以提

① 该观点可以参见第 9 章下面的图。

供更多的自由度。然而，我倾向于两个月的调整期和1%的费用，比如说，在1月的第一个星期三报价，然后每隔一个月施行一次，随后或在更早的星期三公布并让指数生效。将1%的费用应用于1900—1914年的实际价格，这似乎证明了这一选择的合理性。

B. 超过一个调整期的投机行为。到目前为止，唯一被考虑的投机是基于一种已知政府黄金价格变化的“隔夜”投机行为。如下文 143
第9条中的图所示。这是唯一一种需要政府采取保护措施的情况。

然而，我们可以在这里补充一个简短的声明：对其他种类的黄金投机行为，政府并不需要防备。可以想象的是，投机者今天购买（或出售）黄金，以便在随后的调整之后转售给政府（或再次从政府手里购买）。为了简单起见，假设每月调整一次，并将价格变化的幅度限制在1%。虽然1%的铸币费可以有效地防止投机者在1月份买入（或卖出）以便在2月份转售或重新购买，但这并不能阻止他从1月份到3月份或以后几个月的操作。他可能希望金价的第一次变动，比如说，在2月1日，就会有其他投机者在同一个方向跟进。

首先考虑牛市操作。如果政府在1月31日以每盎司20.00美元的价格买入黄金，并以高于1%的价格卖出，即20.20美元，如果投机者在第二天，即2月1日知道这两个价格有可能在3月1日再提高1%，而事实上，他在2月份的卖出是没有利润的。显然，如果他最大的希望实现了，他可以在3月份卖出从而获得1%的利润。如果他选择冒这个险，抱着这样的希望去投机。也就是说，他可能会在1月份购买政府的黄金，计划在3月份或更晚些时候再出售给政府，最小周转期为一个月零一天。

但他会这样做吗？很少。如果有的话，有几个原因！首先，获得这种收益的机会微乎其微。可能的最大收益将是每月 1%，而且这种最高收益很少会持续下去。就目前的统计数据告诉我们，黄金在一年中很少升值超过 5%，也从未达到 10%(除了在绿钞时代，当时黄金不是货币标准)。

144 针对这些可能不时出现的小收益，投机者将不得不考虑大笔开支。其中最突出的是利息。如果黄金价格的涨幅低于利率，他无论如何都将是一个失败者。如果他一年的利息是 5%，而到了年底，金价只上涨了 5%，他甚至连利息都赚不到。因为当他关闭业务并把黄金卖给政府时，必须支付 1% 的铸币费，除此之外还有从政府金库运回黄金的运费、临时保管费和保险费。

另一个障碍是用这种黄金操作筹集资金(Assembling the Yellow Backs)的困难。如果他们事先准备好了，他们所负担的利息支出将远远超过投机操作所获得的收益。

最后，这种行动失败的风险总是要考虑的。这种投机行为有可能成功的唯一情况是，在任何一个月里，黄金价格上涨 1% 完全不足以满足指数下跌的要求，从而产生了黄金价格将在下个月再次上涨的假设。如果 2 月 1 日宣布上涨 1%，比指数跌幅少几个百分点，那么一个月一天的黄金买卖操作很可能会产生 1% 的毛利润，如果有的话，净利润就是扣除费用后剩下的 1%。但这几乎不是一个有吸引力的投机提议。

145 我们得出的结论是：(1)在短时间内，比如两个月或三个月，费用——例如从政府金库运出和运回金库的费用，和突然筹集资金(或提前“搬运”它们)进行准备的费用，以及时间和劳力会令人望而却步；(2)这在很长一段时间内，比如一年，这种风险将是难以想象的。那么，很明显，这里所讨论的这种投机显而易见是不会出现的。

任何这样的投机行为，只要它确实存在，当然会给政府造成开支；如果投机者持有的黄金是自己的，那就相当于剥夺了它本来可以获得的利润；从政府储备库中暂时撤出黄金，或许也会对政府产生轻微的不利影响。

上面只是我所描绘的图景的一小部分。正如我们在前一节中所看到的，在我们所设想的黄金升值时期，政府本身将处于投机者的地位，规模不可估量地扩大。事实上，它将持有其全部黄金储备。它的储备比例将会增加，而且可以想象，甚至可能会超过100%的储备。因此，投机者的损失，如果有的话，与政府自身从金价上涨浪潮中获得的收益相比，只是微不足道而已。[①]

让我们回到这样一个论点，即这种牛市投机实际上是不存在 146
的。它所需的价格变动很少发生，而且何时发生也无法预见。事实上，如果价格走势能被预见，这本书所要纠正的问题就不严重了！

---

① 如果已经给出的观点（这种牛市投机将是微不足道的，不需要任何特殊的规定来防备它）是不正确的，政府可能会陷入比较尴尬的境地 —— 因为这样一个对财政部的偷袭行为完全可以通过一个特别条款来避免。黄金的价格可以进一步限制，只要任何向上的变化，不得超过，比如说，0.5%的月利息。也就是说，利率很低，最多只能抵消利息，这会让牛市投机者必须持有黄金。

这种限制只会略微妨碍稳定过程；因为黄金相对于商品的升值幅度每月超过0.5%的情况很少发生，也不会持续很长时间。然而，不管反对意见多么牵强或虚构，仍然坚持制定这个条款仅仅是为了完全满足所有可能的反对意见，大可不必。我认为，这样一个保护条款虽然无害但多余的。

如果如我在上面的“A”中建议的那样，铸币费为1%，调整期为两个月，那么无论如何都会满足刚才提到的限制条件。

在某种程度上，同样的考虑也适用于相反的投机行为，即熊市运营者的投机行为。但这种操作方式，先是向政府出售黄金，几个月后再以较低的价格回购黄金，相当于向政府临时借出黄金储备。这将有助于储备，因为它的价值贬值，它需要帮助。实际上，这种操作对政府的好处很小；因为只有少量闲置金条可用，因此可能的熊市操作将仅限于非常小的规模。原因就是任何时候流落在财政部国库外的黄金都会被找到，并立即存入那里以进行所谓的熊市操作。

C. 非官方的黄金价格。我们只谈到了黄金的官方价格（买进卖出价格）。这就像外汇中的两个“黄金输送点”（Gold Points）或金汇兑本位（Gold Exchange Standard）使用的两个限额。与这两个官方的金条价格不同，公开市场上的实际价格可能在这两个限度内的任何一个点上，就像外汇价格可能是“黄金输送点”内的任何价格一样。

市场价格永远不会超出这两个限制。它永远不会超过赎回价格（Redemption-Price），因为没有人会支付比政府要求的黄金更高的价格。它也不能低于储蓄价格（Deposit-Price），因为政府支付的总是比其他人支付的要多一些。

但是，在这两个官方价格设定的范围内，市场价格可以自由浮
147 动。因此，如果限制价格或官方价格为 18.00 美元和 18.18 美元，市场价格可能为 18.10 美元。只要这个中间价在市场上起支配作用，就不会有实际的赎回或储蓄。因为没有人会在公开市场上以每盎司 18.00 美元的价格向政府出售金条，也不会有人在公开市场上只需支付 18.10 美元就可以买到需要支付每盎司 18.18 美元才能购

买到的政府金条。

因此，显然，只有当储蓄价格（即下限）低于市场，统治了市场时，才会发生黄金的存款；而只有当赎回价格（即上限）高于市场，统治了市场时，黄金才会赎回。因此，在两个官方限价范围内的黄金买卖不会直接影响到政府。

D. 结论。我们的主要结论是，无论政府是否以买方或卖方的身份参与黄金投机活动，如果采用铸币费的保障措施，既不会使政府财政难堪，也不会影响稳定美元计划的顺利实施。此外，这种投机行为将是微不足道的，可能比今天对白银的投机行为更微不足道。

3. 指数选择

本书提出的稳定美元的方法是定期调整金元的重量，使其购买力与理想的综合（复合）商品美元（Composite Dollar of Commodities）相对应。调整的标准是价格指数。因此，选择正确的指数类型是计划的基本细节之一。

人们提出了许多不同的平均法和加权法，并对商品、来源和报价周期进行了不同的选择，形成了多种指数。如何选择最佳指数是 148
一个有趣的课题。然而，一个奇怪的事实是，无论使用何种计算公式、加权方法和商品数量等，不同类型的指数得出来的结果往往非常一致。

在第 1 章中，我们给出了一些图表来说明这一重要事实。任何不相信这一结论正确性的读者只需查阅附录 6 中所述主题的文献［特别是米切尔（Mitchell）和埃奇沃思（Edge Worth）的著作］就可以放心了。

尽管如此，这些指数的变动之间有时也会有一些的差异。在确定物理尺度时，为了得到尽可能接近完美的单位，消除温度和其他干扰因素的影响是值得的。同理，我们努力构造一个尽可能接近完美的价格指数也是值得的。

因此，我将指出我认为最重要的几点。指数的主要因素是：(1)有权计算指数的机构；(2)报价的市场和来源；(3)要报价的价格种类(即批发或零售等)；(4)要包括的商品清单；(5)计算频率；(6)计算公式。

在这六个标题下的各种选择中，我至少会审慎地做出如下选择：

(1)指数的计算完全可以交给标准局，它现在负责标准化货币单位以外的所有单位。另一个选择是美国劳工统计局，它现在公布了用于其他目的的优秀价格指数。

149 (2)指数的来源市场应该是美国的主要公共市场，例如美国劳工统计局现在调查的市场；资料来源包括政府机构、标准贸易期刊和商业机构的账簿。

(3)我认为，只能采用批发价格。我们不能有效地利用零售价格、劳动力(工资)价格、证券价格、房地产价格或租金。

选择批发商品价格有几个原因，特别是：(a)确定批发商品的特定等级比或标准化这一等级上述任何一类商品更容易；(b)批发贸易的重要性较大，而且大多数重要的缔约方关心批发价格甚于关心零售；(c)批发价格对价格水平的影响更敏感；(d)批发价格指数的稳定，会比零售价格水平的稳定更迅速，也更全面。

最后两点值得稍微阐述一下。众所周知，某些价格是敏感的，而另一些对各种市场的影响不敏感。例如，白银的批发价格对市场风向的反应很灵敏，致使连续两天的报价很少是相同的；而另一方面，大多数其他商品和服务价格在经历了二十多年的动荡之后才开始缓慢上涨，例如，有轨电车的票价也只是从传统的五美分大幅上涨了。作为我们的指数，必须及时反映货币流通量的增加或减少所带来的影响。如果一个由价格组成的几乎像铁路票价和邮票价格一样无法改变的指数，一定程度上，就像一幅画上的时钟，不断显示错误而且无用。

简言之，需要调整的迹象越多，调整就需要越快，价格的历史一再明确地表明，批发价格是所有商品价格中反应最迅速的。它们 150
在零售价之前涨跌，就像零售价先于工资，工资（wages）先于薪水（salary）。

批发价格不仅是货币购买力的一个提示和更好的指标，而且，如果批发价格水平稳定，零售价格水平也将稳定。诚然，当批发价格水平发生变化时，零售水平会有一定的滞后。但是滞后取决于变化；也就是说，在其他条件相同的情况下，当批发价格的变化最大时，滞后最大；当批发价格变化最慢时，滞后最小。如果批发价格水平不发生任何变化，零售价格水平也将保持相当稳定；因为没有任何滞后的运动，就不会有落后。当渔夫来回移动钓竿时，钓丝和沉头就跟在后面，落在后面。但是，如果他停止移动鱼竿，鱼线将更接近垂直悬挂。

（4）刚才所说的为要纳入的特定商品铺平了道路。正如大宗商品批发价格比零售价格更敏感或更具反应性一样，一些批发价格也比其他批发价格更具反应性。换言之，由于某种原因，某些商品的价格，即使是批发价格，也或多或少地存在变化的阻力，也就是说，它们只是在压力累积到一定程度后才缓慢地变化。例如，多年来，钢轨一直保持在每吨 28 美元的水平。

考虑到这些情形，商品清单应尽可能广泛。尽管基于多种商品的标准都会优于仅基于一种商品的金本位，我本人更喜欢一个比食品更广泛的标准。如果采用一个非常普遍的标准，那么任何严格意
151 义上的“生活成本”（例如仅食品成本）确实会有所改变，但变化不会大。此外，一个指数不仅必须服务于对工薪阶层有利的稳定币值的目的，而且必须服务于一般交易的目的。对于这些交易的很大一部分，一般批发指数是最好的。

我已经通过美国劳工统计局的贝尔先生计算了一个特殊的指数，它是从相同的数据中得出的。该指数的编制使用与劳工局相同的方法，即排除了价格变化缓慢的尤其是那些价格经常连续几个月保持不变的物品。因此，与已构建的其他批发价格指数相比，由此产生的指数对任何影响它变动的因素能够更迅速地做出反应。该指数所依据的商品清单包括 75 种商品和 155 系列报价单，具体如下：

农产品
- 棉花
- 亚麻籽
- 谷物
  - 大麦
  - 玉米
  - 燕麦
  - 小麦
- 毛皮

食物
- 豆荚
- 黄油
- 咖啡
- 鸡蛋
- 面粉
  - 黑麦
  - 小麦
- 葡萄糖
- 猪油
- 谷物粗粉，玉米
- 肉
  - 熏肉
  - 牛排
  - 羊排
- 牛奶
- 糖浆
- 糖
- 茶叶
- 醋

燃料和照明
- 酒精
- 煤
- 焦炭
- 石油

金属和金属制品
- 铁条
- 铜
- 铅
- 铅管
- 钉子
- 生铁
- 银
- 钢
  - 钢坯，贝西默炼钢法
  - 构件
- 锡
- 锌

布料和衣服
- 靴子和鞋子
- 地毯
- 棉绒布
- 棉纱
- 牛仔裤
- 透孔布
- 方格布
- 皮革
- 亚麻鞋线
- 印花布
- 阔幅布
- 衬衫
- 丝绸
- 条纹布
- 女装用品
- 毛线

药物和化学品 152
- 酒精
- 铝
- 甘油
- 鸦片
- 奎宁

杂项
- 杂烩饭
- 棉籽油
- 黄麻纤维
- 纸
- 缆绳
- 橡皮
- 肥皂
- 淀粉

家具和建筑材料

- 砖
- 石灰
- 涂料
  - 碳酸盐
  - 亚麻油
  - 松节油
  - 锌氧化物
- 瓦片

(5)计算指数的频率，即美元重量的调整频率，取决于具体情况，包括计算指数所需的时间和每次调整产生的效果。

计算所需的时间应该是微不足道的。一些商业指数和政府的天气变化图通常根据需要的急迫性进行计算。我相信，借助电报，在收到商品报价的两到三天内可以很容易地计算出指数来。

指数对货币供应量变化的反应速度从未得到充分证明。尼科尔森(J. Shield Nicholson)教授将英国战争时期的货币与间隔一个季度之后的价格指数做成的一个散点图，他发现价格水平的行为似
153 乎与前一个季度相关，而非同一季度的货币量相关。这意味着结果对原因有一个季度的滞后。他的数据无法进行更深入的分析。在美国，流通中的货币(即在口袋、收银台和联邦储备银行以外的银行)的变化与邓(Dun)或布拉德斯特里特(Bradstreet)美国劳工统计局的指数数字之间的差距似乎只有前者的一半左右。

我计算的特别反应指数似乎显示了更短的延迟，即大约一个月。在货币供给发生之后，价格最突然、最明白无误出现上涨的一个例子是那年 8 月，美国的货币急剧增加，一个月后的 9 月，房价也同样突然快速上涨，此后几乎没有回落。这里的滞后时间是一个月。

关注其他一些比较类似的案例来阐明这一点是很有趣的。1893

年印度造币厂的关闭对卢比的价值产生了同样迅速的影响。伦敦和纽约的汇率经常在两周内从最高到最低变化。同样，由加拿大和美国劳工局计算出来价格水平，每年都非常精确地对应在一起。即使逐月来看，通过对 24 个月的仔细比较，它的一致性也引人注目。不同国家的价格水平往往相互接近，就像两个相连的湖泊，货币从一个国家流向另一个国家，来回流动。在那些平均相距数百英里、 154
贸易流被高关税阻碍的国家之间，这种调整如此微妙和迅速，不仅令人惊讶，而且意义重大。

如果一个半月的估计接近实际情况，则每月或最多双月根据指数对货币进行调整，会在下一次调整做出之前，给任何调整留出足够的时间，让它在价格指数中反映出来。

调整的效果需要等待一段时间才能出来。这样可以尽量避免一些偶然事情出现。这些偶然事情可能代表了一个错误的方向而需要后期进行重新修正。

(6) 在我的书籍《货币购买力》(第 10 章及其附录) 中，我详细讨论了计算指数的最佳公式的问题，分析了 44 个公式的优缺点。总的来说，我赞成在劳工统计局的指数中使用加权算术平均值，米克尔 (Meeker) 博士也持相同观点。这个体系被用来计算我前面提到的“有反应的”商品的特殊指数。

最后命名的这个价格指数是目前我最喜欢的，所以将它与劳工统计局的常规指数进行比较。

4. 面值(the Par)选择

我们可以区分过去、现在和将来三类合同：过去订立并履行的
156 合同、过去订立但将来履行的合同，以及将来订立又履行的合同。在一开始，即在选择新制度需要维持的票面价值或价格水平时，只需考虑这三组中的中间一组。

诚然，新计划的主要目的是为第三类未来合同提供条件；因为这些合同包括无数尚未诞生的合同。为了实现这个目标，任何一个价格水平，无论它是现在价格水平的十倍还是现在价格水平的十分之一，都可以和其他价格水平一样契合当时货币的票面价值。

过去的合同与我们无关。它们已被从账面上注销，已无法恢复或纠正。那些在过去的合同中遭受损失或获得收益的人也不能被挑选出来，在今天得到赔偿或评估损失。而且，如果能够找到这些过去的受害者，它们所要求的调整就不能通过选择任何特定的价格水平来实现，例如在过去某一特定日期存在的价格水平。回归我们已经偏离得很远的标准只会让糟糕的事情变得更糟。别人错了，不等于你对了。过去的就让它过去吧。

在 20 世纪 90 年代一场 16 比 1 的提议中，有人敦促货币回到“最初的美元”和 1873 年的价格水平。很显然，回到一个过时的价格水平是一个致命的错误。

今天，那些把战前的价格说成“正常”的人，同样会把 1896 年的价格说成“正常”。他们没有停下来想想，大部分的调整已经完成；他们也没有想到，重新使用一种过时的本位会对当前的情况造

成多么不公正的影响。

例如，美国和欧洲的战争债务大部分都在高价格水平上签订的。如果我们回到 1913 年的水平，我们的国债负担几乎会翻倍，因为政府将不得不偿还美元，其购买力几乎是它在五个自由公债日 (Five Liberty Loan Dates)（美国在一战时发行的国债）所借美元的 157
平均购买力的两倍[①]。

155

	商品指数 1913 年为 100	劳工统计局的指数 1913 年为 100
1913 年 1 月	101.57	99.33
3 月	99.65	99.32
5 月	98.52	98.34
7 月	99.28	100.53
9 月	102.74	102.18
11 月	103.51	101.04
1914 年 1 月	100.74	99.53
3 月	99.18	98.92
5 月	97.17	97.79
7 月	96.47	99.17
9 月	102.43	102.90
11 月	98.24	97.70

① 以 1913 年的价格 100 为基准，签订自由公债的 5 个工作日时的平均价格指数是 195，计算方式如下：

1917 年 6 月第 1 笔自由公债的价格指数为 184*2.0（10 亿）= 368

1917 年 12 月第 2 笔自由公债的价格指数为 182*3.6（10 亿）= 655

1918 年 5 月第 3 笔自由公债的价格指数为 191*4.1（10 亿）= 783

1918 年 10 月第 4 笔自由公债的价格指数为 204*7.0（10 亿）= 1,428

1919 年 5 月第 5 笔自由公债的价格指数为 200*5.3（10 亿）= 1,060

加权平均价格指数 195*22（10 亿）= 4,294

续表

	商品指数 1913年为100	劳工统计局的指数 1913年为100
1915年1月	101.13	98.02
3月	102.57	98.69
5月	103.93	100.32
7月	102.11	100.51
9月	99.57	98.47
11月	106.26	102.36
1916年1月	114.47	109.75
3月	115.96	113.58
5月	119.50	117.77
7月	119.37	118.75
9月	130.48	126.94
11月	149.49	142.88
1917年1月	156.09	149.75
3月	163.28	159.77
5月	192.52	180.62
7月	199.47	184.96
9月	196.46	181.69
11月	197.47	182.22
1918年1月	206.14	185.41
3月	207.48	187.45
5月	201.71	190.71
7月	209.94	198.12
9月	223.21	206.65
11月	217.16	206.14
1919年1月	213.02	202.01
3月	198.40	200.45
5月	214.19	206.55
7月	229.83	216.37
9月		
11月		

在考虑欧洲的债务负担时，我们必须重新考虑未被承认的黄金溢价和同样重要的类似情况，即欧洲的价格动荡比我们的情况更严重，甚至严重得多。

在没有更精确的估计的情况下，让我们假设西欧的平均价格水平是 1913 年的三倍，而我们的只有两倍。

根据这种情况，我们可以进一步假设，要恢复硬币支付（Specie Payments）并恢复和维持原来的平价交换，欧洲的价格水平相对于我们的价格水平下降大约 1/3。因为，如果维持我们目前的价格水平，欧洲的价格将不得不按照 3 : 2 的比率下降。

这意味着欧洲的货币购买力必须以 2 : 3 的比率升值。与目前的价格相比，仅这种升值就会使欧洲的债务负担增加 50%。

现在，如果美国人坚持要恢复到战前的水平，也就是说，如果我们把美元目前的购买力提高一倍，那么欧洲的价格水平，为了恢复到与我们的正常关系，就必须削减三倍，而欧洲的战争债务几乎增加了三倍。即使没有战争债务，如果货币的单位购买力在一代人的时间内增长了三倍，欧洲经济也会崩溃。即使提高了 50%，也几乎是无法忍受的，而且可能会由于社会不满引发成革命。要明白这 158
是一个严峻的事实，我们只需回忆一下，在 1873 年至 1896 年间，美国商人和农民是如何在价格退潮的大潮中奋力挣扎的。然而，与今天的欧洲相比，我们的债务负担微不足道，我们在经济上并不像欧洲现在那样疲惫不堪，物价的下跌也不像我们想象的那样严重。

在这种情况下，我们很可能会问：期待欧洲将其价格水平降至与我们原来相等的比例，是否合理？或者，它是否应该固定在某个中间水平上？

如果采纳后一种情况，这样各国物价水平之间的关系不需要恢复到以前，旧的交换本位不需要重新建立。这本书中提出的稳定计划将努力寻找到一种适当的方法来建立和维护一套新的物价水平。我们可以通过降低欧洲金币（Gold Coins）相对于我们金币的重量，使每个欧洲国家能够在任何想要的点上采用自己的价格水平。如果我们恢复旧的货币单位，欧洲的价格水平必须经历一个相对于我们而言的痛苦的下降。

至于个人债务，我们早就抛弃了不切实际的破产者必须偿还最后的一分钱，否则就得坐牢的理论。如果说处理破产的现代理论有哪一个时候应该推广到各国，那就是现在。事实上，我们已经根据德国的支付能力，而不是根据其造成的损害，确定了德国的赔偿额度。

同样的考虑也适用于我们向欧洲提供的重建贷款。如果在向欧洲提供数十亿美元贷款之后，在不久的将来，我们能使美元的购买力翻一番，我们不仅把自己置于一个不公正的（而且非常令人憎恨的）“夏洛克”的位置上，而且我们从欧洲身上榨取的每一磅肉都会继续抽干它的血，削弱它作为我们顾客的作用。我们现在采取的给予欧洲长期、宽松信贷的稳健政策，不仅应在名义上实行，也应
159 在事实上实行，这意味着我们不应允许美元出现任何不当升值。

因此，出于各种各样的原因，在启动新的、永久的价格水平时，我们不应该提倡从我们开始时碰巧处于的水平大幅偏离。简而言之，我们不应该从一开始就引起价格波动。但这并不意味着我们必须采用当时的精确价格水平。

我们必须注意在当时的债务人和债权人之间做到公正。对于这

些特定的债务人和债权人来说，这个问题的出发点是至关重要的。

当然，我们现在还不能说，当新制度开始运行时，价格水平将是多少。现在所能做的，就是决定开始时应该是什么，也就是需要维持的特定价格水平是多少以及本位是什么，这些就是指导我们行动的准则。

如果该计划的采纳时间恰好是在价格长期大幅上涨之后，例如1919年、1873年、1865年或1814年，很明显，当时的价格水平太高，无法提供一个公正和适当的起点。或者我们应该有意地选择一个较低层次的价格水平。否则，大多数未偿债务将不得不以一美元的价值来偿还，而这一美元的价值要低于债务签订时的预期价值，当时价格还没有达到如此高的水平。

在价格水平迅速变化的情况下，现有合同源自许多以前不同 160
的价格水平，要选择一种适合所有人的价格水平是不可能的。如果我们要对它们全部进行一次修正，它必须是一个平均值。我们必须解决这种棘手的问题，就像我们在内战后恢复支付硬币时所做的那样，就像我们在重新调整货币本位时所做的那样。我认为，要达到这样的平均水平，所选择的价格水平应回溯到制度开始发挥作用时刻，就像现在存在的未偿合同和谅解备忘录，它们会受到新规则的影响。

我们可以通过计算不同类型的现有合同的过去期限来得出一个大致公平的平均值。付款合同是需要考虑的重要因素。我对受影响的现有债务（铁路债券、抵押贷款、银行贷款和其他债务）的平均期限做了一个非常粗略的估计，主要是一种猜测，似乎是一年左右。

当时机成熟时，可以成立一个司法委员会，对未偿的合同进行特别深入的专家调查，然后根据所发现的事实和常识对合同进行修订。

如果这样选择的平均数确实比较公正的话，这意味着最近的平均价格水平与制度推出时的价格水平相差不远，至少在过去一年里的任何时候，价格都没有远离这个水平。这也意味着不需要再做什么来确保现有合同的公正。

如果情况并非如此，例如计算所得的平均价格水平与新计划推出前一年内的任何日期相比相差超过 5% 或 10%。我们或许最好放
161 弃对未偿合约进行一次平均修正的想法。相反，可以采取特别立法“扩大”或调整债务，就像有时对殖民地纸币所做的那样。如果选择了这个解决方案，那么启动时的价格水平就不需要对现有的水平进行任何改变。

一般情况下，价格水平一年内的变动不会超过 5%。也许到该计划生效的时候，当前混乱的价格水平可以被充分地控制住，而不需要专门的立法来扩大债务，也不需要努力去缩小当时的价格水平和至少几个月之前的平均价格水平之间的巨大差异。

当然，稳定美元的提议中并没有涉及这样的债务扩大法规。事实上，如果稳定后确实需要扩大债务规模，那就意味着，我们需要的可能不止一次，而是很多次。

一旦问题的症结得到解决并且新的价格水平稳定下来，所有仍未调整的因素 —— 工资、薪水、租金、铁路费率等都会逐渐调整。长远来看，将这些落后因素调整到价格水平比调整价格水平来适应这些因素更好。我认为，即使是劳工不满，今天也可以通过提高工

资而不是提高生活成本来成功地解决，这比反向调整的效果要好得多。

5. 如何处置现存的金币

有时会有人问这样一个问题：怎样淘汰现存的金币，就像第四章中设想的那样吗？答案是：对要注销的金币进行溢价回收，或者对保留的金币进行惩罚，或者两者兼而有之。为了注销菲律宾旧比索(用另一种重量较轻的比索取而代之)，在某一特定日期之前，政府向旧金币的持有者提供了一笔轻微的溢价；在此之后，政府将不接收该硬币，除非持有者愿意给予折扣。

值得一提的是，我们可以既不要求废除现有的金币，也不要求 162
在将来停止铸造金币。只要稍微修改一下计划，我们就可以允许继续铸造金币。事实上，在战前我制订的计划中，金币和铸币制度都可以被保留下来。后来我想到，在某些地方，尤其是英国，使用金币的习俗是如此根深蒂固，所以即使只是作为代币，保留金币也会更受欢迎。

从那时起，战争本身就导致了我们正在讨论的金币淘汰的问题，并且消除了大多数妨碍淘汰金币的普遍偏见；而且，出于经济动机，包括英国在内的所有国家现在可能都不愿回归到普遍使用金币的状态。因此，我们似乎没有不必要劳神费力再次提出这个问题并把事情复杂化[①]。

---

① 内容参见 *Quarterly Journal of Economics*, February, 1913, pp. 213—235。有

然而，可能还有第三个计划，它介于目前的计划（金币退出并停止铸造）和以前提出的计划（金币和铸币都保留）之间。

这个中间计划是授权保留现有的金币，但停止新金币的铸造。当然，只是保留了无限制的金条存款并以发行金元券作为回报。

在我看来，这第三个计划在实践中比其他两个计划都更可取，因为它不需要召回政府金库外的几枚金币，而且无论黄金的价值如
163 何变化它也不会招致任何特别的麻烦。

因此，如果在任何时候，金币的价值超过其所含的金条，它们将继续作为代币流通，每一枚 258 格令的金币可以根据要求向持有人提供一张 10 美元的金元券或 10 美元的金条（每一美元超过 25.8 格令）。

另一方面，如果在任何时候，它们的价值低于所含的金条，它们就会被所有者熔化，像硬币一样消失，作为金条存放在政府金库中以交换金元券。同样，政府金库里的任何金币都会被熔化。

这一过程受限于可获得的金币数量。不会出现以一种速率赎回金元券和以另一种速率铸造金币的“无休止的链条”（正如我在 1913 年 2 月《经济学季刊》上的文章所解释的那样）。这类问题在三个计划的第二个计划中必须加以防范。

尽管这第三种处理现存硬币的方法在实际操作上有一点优势，但我更倾向于在第 4 章中介绍的第一种方法，因为它更容易理解，也不容易让读者混淆。由于现在流通的硬币如此之少，采用这两种

趣的是，西蒙·纽康，最早的作家之一，比我更早地制订了这个计划，也提出了保留金币的特征。见 *North American Review*, September, 1879。

方法中的哪一种几乎无关紧要。

6. 如何处置现存合约中的“黄金结算条款”

采取稳定措施时必须面对的问题之一是：该如何处理众多的债券和包含“黄金结算条款”的其他合同，这些合同要求以“当前重量和纯度 / 成色的金币”进行支付？

这一条款起源于 20 世纪 90 年代，当时“以 16 : 1 的比例自由铸造银币”的呼声很高。它的目的是保护债权人免受银元支付的伤 164
害。人们担心，如果 16 : 1 的建议获得通过，银元的购买力将大大贬值。

稳定货币的法令应该包括对黄金结算条款问题的具体解决措施。

否则，它将留给法庭来解释，结果肯定是漫长而昂贵的诉讼。在最高法院做出裁决之前，所有含有黄金结算条款的合同将面对巨大的不确定性。在试图从法律上解决这种不确定性时，可能会出现两种截然不同的观点。有人可能会振振有词地说，在黄金结算条款中，与操作金条相比，“金币”更方便交易。按照这种解释，在稳定的情况下，黄金条款合同应当根据金条来计算，当金元变成重于或轻于 23.22 格令纯金时，包含黄金条款的合约仍须以每盎司 23.22 格令的金条美元（dollars of bullion）来计价。

另一方面，从字面上理解“硬币”以及债权人要求交付这种硬币或其等价物也是有道理的。如果这是一种解释，而且（如附录 1 的第 5 节所假定的那样）金币并没有被淘汰，而是作为一种价值高于所含金银价值的代币继续存在的话，那么，通过支付这些价值过高的硬币或其等价物来实现黄金条款的技术履行，将与使用其等价物的稳定的美元不谋而合（如附录 1 的第 5 节所解释的）。

然而，如果完全废除金币（如文本所示），或者即使没有在法律上被召回，但它们因为其中的黄金价值超过了面值而全部熔化成了金条，这种坚持使用“硬币”支付的说法就难以自圆其说（正如附录一，第 5 节所说的那样）。

165 如果在建立稳定美元的法规中，完全废除现行合同中的黄金条款，替换掉含糊的条款，以满足新的情况并实现黄金结算条款所需要达到的真正目标，那么，所有这些技术争议都将不会出现。应该指出的是，废除黄金条款虽然超出了联邦宪法第一条规定的各州权力范围，但显然仍然是在联邦国会的权力范围之内[①]。

这样，国会就可以在稳定法颁布之日，宣布废除所有未决合同中的“黄金结算条款”，用它所选择的任何条款来替代这一条款。

从各种角度来看，总体上我认为最公平的规定，就是使所有这些合同与其他合同完全一样，以稳定美元支付。

这样的要求，某些情况下［如保留金币作为“代币”（Token Coin）］在技术上会导致某些黄金条款的恢复。就像以上所述，又

---

① 据我所知，这种力量在一般意义上是公认的，尽管在这里所考虑的案例中，似乎没有任何一个被记录在案。最近的案例显然是著名的法定货币案例，最高法院参照这些案例证明了国会有权将美国纸币作为法定货币，用于支付立法之前签订的债务。诚然，法定货币法只涉及一般支付货币的合同，而不涉及支付特定货币的合同，如“目前重量和纯度的金币”。但是布拉德利大法官说：“我不理解法院的大多数人断定，一项如此广泛地使用硬币支付的合同的法案是不符合宪法的。这样的决定完全剥夺了政府的权力。”

会引起争议。

唯一值得为这样的法律辩护的理由是它会做到公正，通过做到公正，我们可以在更宽泛的意义上实现黄金结算条款的意图。这一条款的本意不是要在合同中引入危险，而是要消除危险，不是为了让缔约一方与另一方发生冲突，而是为了防止冲突的发生。因此，
在广义上，用稳定的美元取代“必须以当前重量和纯度或成色进行 166
支付的金币”，更能贯彻公正的精神。稳定化将取代黄金条款，以更完美的方式实现同一个普遍目标，即合同正义。

对这种替代方式的抱怨是不合理的，因为很少有人（如果有的话）提出或想到它；原因很简单，因为我们会继续按照我们使用美元的习惯来思考。

在稳定美元的情况下，负债为1万美元，债务人仍然期望开出正好1万美元的支票，而债权人则期望得到正好为这一数额的支票。在实行黄金条款的情况下，在100个案例中有99个问题是，开出的支票总是高于或低于自己应该承担的面值额度。

另一方面，如果对有黄金条款的合同给予特殊待遇，以致不能用稳定的美元来履行这些条款，这将会招致很大的抱怨。因为在那时，要解除支付1万美元的黄金条款合同，唯一的办法就是根据黄金价格的涨跌，支付高于或低于1万美元的价格。而如果因为一堆黄金条款，导致一个欠10,000美元的债务人被他的债权人告知他
必须支付10,842.79美元。这多出来的842.79美元就像一个多出来 167
的拇指一样显得突兀；对于债务人来说，这笔钱对他就是不公正的。

另一方面，如果稳定的美元与“当前重量和纯度/成色的金币”之间存在差异，也就是说，依据黄金条款，一个欠10,000美元的债

务人只需要支付债权人 9,500 美元（我们假设这相当于以 23.22 格令的纯金计，价值 10,000 美元），那么，债权人总是会理所当然地认为，他被剥夺了 500 美元。而导致这种后果的原因是因为他错误地解读了当初加进去原本是保护他不受这种不公正待遇的条款。

此外，如果黄金条款没有因此与新的美元相融合，那么双重清算会引起极大的混乱。最极端的例子可能是保险公司。他们的资产大部分投资于黄金条款债券，但对保单持有人的负债应以"法定货币"支付。如果用于衡量资产和负债的美元有所不同，这些公司要么破产，要么暴富。

因此，在各种可能被考虑的解决途径中，这里提供的关于黄金条款问题的解决办法是最公正、最简单和最有效的。这是显而易见的。

无论如何，国会应该进一步防止任何可能的申诉，它应该给予缔约方在这个问题上有一些选择。稳定美元的法案应该发出正式通知，在法案提出之日到制度生效之间，如果任何缔约方没有提出反对意见，那就意味着稳定的法案是可行的。在实际提出反对的情况下，法案可以规定合同双方可以达成协议；万一他们做不到，债权人应该有权提前在稳定的美元和当前重量和纯度的金币之间进行选择。做出这种选择之后，不能再做改变；即使债权人发现他的选择违背他自己的利益（这是很有可能的）。

结果毫无疑问是：即使是提出黄金条款问题的少数缔约方也会找到一种容易的办法来解决这个问题，而那些没有提出这个问题的
168 人也不能坚持说他们没有得到公平的机会，因为法案给了他们一段
申诉的时间，否则以后就永远保持沉默。

7. 银行信贷和计划

A. 错误的想法。应该指出，本书提出的计划，是在保持金元购买力的同时保持其他美元的购买力，以使其他美元可以与金元可以自由兑换。

这意味着必须通过适当的法律或法规条款来规定以黄金计价的纸币和银行存款可以到期赎回。这就需要有一个健全的货币银行法律或法规来保障执行。这就意味着稳定计划的前提是不以任何特殊形式存在的稳健的银行业。

在这方面，出现了一些奇怪的误解，例如人们认为稳定金元只能适用于黄金，而不能适用于信贷，或者只能纠正这种源于黄金的不稳定，而不是源于信贷、商品或其他什么东西的不稳定。这些观点忽略了一个事实，即所有美元都是可相互兑换的。

执行该计划的一个朋友陷入了相反的错误，因为他没有发现该计划在影响美元稳定能力方面的任何缺陷，而是认为它将免除对票据或信贷通胀的任何限制！他认为，我们可以随心所欲地“印刷货币”，例如，以此来支付战争的费用，而不会遭受高价的惩罚！

当然，稳定美元的过程没有这种神奇的力量来取代稳健的货币和银行业。如果一方面，我们要稳定金元，另一方面，我们要膨胀纸币或存款，我们就需要同时拉动两者，如果冲突持续足够长的时间，通货膨胀最终会耗尽并破坏美元的稳定。倾向于提高价格的 169
通货膨胀必然需要增加美元的重量，这将导致到储备中美元数量的等比例减少。随着人们越来越倾向于用更重的美元来赎回金元券，这些金元券会取代黄金，导致黄金被运往国外，黄金储备也将被耗尽[①]。

只要能保证赎回，一切都会顺利，美元的价格水平和购买力也将得到维持。但是如果通货膨胀持续的时间足够长，上层信贷的不断增加，黄金基础不断减少（即黄金对应的美元数量），这将最终会导致赎回失败。此后，金元将不再是我们货币体系中的一个重要的稳定因素，只留下不可兑换的纸币和美元存款。在这种情况下，纸币和存款都会贬值。

B. 战争对银行信贷的影响。在第一次世界大战期间，就像在其他重大危机中一样，几乎在所有国家，政府财政的紧急需求导致了票据和信贷的扩张，而不管对价格或赎回的影响如何。在这种
170 时候，通胀压力几乎或完全不可抗拒。当时最重要的目标是资助战争，而不是维持货币本位，作为战争的紧急措施之一，任何稳定计划可能不得不暂时中止，就像英国银行法律在危机期间被暂时中止一样。只要战争可以在不依靠通货膨胀的情况下得到资助，即可以用税收和储蓄贷款来支付，货币就可以保持稳定。通货膨胀实际上是一种强制贷款，它以高生活成本的形式，将战争的另一方面未付

① 这里假定了使用“无限期”储备制度（见附录 1 第 1 节的 G）。

如果保持“有限”储备制度（见附录 1 的第 1 节的 B 和 F），金元券的通货膨胀是不可能的；随着金元券的发行，它们的冗余和回流将要求它们被注销。然而，其他形式的通货膨胀，如存款通货膨胀，仍然是可能的。这些措施（通过提高价格和美元的重量）会同时降低黄金储备和金元券的数量。这样做的结果不是削弱政府的黄金储备，而是削弱所有其他储备，例如银行持有的这些金元券。最终的灾难仍然会接管持续的通货膨胀，那就是分裂，不是在黄金和金元券之间，而是在这两者和基于它们的其他货币和信贷形式之间。

成本压在那些“固定”收入者的肩上。

我们有理由相信，未来不会再有这样的世界危机。但是万一他们出现了，稳定就会被中止；即使这样，我们的处境不会比没有稳定货币的情况更糟糕（另见附录 2 的第 2 节）。

C. 赎回的维持。因此，稳定美元要想成功，就意味着必须维持赎回。典型的或理想的，尽管不是唯一有效的赎回法，就是保证存款和纸币或多或少与银行储备（金条美元券）成比例，以及保证银行的金条美元券总量与政府储备中的金条美元总量成比例（如第 1 节所述）。在这种情况下，流通媒介的所有部分都趋向于一致地扩张或收缩，而基础金元的重量变化也带来了对整个交换、现金和信贷机制的控制。

银行信贷、票据和黄金储备（以美元计）将根据需要（根据贸易要求等）扩大或收缩来保持价格水平不变。

D. 银行贴现的作用。详细讨论保持信贷上层结构或多或少要与黄金或金元券赎回基数成比例的银行程序，有点超出了稳定计划的范围。

在这方面，只要提醒人们注意这个案例中的一个因素就够了。171
这个因素的重要性很少被意识到，那就是银行的贴现率。

在几乎任何明智的银行体系下，贴现率都是相对于储备而言的信贷量的监管工具之一。如果信贷相对于准备金有过度扩张，则提高贴现率以抑制这种扩张。另一方面，如果储备过多，贴现率就会降低，以刺激信贷增加。由于信贷的扩张和收缩与价格水平直接相关，因此银行贴现率与价格水平密切相关。

最大的银行，英格兰银行，就是这方面的典范。它通过交替提高和降低银行利率来保护和释放其黄金储备，这是英国的基本黄金储备。

停战后，英国货币、银行和外汇委员会的报告清楚地表明，银行利率是如何使英国物价水平与世界物价水平保持一致的。谈到这个由来已久的系统，报告说：

> 当时，除了黄金外流之外，国内信贷也有可能过度扩张，旧的货币体系往往会抑制这种扩张，并阻止国内价格上涨。正是价格上涨最终导致了黄金外流。通过推高价格来扩大信贷，导致了银行提高了对法定货币的需求，以维持现金与负债的正常比例，以及对公众工资支付和零售交易的需求。在这种情况下，对这种货币的需求也落在了英格兰银行的储备上，因此，银行不得不提高贴现率，以防止准备金与其负债的比例下降。正如我们刚才描述的那样，同样的一系列后果接踵而至，投机性贸易活动也受到了类似的限制。因此，有一种自动机制，通过这种机制，这个国家的购买力不断地调整，以适应一般商品的世界价格。国内价格被自动调整，以防止过度进口。

172 瑞典的克努特·维克塞尔（Knut Wicksell）教授多年来一直主张更广泛地利用银行贴现率的这种调节功能，以防止信贷和价格周期性扩张。美联储前主席保罗·沃伯格（Paul Warburg）建议，价格指数应该是美联储（the Federal Reserve Board）仔细审查的数据之一，以帮助指导其确定贴现率。参议员沙夫罗斯（Shafroth）提议，联邦储备委员会应该以稳定价格水平为目标，通过调整信贷来确定贴现率。

然而，这种调整本身不足以保持价格水平的稳定；因为当它控制信贷上层结构时，它只是相对于黄金基础货币而言的，如果这个基础货币相对于商业需求而言是不受控制的，即使信贷上层结构与基础货币成比例，那么信贷上层结构相对于业务需求而言同样也不受控制。但是，如果既有稳定的基础，又有健全的银行体系，那么，任何通过扩大或收缩储备来扩大或收缩信贷的体系，我们都可以确保货币的完全稳定。

8. 从国际方面考虑计划

A. 铸币价格。不言而喻，如果该计划被所有国家采纳，它将比仅被一个或几个国家采纳更有用。但是，如果一开始普遍采用该计划不可行，那么问题仍然存在：如果仅由美国执行该计划，那么该计划是否会奏效？

许多人都认为，货币问题本质上是一个国际问题，需要协调一致的行动；单独一个国家不能使这个计划奏效，因此，应该强制性地使世界各地的黄金铸币价格都相等，否则，黄金将完全逃离或流 173
入某个国家，改变目前的统一价格。

很显然，这些想法都是错误的。首先，让我们清楚地搞明白什么是"铸币价格的谬误"。让我们做一个浅显的推理。目前，美国（每盎司纯金 20.67 美元）和英国（成色 11/12 格令的 1 盎司纯金等于 3.17 英镑 10.5 便士）的铸币价格是相同的。结果是，如果我们的价格降低 1%，即 20.46 美元，而英国的价格保持不变，我们所有的黄金将被送往英国，以利用那里的“更高”的价格。

但这时，20.67 美元不再与 3.17 英镑 10.5 便士相等了，与后者等值的是 20.46 美元。原因是英国和美国的价格比较是基于“等价交换”，而现在这个标准变了。现在的标准是 4.866 美元等于 1 英镑，而这个汇率平价是基于美元与英镑各自的重量（含金量），因此，美元的重量和黄金价格的变化将会相应地改变汇率。如果美元的重量改变 1% 导致铸币价格变成 20.46 美元（而不是 20.67 美元），汇兑平价将变成 4.82 美元（而不是 4.86 美元）兑 1 英镑。

的确，金元的重量在美国每增加一次——换句话说，美国官方黄金价格每下降一次——都会阻碍黄金在美国铸币。黄金矿主可能会把更多的黄金送到铸币价格没有变化的伦敦，并通过出售在伦敦获得的信用交易来“实现”保值增值。他们这种试图获取利润的
174 操作很快就会影响到汇率，最后会使利润缩减到零。向英国出口黄金将增加美国在伦敦的汇票供应，降低汇率，这将持续到从美国向英国出口黄金并以黄金交换的方式不再有任何利润。

当这种情况发生时，以每盎司 20.46 美元的价格向美国造币厂出售黄金，与将黄金运往国外一样有利可图。按照新的汇率（4.82 美元兑 1 英镑），美国的 20.46 美元相当于英国 3.17 英镑 10.5 便士。

因此，尽管新的铸币价格 20.46 美元比旧的要低，但是，由于它是以较重的美元计算的，它仍然会与英国的 3.17 英镑 10.5 便士相等。

很明显，两个国家之间铸币价格的相等并不意味着什么经济后果，因为所有的（黄金）价格都是以黄金计算的。最根本的事实是，当美国的一盎司黄金在交易市场上购买英国的一盎司黄金时，交易

是等价的。

这一显而易见的事实被掩盖了，或者说被“伪装”了，因为美国的黄金是用美元来衡量的，而英国的黄金是用英镑来衡量的。但是美元和英镑仅仅是重量单位，就像盎司一样；它们各自与盎司之间以及彼此之间有明确的比例关系。当两者中的任何一个通过交换平价（或两个单位之间的比率）转换成另一个时，美国的黄金价格（就其本身而言）与英国的黄金价格（就其本身而言）是“相同的”。

如果数字简单一点，这将是不言自明的。如果美元正好是纯金的 1/20 盎司，而英镑正好是 1/4 盎司，那么美国的铸币价格将是每盎司 20.00 美元，英国是每盎司 4 英镑；兑换的比率将是 20/4，或 5 美元兑 1 英镑。自然，当我们以 5 美元兑换 1 英镑时，即 20 美元 = 5×4 美元，或者 20 美元 = 20/4×4 美元，英国的 1 盎司 4 英镑就与
美国的 1 盎司 20 美元是等值的。如果美元升值一倍，也就是说升 175
值到 1/10 盎司，这种相同的价格显然还会存在。美国的铸币价格将是每盎司 10 美元，相当于每盎司 4 英镑。10 美元 = 2.5×4 美元，或 10 美元 = 10/4× 4 美元。

从理论到经验，如果我反对的人是正确的，每个人现在都会把他的黄金带到墨西哥铸币厂，那么，在那里他可以得到两倍于他从美国铸币厂得到的美元！显然，这种谬误的发生就在于墨西哥元只有我们的一半重。

B. 与国际相关的黄金储备和价格水平。我们个人行为对国际交易的影响到此为止。需要强调的第二个影响是如何把美国从黄金饥荒和盛宴交替的危险中解脱出来。目前，外国可能会给我们带来大量的黄金，又或者抽干我们国内的黄金。阻止黄金流入的唯一

有效方法是提高我们的价格水平，而防止黄金持续下跌的唯一重要方法是降低我们的价格。因此，我们的黄金储备现在受欧洲支配。他们的银行和货币政策，我们无法控制，他们的贸易和关税，他们的战争，都影响到我们的黄金供应。因此，在第一次世界大战中，通过向中立国（包括 1915—1917 年的美国）倾销交战国的黄金，这些中立国的价格被抬高了，而每当欧洲货币大幅贬值时，黄金的回流又会使中立国的价格降低。

在战争中用来抵御黄金泛滥和衰退的唯一方法是：(1) 抵御泛滥——瑞典、荷兰和西班牙用实际行动上阻止了黄金的自由铸币行为，(2) 抵御衰退——包括美国在内的许多国家对黄金出口实行"禁运"。

这些都是试图通过阻止黄金流入和流出某个国家来部分控制一个国家的黄金供应。

176 但稳定计划将提供以美元计算的对黄金数量的完全控制，而不会禁止或严重影响以盎司计算的黄金的流入或流出！

如果我们在 1915 年实现了稳定，我们就会免受黄金通胀的影响，而事实上我们已经遭受了如此严重的通胀。当黄金开始流入，价格开始上涨时，我们同时扩大了金元的投放量。尽管实物黄金有所增加，但如果该国的金元数量仍将保持不变的话，最终，价格水平也不会上升。

同样，我们也可以抵御黄金流失，而不需要禁运。如果黄金开始离开我们，价格开始下跌，那么金元会变得更轻，即使实物黄金量减少了，但金元的数量将不会减少，价格水平也不会下降。

那么，即使美国"单干"，我们也能摆脱目前货币与外国货币之间非自愿的“纠缠”。这就意味着我们的价格水平将从与外国价格水平的纠缠不清中解放出来。现在，每个国家的价格水平都取决于其他货币本位相同的国家的价格水平。“高生活成本”是通货膨胀的一种表现形式，只要我们采用共同的不稳定的货币单位，它会从一个国家传递到另一个本位相同的国家，没有一个国家能够避免这种普遍的传染。

简而言之，在我们目前的制度下，我们的货币、信贷和价格水平在国际上比稳定时更加错综复杂。只要我们放任金本位制自由浮动，我们就无法保护自己免受邻国行为对金本位制的影响。战争 177
的结束使我们特别容易受到欧洲不断变化的货币政策的影响，而这些政策还难以预料[①]。

C. 出口和进口。至于对国家间商品贸易的影响，这些影响将是复杂的；尽管在规模上可能并不重要，但它会因情况差异而有所不同。

假设美国有稳定的美元，而其他金本位国家没有。进一步假设世界各地的黄金单位趋于贬值，因此我们不得不相应提高美元的重量，即降低黄金价格，从而降低以美元衡量的汇率。在这种情况下，美国的价格水平将保持不变，其他国家的价格水平将上升，美国与这些国家之间的汇率将相应变化，例如伦敦的汇率将下降。

通常，或者从长期来看，两国间汇率的变化与价格水平的差异成正比。因此，让我们假设英国的价格逐渐上涨，直到上涨一倍，而美国的价格保持不变，那么，伦敦的汇率相应地从每英镑 4.86 美

① 更进一步的讨论见附录 1 的第 4 节。

元下降到 2.43 美元。

在这些假设下，想象一个美国出口商，他现在会发现，虽然他所关心的美国价格差不多，但他所买到的英国货物的价格却翻了一番。他收到一张 200 英镑的汇票，而之前他收到的是一张 100 英镑的。但当他以每磅 2.43 美元的价格卖出 200 英镑时，他得到的 486 美元与他以前以 4.86 美元卖出 100 英镑时得到的 486 美元相同。

显然，如果价格水平的变化和汇率的变化相互对应，就不会有收益或损失。

178 只要收益或损失确实存在，那就说明它们有差别，价格和汇率的变动不能与上述假设完全一致。也就是说，像往常一样，在价格变动发生的地方，有些因素滞后于另一些因素。这些不幸是转化过程中带来的，并随着转换即价格运动的消失或运动的逆转而趋于消失。无论造成什么损害，都不是由于变化了的价格水平，而是由于变化中的价格[①]。

如果汇率比价格水平调整得更快，通常情况下是这样，汇率将在价格水平翻倍之前达到 2.43 美元，出口商将获得不了 200 英镑，也就是得不到 486 美元。在这种情况下，他可能会受到英国通货膨胀的影响。假定，如果货币价值不稳定，而美国物价与英国物价保持同步，他可能不会受到影响。另一方面，如果英镑升值，美国出

① 人们普遍认为，两个国家货币单位购买力的差异将有助于货币"更便宜"的国家的出口商，并伤害进口商，这当然是荒谬的。如果这个想法是正确的，这将会极大地刺激货物从墨西哥流动到美国，并阻止货物从美国到墨西哥的流动，因为墨西哥元只是我们美元的一半。自然，美元之间的差额已被充分考虑在内。只有当两者之间的关系受到干扰，并且在新的关系得到充分考虑之前，出口商和进口商才会受到轻微的影响。

口商将略微获利。

相反，当外国价格水平上升时，美国进口商会从稳定中获得一点好处，而当外国价格水平下降时，美国进口商会有所损失。

我们看到，仅在一个金本位国家实现稳定，就会让进出口商面临一定程度的损益差异，两个类别中的一个总是从失调中获益，而另一个则在亏损。然而，这种给进口商和出口商带来新风险的 179
麻烦，能够被与他们在美国境内交易相关的旧风险的消除而得到抵消。

此外，自战争以来，就不存在共同的金本位制！无论是相对的还是绝对的，货币总是处于混乱之中。稳定的美元很可能成为对外贸易的共同标准，就像旧的“贸易美元”一样。如果国际合同是用稳定的美元签订的，我们就可以摆脱所有如马克、里拉、法郎等带来的不确定性。这些不确定性只会落在使用这些货币单位的国家身上。

即使稳定在一定程度上不利于对外贸易，我们也必须记住，通常超过 9/10 的美国贸易，或者说更大比例的美国交易合同都是在美国境内签订的，因此，对大多数美国人来说，币值稳定将是一种纯粹的幸事。

然而，不幸的是，对大多数人来说，从真实的角度来看，国际贸易是一个国家经济生活中比以往任何时候都重要的因素。每个经济学老师都知道，没有接受过经济学教育的普通公民是旧重商主义谬论的受害者，他们仍然相信流传下来的旧重商主义短语是正确的——推崇“贸易顺差”，反对“贸易逆差”。人们甚至常常认为，一个国家作为一个整体所能获得的唯一收益是出口超过进口和货币积累，尽管这显然是荒谬的。这里不是考虑这些基本错误的地方。任何经济学教科书都揭露了这一谬误。我们最近积累黄金的经验教训已经表明，一个国家的货币积累只会降低货币的购买力。

180 **D. 扩大黄金输送点**。这样，除非在某些条件下，我们把交易的"黄金输送点"比现在的交易点稍微扩大一点点（根据铸币税的数量），这一事实虽有不便，但如不这样做，稳定计划就不会在国际交易上带来真正的不便。这样做，这种不方便就不会发生；只要这两个国家的黄金都进入流通而不是单纯的不流出（或者两个国家都单纯地流出而不流入），这样每个国家的黄金价格就持续保持在由铸币税设定的两个界限的下限（或者持续保持在上限）。这在上文第2节中讨论过。

在这种情况下，黄金官方价格的周期性变动不会扩大黄金运输点之间的差距；它只会同时升高或降低它们。黄金流从流入流通到流出流通的逆转也不会扩大这一差距，前提是这种逆转在两国同时发生。只有当黄金在美国流通而在英国不流通时，两国之间的黄金运输点才会因铸币税的数量而有所差距。

通过适当的国际交换安排，即使这种偶然的结果也是可以避免的。国际汇率本身可以由政府出资稳定，就像战争期间一样。

E. 扩大该计划的采用。因此，问题的是非曲直一目了然，一个国家单独稳定货币几乎没有什么可说的，采用稳定货币的国家的好处确实非常大。在这方面，我可以提请大家注意最近伦敦的一份电讯，其中说："英国资本家确信，最先成功地重组其货币的国家将能够获得国际商业的很大份额。"

对稳定货币的好处的认识迟早会使所有国家都普遍实行货币

稳定政策。这可以通过协同行动立即实现，也可以通过个体行动逐 181
步实现。

有了国际联盟，在这些问题上的联合行动将比以往容易得多；我们绝不能忘记，在维护双金属本位的“拉丁联盟”中曾经有过联合行动。在这种情况下，法国、比利时、瑞士、希腊和意大利加入了基于黄金和白银的统一货币本位。当前的紧急情况将为某些此类行动创造强大的动机。

这场战争打乱了整个世界的货币本位，并带来了复苏、通货紧缩、高生活成本和价格波动等问题。所有这些都与更基本的价值标准问题有关，而稳定是其中不可回避的一部分。

货币本位已经构成了一个国际问题，因为在我们目前的制度下，一个国家的价格水平的任何波动都必然会影响到其他国家的价格水平。

如果有一个共同的指数，那么货币稳定计划很可能在国际上获得通过。这并不会大幅牺牲任何一个国家的调整精度；因为我们已经看到，具有相同货币本位的不同国家的指数非常相似，而且我们知道，随着国际贸易的未来发展，价格变动将更加协调。

如果一开始无法采取联合行动，一个国家的单独行动，特别是如果该国是美国，几乎肯定会导致该计划的普遍通过。

反对者们指出，金银复本位本位并非如此。他们的论点是，如
果不能达成国际金银复本位制协议，我们就不能指望实现像货币单 182
位的国际标准化这样雄心勃勃的目标，因此，我们不需要费神去尝试不可能的事情。但是，正如人们在阅读罗素（Russell）的《国际货币会议》（*International Monetary Conferences*）一书中所看到的那

样，即使在提出恢复双金属本位的建议时，都有一个特殊的障碍难以克服。然而，幸运的是，这种障碍在稳定计划中是不存在的。

这个障碍是认识到，根据拉丁联盟的经验，当任何一个国家或民族在成功的运作中实行双金属制时，所有其他国家都享受到它的好处而没有操作上的麻烦或责任，就像它们自己拥有这种制度一样。例如，作为金本位制国家和银本位制国家之间的中介，拉丁联盟实际上是将卢比和英镑以固定的比率结合在一起，这使英国受益匪浅。在这种情况下，在 1873 年双金属本位崩溃后的很长一段时间里，几乎每个国家都希望其他国家恢复它而如果可能的话自己却不会这么做！在现代俚语中，就是，每个人都会“让乔治去做”（死道友不死贫道——译者注）。

另一方面，在标准化美元的情况下，如果一个国家打破习俗的惯性，采用这一计划，并且快速从中受益，而所有其他没有采用这一计划的国家不仅没有得到好处，而且事实上受到了一些伤害，那么，这些国家很快就会想加入进来，摆脱麻烦，获得利益。这种情况不同于对国际双金属本位的不情不愿的态度，而是类似于各国“争夺”金本位制。1873 年双金属本位崩溃后，商业国家相继转向金本位制，以确保自己在伦敦和其他重要商业中心汇率稳定的优势。

9. 不同假设下的数字阐释

183 **A. 标准假设案例。**货币稳定过程的实际操作可以利用数字得到最好的阐释。这是本节的主要任务。

决定稳定过程的因素有五个：铸币税的收取，它是对美元重量(含金量)单一调整；美元重量的调整，它是对于价格偏离指数平价的一种补偿；所述调整对指数的“影响”程度、在调整和完成其影响之间经过的“滞后”时间，以及价格水平上升或下降之前的“趋势”。

我们的第一个例子将被称为“标准假设情况”。在后面的章节中，我们将不断改变标准条件进行说明。

标准假设包含五个因素如下。

(1)铸币费：1%。

(2)调整规则：每偏离指数平价 1%，调整幅度为 1%(任何一次调整都不得超过铸币费)。

(3)对指数的影响：每调整 1%，影响也是 1%。

(4)调整带来的影响产生的滞后期数：1 期(调整间隔)①。

(5)价格水平的趋势：如果没有稳定措施，每个间隔价格水平首先提高 1%；之后，每个间隔减少 1%。

第五个假设意味着，如果没有稳定措施，指数将是。

第 1 个间隔期的开始是 100。 184

第 2 个间隔期的开始提高 1%，是 101。

第 3 个间隔期的开始提高 1%，是 102.01。

第 4 个间隔期的开始提高 1%，是 103.0301。

第 5 个间隔期的开始提高 1%，是 104.060401。

① 为了确定我们的想法，我们可以将连续调整日期之间的间隔视为两个月。但是它的绝对间隔既不影响论证也不影响计算。

如此下去，以复利的形式提高。

其实不需要把这些数字说得太细，我们可以省略小数，使用数字 100、101、102、103、104 等，直到“复利”产生明显的效果。例如，当指数接近 150 时，1% 的增长将使下一个指数增加大约 1.5；当指数接近 200 时，1% 的增长将产生大约 2% 的差异。因此，如果我们假设（如果没有稳定措施）价格在 100—200 的每一个调整期上升 1%，然后下降，指数的变化将大致如下：100, 101, 102, 103, 104, …150, 151.5,153, … 198, 200,198, 196… 150, 148.5, 147, ……

在第五个假设下，我们可以区分四种类型的价格变动，而在实际经验中可能发生的四种——上升、下降、上升后的下降变动、下降后的上升变动。

我们现在可以着手计算①，在五个假设下，指数的稳定进程将是什么。

开始时，指数为 100 或平价，美元的重量不会有任何调整。在
185 随后的或第一个间隔期，指数将按照假设的上升趋势提高 1%，因此，在下一个调整间隔开始时，它将是 101，就好像不存在稳定制度一样。

在这个调整期，指数偏离平价为 +1%。这导致（根据假设 2）美元重量调整 1%。

调整的影响（根据假设 4）将在随后的间隔内感受到，并在其结

① 在本节的所有计算中，假设要么铸币价格一直支配市场，要么赎回价格一直支配市场。如果市场价格在两者之间变动时，按照附录 1 和 2 中讨论的方式计算，结果会略有不同。这可以很容易地计算。

束时记录下来。这个影响是(根据假设 3)1%。因此，如果除了这种偏向评价影响之力外没有其他力量，指数将会回到 100。

但是还有另一种力量；即指数在这个(第二)间隔期上升 1% 的趋势力量。这种力量限制了指数回到平价水平，并保持在 101。简而言之，向下和向上的力量相互抵消，因此指数保持在 101 不变。

总结以上，我们可以安排如下事件：

在第 1 个间隔期开始，指数为 100，美元重量没有调整。

在第 1 个间隔期期内，没有调整的影响，但指数上升的趋势不受阻碍，+1%。

在第 2 个间隔期开始，指数，101；美元重量调整，+1%。

在第 2 个间隔期内，上述调整对指数的影响，-1%，中和指数上升的趋势，+1%。

在第 3 个间隔期开始，指数不变，为 101。

但与指数平价的偏差仍为 +1%，在调整日期(在第 3 个间隔期的开始)达到的调整重量再次为 +1%，这将再次使第 3 个间隔期的 186
指数向平价下降 1%，并再次被 1% 的上升趋势所挫败。

只要 1% 的上升趋势继续，同样的推理适用于每个后续调整间隔期得出的结果。

也就是说，在每种情况下，因为调整了美元的重量，再加上 1% 的上升趋势，新指数都是最后一个指数(101)减去对平价影响的 1%。

因此，在每个连续的里程碑中，只要存在 1% 的上升趋势，根据旧指数计算新指数的公式是 101 - 1+1 = 101。

顺序如下。

	指数[①]	调整对指数的影响	没有稳定计划指数的趋势
第 1 个间隔期的开始	100		
第 1 个间隔期期间		0	1%
第 2 个间隔期开始	101		
第 2 个间隔期期间		−1%	1%
第 3 个间隔期开始	101		
第 3 个间隔期期间		−1%	1%
如此循环往复			

① 这一栏还显示了（减去 100）与指数平价的偏差和美元重量的调整，后者与之相等。

当下降趋势开始时，第一个调整间隔的价格水平将从 101 下降到 99。原因是，在这一个间隔期内，美元重量的调整所产生的 1% 的影响被假定的下跌 1% 的趋势所强化。也就是说，第一期下跌后的指数将为 101−1−1=99。

187 指数 99 现在比平价低 1%，也就是偏离 −1%。因此，美元的重量将减少 1%。这种调整的影响现在将上升 1 %，然后被 1% 的下降趋势抵消（假定这种趋势仍然存在）。也就是说，下一个指数将是 99 加上 1% 的调整影响减去 1% 的趋势，或者 99+1−1=99；此后，只要下跌趋势继续，它将保持在 99。

为了修正我们的观点，假设在指数没有稳定的情况下，从向上到向下运动的逆转发生在指数达到 200 点的时候。在下表中，我们给出了无论是否稳定的情况下，连续调整间隔期的指数变化（省略小数）。

没有稳定措施的价格指数	有稳定措施的价格指数
100	100
101	（100　+ 1=）101
102	（100 − 1 + 1=）101
103	（100 − 1 + 1=）101
104	（100 − 1 + 1=）101
150	（100 − 1 + 1=）101
151.5	（100 − 1 + 1=）101
153	（100 − 1 + 1=）101
154.5	（100 − 1 + 1=）101
198	（100 − 1 + 1=）101
200	（100 − 1 + 1=）101
198	（101 − 1 − 1=）99
196	（99 + 1 − 1=）99
194	（99 + 1 − 1=）99
…	…

根据标准假设情况计算出来的结果，有必要进行实验性偏离，以确定哪套规则最适合控制价格变动，因为它们事实上是可行的。

B. 改变关于“滞后”的假设。 188

(a)将滞后从 1 个调整间隔改变为 2 个调整间隔，其他假设与标准情况相同[①]。

指数不受币值稳定措施的影响，其变化趋势遵循两个调整间隔的假定，并以 100，101，102 运行。

① 由于滞后超出了我们的调整范围，而调整间隔是我们所制定的，滞后的延长按照调整期的含义来看实际上意味着调整间隔的缩短。

也就是说，从第 1 个间隔期开始，指数没有偏离平价，因此不需要调整美元重量；在第 2 个间隔期开始时，重量调整 +1%；但是，由于这种调整和它对指数的影响之间的滞后现在被假定为两个调整间隔周期，下面的指数不受影响并保持 102。

根据我们目前的假设，在第 2 个间隔期开始时进行的 1% 调整产生的偏向平价的影响（假设为 1%）将在第 3 个间隔期感受到。在此期间，这种影响将努力使指数从 102 下降 1%。但假设的 1% 上升趋势会保持指数在 102。在第 3 个间隔期开始，如果不是因为铸币费将美元的重量限制在 1%，2% 的偏离会导致美元重量增加 2%。在第三个调整间隔期开始，美元的重量增加了 1%，这会影响第四个间隔期的指数，使其下降。但上升趋势将使其保持在 102。因此，公式将是：102（任何调整日的指数）－1（前一期调整的影响）+ 1（增加的趋势）= 102。

下表显示了相应的结果。

189

	指数①	调整对指数的影响	没有稳定计划指数的趋势
第 1 个间隔期的开始	100		
第 1 个间隔期期间		0	+1
第 2 个间隔期开始	101		
第 2 个间隔期期间		0	+1
第 3 个间隔期开始	102		
第 3 个间隔期期间		−1	+1
第 4 个间隔期的开始	102		
第 4 个间隔期期间		−1	+1
如此循环往复			

① 这一列还显示（减去 100）与指数平价的偏差和美元重量的调整（除此之外，它被铸币费限制在 1%）。

一旦假定的价格趋势逆转，稳定指数会下降并保持在略低于平价的水平下。

(b)将滞后改为 3 个调整间隔，其他假设与标准情况相同。

按照与(a)相同的推理，我们发现指数上升到 103，然后保持在 103，此后，只要 1% 的上升趋势继续，1% 调整的影响就完全被抵消了。

(c)关于滞后的结论。

在前面的例子中，稳定过程被非常简单和有效地应用，抑制影响迟早(取决于滞后和调整间隔之间的比率)会生效，并且此后，由于稳定的向上(或向下)趋势，指数将不能恢复到标准水平，保持在略高于(或低于)平价水平上。

我们发现，与调整间隔成比例的滞后越大，指数与平价的差距就越大。然而，即使滞后扩展到许多个调整间隔，指数仍保持在平价附近。

事实上，这种滞后并不大。 190

我们在战争期间的经验和其他地方提到的其他证据(第 2 章，第 8 节和附录 1，第 3 节)表明，通货膨胀或紧缩的影响显然是相当迅速的，滞后时间可能不到 2 个月；对于由反应最迅速的商品组成的指数来说，甚至可能不到 1 个月。

我们希望我们的调整间隔与滞后相比不要太短，比如说不要短于滞后的四分之一。

另一方面，调整间隔可能比滞后时间长。当滞后是一个完整周期时，计算方式和结果将完全相同。调整的影响将在下一个调整日期到来之前的某个时间完成；但是由于在间隔期间没有计算指数，我们的计算不会受到影响。

理想情况下，即为了确保最大程度地接近平价，调整间隔应尽可能地接近滞后。如果间隔比滞后时间短，调整的影响也许要到另一个调整期才能完全感受到，甚至可能需要相反的调整才行。因此，每天调整不会有所帮助，只会损害近似值的接近程度。如果间隔时间比滞后时间长，价格水平将保持不变，直到间隔时间的剩余部分未被修正。我们会忽略及时纠正的机会。

C. 改变关于“趋势”的假设。

(a)趋势从1%增加到2%，其他情况与标准假设相同。

191 尽管到目前为止，我们所做的假设(在每个调整间隔期间价格水平变化1%)暗示着一个非常迅速的变化(如果调整间隔是两个月)，我们还是将假设的调整速度提高2倍。

在这种情况下，在第一个调整间隔结束时，指数将为102。这种偏离要求美元的重量增加2%，但是铸币费限制在1%。因此，在第二期结束时，指数受到两种力量的作用，一种是-1%的抑制性影响(来自美元重量的增加)，另一种是+2%的趋势影响，因此净影响是+1%，也就是，指数变成了103。在下一个调整期，1%的下降和2%的上升之间的类似冲突导致指数变为104，这一过程会持续下去。简而言之，指数不是在每个调整区间增加2%，而是增加1%。在这种情况下，只要价格继续上涨，稳定进程不能完全控制价格趋势，而是可以将价格趋势减半。在反向运动中，越过平价后，低于平价的运动同样会因稳定而延迟。

然而，如果铸币费限制更大幅度的调整，那么这种约束当然会更有效。我们将在显示不同铸币费效果后清楚地看到这一点。

(b)关于趋势的结论。

我们的结论是，指数变化的趋势越大，指数在被捕捉前偏离平价就越远——尤其是如果这种趋势超过了铸币费。但是，除非变化的趋势非常大或持续很长时间，或者两者都有，否则指数仍将保持接近平价。

D. 改变对“铸币费”的假设。

(a)铸币费从1%增加到2%，其他与标准情况相同。

结果与标准情况完全相同。更高的铸币费没有区别，因为它已 192
经足够高，在给定趋势和滞后的情况下，不会限制调整。

(b)铸币费从1%增加到2%，趋势先上升后下降，价格变动幅度从1%变为2%。其他与标准情况相同。

在这些条件下，抑制影响正好中和了趋势，指数稳定在102(在上升趋势期间)和98(在下降趋势期间)。

(c)铸币费从1%增加到2%，滞后从1期改变到3期，其他与标准情况相同。

在这种情况下，当价格趋势向上时，稳定过程导致指数在低于平价1%和高于平价5%之间变动。在反转时，指数起初低至93，随后恢复，并(在下降趋势期间)在高于平价1%和低于平价5%之间波动。

(d)关于铸币费的结论。

我们的结论是，总的来说，铸币费越高，指数变化的自由度就越大。如果滞后非常大，尤其调整间隔是滞后的很小一部分时，接近平价越自由，则偏离平价也更自由。

实际上，这个比例应该在1%—3%。在这样的范围内，精确的数字是接近一个极端还是另一个极端，从结果来看差别都很小；在这些范围内的任何数字都足以保证指数接近平价；最特殊的情况要除外，如世界大战。

E. 改变关于"调整"的假设。

(a) 调整从 1% 变为 2%(每 1% 偏差)，其他与标准情况相同。

193 结果与标准情况完全相同。更大的调整不会有什么不同，因为铸币费的限制会阻止它生效。

(b) 调整从 1% 变为 2%，铸币费从 1% 变为 2%，其他与标准情况相同。

高于平价 1% 的偏离将导致美元重量增加 2%。这种 2% 调整的影响是将指数压低 2%，然而，这种影响将被假设的 1% 的上升趋势部分抵消。最终结果将是下跌 1%，这将使指数在下一个调整日回到 100。这就要求在下一个时期不进行调整，指数仅受上升趋势的影响，将变为 101。因此，它将持续在 100 和 101 之间交替变化。

(c) 调整从 1% 变为 0.5%，其他与标准情况相同。

我们发现以下结果。

	指数[①]	调整对指数的影响	没有稳定计划指数的趋势
第 1 个间隔期的开始	100		
第 1 个间隔期期间		0	+1
第 2 个间隔期开始	101		
第 2 个间隔期期间		$-\frac{1}{2}$	+1
第 3 个间隔期开始	$101\frac{1}{2}$		
第 3 个间隔期期间		$-\frac{3}{4}$	+1

	指数[①]	调整对指数的影响	没有稳定计划指数的趋势
第4个间隔期的开始	$101\frac{3}{4}$		
第4个间隔期期间		$-\frac{7}{8}$	+1
第5个间隔期的开始	$101\frac{7}{8}$		
第5个间隔期期间		$-\frac{15}{16}$	+1
如此循环往复			

① 此列还显示(通过减去100)平价的下降和(通过减去“100”并除以2)美元重量的调整。后者在数值上也总是等于其在第二栏中给出的影响。

指数会增加，但不会达到102。

(d)关于调整的结论。

我们的结论是，调整越接近偏离的程度，稳定性就越好——当 194
然，我们必须总是假设调整的影响与标准情况一样。

F. 改变关于“影响”的假设。

(a)影响从1%变为0.5%(每1%的偏离)，其他与标准情况相同。

迄今为止，我们一直认为美元重量调整1%会影响其1%的购买力。但我们不需要做这样的假设，在实践中它也不是严格正确的。特别是如果流通中的货币和支票存款的美元数量没有与储备中的金元数量严格成比例的话(按照附录1第7节中描述的方法)，这种假设更加没有必要。

在这种情况下，计算结果与上面的E(b)非常相似。

将原始价格水平定为 100%，第一个调整期结束时的指数将为 101%。现在美元将升值 1%，根据我们目前的假设，这将使价格水平降低 1% 的一半，即 0.5%。在第二期，由于价格水平趋向于上升 1%，新的指数将是 101−0.5+1，也就是 101.5%。高于平价的 1.5% 的超额部分将要求美元的重量相应增加，但是由于铸币费的限制，它会保持在 1 %。

因此，下一个调整日美元的重量会增加 1%，价格水平将是 101.5−0.5+1 或 102。美元重量的下一次增加将再次被限制在 1%，指数将是 102−0.5+1 或 102.5，等等。

很明显，由于铸币费为 1%，系统稳定的能力将限制在每个调整期只能有 0.5% 的调整。

（b）影响从 1% 变为 0.5%，铸币费从 1% 变到 2% 或更多，其他与基本情况相同。

很显然，结果如下：

195

	指数①	调整对指数的影响	没有稳定计划指数的趋势
第 1 个间隔期的开始	100		
第 1 个间隔期期间		0	+ 1
第 2 个间隔期开始	101		
第 2 个间隔期期间		$-\frac{1}{2}$	+ 1
第 3 个间隔期开始	$101\frac{1}{2}$		
第 3 个间隔期期间		$-\frac{1}{2}$	+ 1
第 4 个间隔期的开始	$101\frac{1}{2}$		

	指数[①]	调整对指数的影响	没有稳定计划指数的趋势
第 4 个间隔期期间		$-\frac{1}{2}$	+ 1
如此循环往复			

① 这一列还显示了(减去 100)与平价的偏差和美元重量的调整，后者与之相等。

尽管调整的条件及其影响不同，但美元稳定使指数会保持在偏离平价 2% 的范围之内，其结果数字与上面的“E (c)”条件下的结果相同。

(c)影响从 1% 变为 2%，其他与基本情况相同。

指数将在 100 到 101 之间交替变化，见下表。

	指数[①]	调整对指数的影响	没有稳定计划指数的趋势
第 1 个间隔期的开始	100		
第 1 个间隔期期间		0	+1
第 2 个间隔期开始	101		
第 2 个间隔期期间		−2	+1
第 3 个间隔期开始	100		
第 3 个间隔期期间		0	+1
如此循环往复	101		

① 该列还显示(减去 100)偏差和(减去 ICX)并乘以 2 调整。

(d)关于影响的结论。

我们的结论是，美元的调整可能大于或小于它对指数的影响， 196
而不会大大降低稳定的效率。

G. 关于偏离标准假设的一般结论。

我们已经看到，稳定装置能够在很大程度上适应各种不同的条件。

铸币费的设定无所谓，可以从 1% 到 3% 不等，而这不会极大地影响结果，并且（在任何普通条件下）也不会极大地损害稳定的效率。

美元重量的调整可以是任意的，比如说，每偏离 1%，可以改变 0.5% 到 2% 的重量，在对其他因素（影响、趋势、滞后和铸币费）的合理假设下，这不会极大地损害稳定的效率。

在对其他因素合理假设下，比如说，每调整 1%，有 0.5% 到 2% 的影响，这时候调整对指数的影响不会严重影响结果。

相对于调整间隔，滞后可能变化很大。实际上，这意味着调整的频率（在其他条件相同的情况下）有很大的伸缩空间，可以是从滞后的 1/4 到滞后的许多倍，而这不会大幅地限制币值的稳定。

假设影响稳定的其他因素（铸币费、调整、影响、滞后）与标准情况相同，那么，即使价格上涨或下跌的趋势可能一直很快，也可能暂时非常快，但它通常不会将指数从平价拉高 1% 或 2% 以上。不管价格变化的趋势有多大，如果其他因素适应了这种情况，几乎所有的这种趋势都可以消除。

实际上，我们的问题是如何确保其他四个因素最理想地适应现有趋势。

197 这种趋势（除了像第一次世界大战这样的非常时期）很少平均每年超过 4%，这比从 1896 年到 1915 年和平时期漫长、几乎空前迅速的平均增长率还要高。

在任何一年中，这一增长率很少达到 12% 或平均每月 1%。在整个战前时期，即 1890 年至 1915 年，美国劳工统计局的数据显示，在这 25 年中，这种情况只发生过两次，分别为 13% 和 14%。

我们只有从 1900 年开始的月度数据。从这些数据中我们发现，从 1900 年 1 月开始，每隔一个月，直到 1915 年年底，在 2/3 的情况下，每两个月一次的指数连续跳跃不超过 1%，在 9/10 的情况下不超过 2%，在 31/32 的情况下不超过 3%。

如前所述，我们的问题是，如何最好地处理这种趋势，在理想的情况下，我们可以选择其他四个因素。

首先考虑理想的铸币费。这几乎不可能精确地表述出来。显然，3% 将允许在几乎所有情况下进行全面调整。但是，正如下面的“H”中的计算所示，即使 1% 的铸币费也足以满足所有实际目的，并且我进行的其他计算表明，1%、2%、3% 和 4% 的铸币费之间的结果差别非常小。

为了确定一个数字，让我们把理想的铸币费定为 1.5%.

显然，理想的调整是倾向于准确地纠正其所依据的偏差，从而使指数回到平价水平上（除非被进一步的趋势再次带偏，而且是倾向于任何一个方向）。

这种理想的调整取决于调整对指数的影响。如果影响小于标准情况，调整的助力可能更大，反之亦然。例如，如果调整是每 1% 198
偏离调整 2%，当每 1% 调整，其调整的影响是 0.5%，这将恰好纠正指数的偏差。每 1% 调整产生 0.5% 的影响（即每 2% 调整 1%）正好使每 1% 的偏差产生 1% 的影响，这是理想的。

事实上，在标准情况中假设的调整和影响的条件毫无疑问是接近真实生活的。无论如何，如果采用“有限”储备制度（见附录1的第1节中B和F）和调节银行信贷量的方法（见附录1的第7节），使整个流通媒介的总量与美元的百分比变化成正比，那么美元重量的1%调整将产生1%的影响。

即使采用“无限”储备制度，正如我们在附录1的第1和2节中看到的那样，也不会极大地改变这种情况，除非或直到世界上很大一部分国家采用这种制度。在这种情况下，将调整幅度提高到每1%偏差调整1.5%甚至2%会有一些好处。这是一个精确的理想数字，它取决于调整美元重量对给定重量黄金的价值的影响[①]。

相对于调整区间，我们选取的滞后期是理想的；或者，用更实际的术语来表达就是，我们已经获取了调整间隔相对于滞后的理想长度，或者说是调整的理想频率。

正如我们已经看到的，理想频率不是最大可能的频率，而是它将使间隔等于滞后的频率。

“邓指数”（Dun's index number ）的滞后时间可能约为1.5个月。附录1第3节所述的反应性商品指数的滞后期可能不到1个月。理想的频率可能在两周到一个半月之间。在下面H的计算中，保守地认为是两个月。

199 影响如图所示，调整显然应为每1%偏差调整1%。

由此可见，(1)这种趋势超出了我们的控制；(2)由于我们可以选择指数，以月计算的滞后在很小程度上受到控制，但相对于整个

① J.M.Clark 教授在其论文“Possible Complications of the Compensated Dollar”，中进行了这类研究。American Economic Review, September, 1913, pp. 576—588.

调整期而言，则完全受到控制；(3)假设我们有一个适当的针对金元券的储备系统和一个适当的存款银行系统（如附录 1 第 7 中所解释的），那么 1% 的调整的就会有 1% 的影响。

因此，实际上，这三个因素（影响、绝对滞后和趋势）必须按照我们的发现来考虑，我们只能选择最佳的铸币费、调整和调整频率。

我们发现，在标准情况下计算出来的数字基本上是整数。

在下面的小节中，我们将它运用到自 1900 年以来的历史事实中看看会出现什么样的结果。铸币费为 1%、每两个月调整一次，其结果比理想值都保守（小）一些。

H. 适用于实际价格的稳定过程。

(a)适合实际情况的假设。

我们现在从刚刚给出的高度理论化的计算，转到实际问题上，即实际指数与平价接近到何种程度才能保持币值稳定。最好的答案可能需要通过对自 1900 年以来经历的实际价格变动与上述相同的计算进行比较。美国劳工统计局计算的每月指数是从 1900 年开始的。

我们假设最好的调整期是两个月。正如已经观察到的，这超过了任何调整及其对价格水平的影响之间的可能滞后时间，如附录 1 第 3 节所解释的。然而，出于保守的估计，我们将假设在两个月的 200
第一个调整期内只感受到调整影响的 2/3，其余 1/3 在随后的一段时间内感受到。

我们将假设铸币费为 1%。也许 1.5% 或 2% 会更好，但上述例子和该期间各种其他适用于上述实际价格趋势的计算显示，在 1% 至 4% 以上的从宽铸币费下，指数与平价的接近程度基本相同。

我们将假设(除了受到监管限制的情况)指数每偏离平价 1%，美元重量的调整为 1%；每 1% 的调整，对指数的影响也是 1%。

这些假设可以用以下形式表示。

(1)铸币费：1%

(2)调整：指数每偏离平价 1%，则调整 1%(条件是任何一次调整不得超过 1% 的铸币费)。

(3)影响：美元重量调整 1% 带来 1% 的影响。

(4)滞后：在两个月的第一个调整间隔内消费者会感受的 2/3 的影响。剩下 1/3 的影响出现在第二个调整间隔中。

(5)趋势：根据美国劳工统计局 1900 年至今的指数来确定它的趋势。

假设(5)意味着，我们现在要研究的不是纯粹假设的情况，而是如果我们从 1900 年 1 月开始采取稳定措施实际会发生什么。

201 这是一个非常严峻的考验；在这段时间里，战前的价格水平出现了不寻常的波动(尽管平均波动小于标准假设情况下每两个月 1% 的波动)。

(b)稳定指数的计算。下表显示了计算的第一阶段结果：

1900 年	稳定的价格指数[①]	调整美元重量的影响		真实指数变化的百分点
		第一期 2/3 的影响	第二期 1/3 的影响	
1 月 1 日	100			
1 月—2 月期间				1.35
3 月 1 日	101.35			
3 月—4 月期间		−0.67		−1.33
5 月 1 日	99.35			

续表

1900 年	稳定的价格指数①	调整美元重量的影响		真实指数变化的百分点
		第一期 2/3 的影响	第二期 1/3 的影响	
5 月—6 月期间		0.43	−0.33	−1.88
7 月 1 日	97.57			
7 月—8 月期间		0.67	0.22	−0.64
9 月 1 日	97.82			
9 月—10 月期间		0.67	0.33	0.92
…	99.74			

① 此列也显示（通过减去 100）指数与平价的偏差和调整（除此之外，它还受限于 1% 的铸币费）。

让我们根据美国劳工统计局公告中引用的指数，详细进行上述计算。通过简单的比例来改变它们。我们让 1900 年 1 月的价格水平，当该制度被采用时，设定为 100，1900 年 3 月 1 日的指数比 1 202 月份的平价高出 1.35%。因为铸币费不允许全部增加 1.35%，这是将赎回金条的重量提高 1% 的信号。根据假设（3），美元重量增加 1%，对指数的影响为 1%。此外，根据假设（4），2/3 这种影响在接下来的调整间隔区间（5 月 1 日结束）和 1/3 的这种影响下一个调整间隔区间（7 月 1 日结束）会分别被消费者感觉到。

5 月份指数会吸纳 1% 中的 2/3 的影响或 0.67% 的影响。向下的影响以及在这个区间内的向下趋势为−1.33。因此，5 月份的稳定数字是 101.35−0.67−1.33，即 99.35。

这一数字低于指数平价，这反过来要求降低美元的重量。在这种情况下，铸币费的限制不起作用。偏差为−0.65，调整为−0.65。+0.65

的正影响的 2/3，也就是 +0.43 会出现在紧随的间隔期内。剩下的 1/3 影响，也就是 +0.22 的正影响，出现第二个间隔内。因此，7 月份的稳定指数与 5 月份的指数相差如下：99.35+0.43−0.33−1.88 = 97.57。

稳定和不稳定指数为。

	没有实行稳定计划的指数	实行稳定计划的指数
1 月 1 日	100	100
3 月 1 日	101.35	101.35
5 月 1 日	100	99.35
7 月 1 日	98.11	97.57
…		

为了便于比较，图 12 给出了 1900 年至 1918 年这一稳定指数的曲线以及这一时期的实际价格走势。

除了战争开始时期（1915 年年底）对价格水平产生巨大影响
203 外，币值稳定几乎完美地发挥了作用。在 2/3 的时间里将指数保持在原来水平的 2% 以内，在 6/7 的时间里保持在原来水平的 3% 以内，在所有时间里保持在 4% 以内。另一方面，在同一时期，不稳定的指数偏离了起点 30%。

从 1915 年秋季开始，上升趋势变得过于强劲，尽管有稳定机制，图表中稳定的价格水平仍比平价高出 86%。当然，与实际发生的上涨相比，这是一个小幅度的上涨，因为指数比原来的起点高了 200%。

如果铸币费为 2%，稳定指数与平价的偏差会稍小，如果为 3%，则偏差更小。因此，我怀疑是否应该增加铸币费，如果可能的话，超过 1%，（1）因为我们现在大概不需要为一个如此遥远的意外事件做准备，像第一次世界大战造成的这种情况很难想象会重复出现；（2）因为，如果另一个这样的情况发生，部分稳定是我们最能期待的。政府的财政需求是如此重要，以致通货膨胀可能是不可避免的。如果政府本身成功避免了直接通胀，而市民借了钱去购买债券，却也会导致间接通胀。

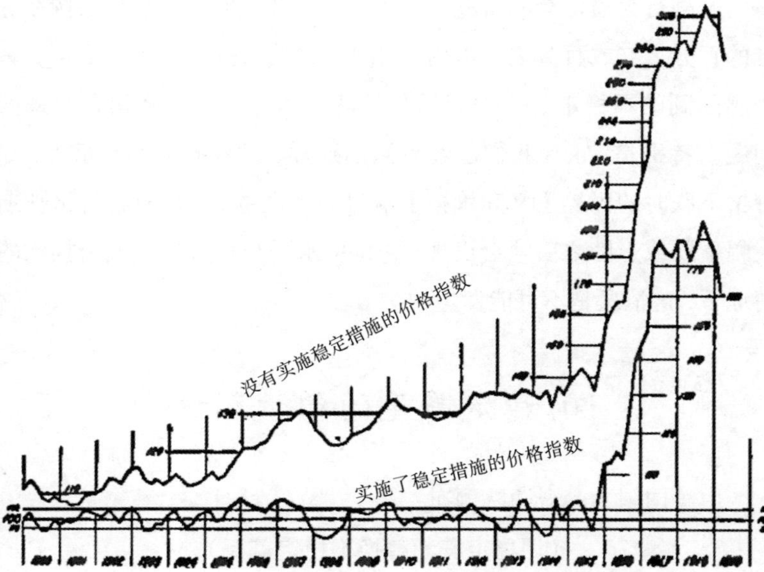

图 12　实施了稳定措施和没有实施稳定措施的价格指数

下面的曲线显示了稳定措施发挥作用后的情形（在 H 情况的假设下），它与上面的实际价格运动形成了对比。

直到战争的影响出现时，稳定的价格指数仍然保持在平价水平的 2% 以内；而非稳定的指数则上升了 30%。从此之后，稳定措施，将每年的指数的影响限制在 6% 以内（因为铸币费的缘故），部分控制了呼啸而上的指数。

当然，由于五个假设并没有说明我们获得的确切条件，上述 205
数字并不意味着在稳定的情况下绝对准确地给出什么事情会发生。趋势是不断变化的。美元重量调整的影响无疑与数字中假设的分布有所不同。但是稳定化过程，就其本质而言，会使自己适应所呈现的任何情况，并坚持不懈地消除出现的每一个偏差。这些数字给了我们一个尽可能好的图景；直到实际的计划启动，我们才会明白指数的一般行为会是什么。

这种行为通常会非常稳定。因为在这里，把价格水平保持在标准的百分之二或百分之三以内，实际上就是保持它的完全稳定。真正感受到的不稳定的唯一麻烦是长期持续上升或下降累积起来的问题。特别是，正如我们已经看到的那样，民众的骚乱和示威，如价格下跌时的民粹主义和价格上涨时的大众主义，只有在价格长期大幅下跌或上涨之后才会出现；在价格水平与指数平价紧密挂钩的情况下，这情况是不可能发生的。

10. 稳定美元的初步草案

由美国国会参众两院颁布：

（用稳定美元替换不稳定美元）

步骤 1 东部时间 1921 年 1 月 1 日上午 3 点钟，美国的金元将不再是具有可变购买力的固定数量的黄金，此后将是具有近似恒
206 定计算购买力的可变数量的标准金条。

在任何给定时间构成金元的标准金条的所述数量应通过计算和使用下文所述的批发价格指数来确定和固定。

规定：在根据本法确定其他数量之前，金元应保持 25.8 格令标准黄金。

（指数的计算及其与平价的偏差）

步骤 2　为了近似计算 1920 年后美国各种批发价格的波动，我们对指数进行了计算以近似测量这种波动的平均值，同时计算了黄金购买力的近似波动，美国标准局（或美国劳工统计局）以下简称为计算局，应进行如下操作：

(a) 根据此前由劳工统计局 1910 年人口普查数据编制的 1909 年美国批发市场上销售的商品及其数量的清单、发布在第 181 号公报上的批发价格系列 4 号和其他数据，在本法通过后，计算局应立即编制一份选定的商品清单，其中包括约 100 种（不少于 75 种但不超过 125 种）被认为最适合（就重要性和其他方面而言）用于计算上述指数的商品。

(b) 1920 年 12 月 25 日之后，计算局应该立即根据最容易获得的数据计算 1920 年（至 12 月 25 日）这些商品的平均价格。

(c) 根据 1920 年计算出的几个平均价格，以及劳工统计局列 207
出的 1909 年的数量，计算局应计算出一个理想的复合“商品美元”指数，以供参考，该复合“商品美元”指数由若干选定数量的商品组成，与劳工统计局列出的数量成比例，其总价值在 1920 年计算出的平均价格下应等于 100 美分（当然，选择 1920 年的价格水平作为基数或标准只是说明性的。见附录 1 的第 4 节）。

(d) 从 1921 年 1 月、3 月、5 月、7 月、9 月、11 月的第一个星期三（或者，如果该日是假日，则为下一个营业日）开始，利用上述商品报价计算出平均批发价格；此后每年，计算局应迅速计算出以美分为单位的复合“商品美元”的价值，该价值应为该日的价格指数。

(e) 计算局应通过从该指数中减去 100 美分来计算该指数与票

面价值的偏差。因此，如果指数为 1.01 美元，偏差为 1 美分或比标准高 1%，如果指数为 0.98 美元，偏差为 2 美分或比面值低 2%。

（转交给铸币局）

步骤 3 指数、偏差百分比和所有计算它们的数据（除非由于不可避免的原因而延迟）应由计算局在数据相关日起一周内传送至造币局。

（美元重量修正的计算）

步骤 4 铸币局在收到计算局的百分比偏差后，应立即计算百
208 分比修正值或调整值，以增加或减少美元的重量。所述调整（前提是其不得超过下述 1% 的铸币费）应等于百分比偏差。

（随后公告）

步骤 5 然后，铸币局应立即发布公告，在该公告发布后的第二天及之后，直至根据本法案通过进一步的类似公告进行变更之前，如此计算的标准黄金格令数量应构成美国金元的基础；因此，美国黄金美元的标准黄金的格令数量应按照上述通知的规定确定。

（无限制发行黄金券（免费铸币））

步骤 6 在 1920 年 12 月 31 日之后，铸币局将收取百分之一

的“铸币费”，并遵守目前法律规定的有关接受铸造金条的条件和限制。向铸币局提供的所有金条，应该以“金条美元券”进行支付。也就是根据标准黄金的格令数量用法币以 1 美元对 1 美元的比率进行支付。这一支付比率要依据本法或在本法之下确定下来。

（用黄金对金元券的无限制兑换）

步骤 7　在 1920 年 12 月 31 日之后，铸币局应收到所有提交给它的金条美元券，并应立即以标准金条（Standard Bars）按照美国 1 金元中包含的标准黄金的格令数支付 1 美元来进行对等支付或由（对于任何少于 5 盎司标准金的余额）法币进行对等支付。

（具体细节）

（硬币兑换成金条）

步骤 8　该法案通过后，美国不得铸造任何金币。美国财政部 209
长应根据本法案通过后 3 个月内颁布的规章制度，规定在 1921 年 1 月 1 日之前，将美国拥有或获得的美国金币兑换成标准金条，每根金条的重量不低于 5 盎司，并对美国此后获得的所有类似金币立即进行同样的兑换。

（为便于通过美联储和国家银行将金币从流通中撤回国库）

规定：美国应根据上述部长可能制定的规则和条例，接受提供给它的所有美国标准金币，并以合法货币支付，从本法案之日起至1920年12月31日止，每提供10美元标准金币支付10美元1美分。此后，每1标准金币支付1美元。此类支付应以授权的金条美元券和合法货币进行（对于任何少于100美元的余额也是如此）。

（旧券换新券）

步骤9 本法通过后3个月内，美国停止准备、发行和支付现
210 有的金币券。对于美国当时拥有或此后获得的所有金币券，应以美元代替；金条美元券只是证明“美国将按要求向持有超过100美元的持票人以每根不少于5盎司的标准金条进行支付以及以其他合法货币支付任何较小余额。

在这种替代情况下，这些收回的金币券将被销毁。

（从一开始就应该通过美联储和国家银行加快上述调整）

美国须根据财政部长订明的规则及条例，收回所有向其提供的金币券，并以合法货币进行对等支付，由该金币券的发行日起至1920年12月31日止（首尾两天包括在内），每提供10美元标准金币券支付10美元1美分；在1920年12月31日之后，则按每1美元法定货币支付1美元标准金券。

（政府黄金“储备”和“盈余”）

步骤10　财政部长应把1921年1月1日凌晨3点时的金币券和金条美元券中未兑现的所有黄金分成两部分，一部分称为对未兑现金条美元券的“储备”，相当于当时未兑现金元券价值的50%，其余超出储备的部分称为“盈余”。

剩余部分或“盈余”应立即转入国库普通基金，作为新制度的初始利润。

“储备”应每天尽可能接近不时发行的金条美元券的50%。

如果某一天，储备低于50%，就要通过美元退出流通和取消金 211
条美元券来恢复。

美国财政部长被授权通过从国家银行的政府存款中提款来从流通中回收金元券，并通过增加这些存款来发行和流通这些金元券。

（可用作银行准备金的金元券）

步骤11　美国现行银行法中关于持有黄金储备的所有规定，包括联邦储备银行、国家银行或其他银行的储备，应被视为通过持有金条美元券而得到满足。

（法定货币）

步骤12　(a)美国的金币不应成为支付1920年12月31日后到期债务的法定货币。(b)1920年12月31日之后到期的、以美元“当前标准重量和成色的金币”表示，或以类似进口的文字表示的所有公共和私人债务，以及由此产生的其他债务，应在每笔债务到期时，按照本法案规定的或根据本法案规定以每一美元含有的黄金格令数的标准金条支付；如果余额少于5盎司，则以合法货币支付。这种标准金条应该是合法的货币和法定货币。

（公告）

212 **步骤13** 计算局应尽快在适当的公开文件中公布与指数计算及其与标准的百分比偏差有关的所有相关事实和数字，包括组成商品的市场报价。铸币局也应公布其关于美元重量调整的调查结果。

（资助本法案的实施）

步骤14 资助额度等于证券交易委员会在步骤10中定义的初始利润，或按照支出需要直接拨付。财政部长应负责管理本法案所需的所有费用；出于同样的目的，财政部长可以有权使用在步骤6中由证券交易委员会定义的铸币费。

（指数的未来修订）

步骤15 在1920年人口普查和随后的其他人口普查数据可用后，计算局应立即根据这些数据和其他最佳可用数据，修订选定商品的清单，并通过上文所述的相同方法指定一个修订后的复合“商品美元”指数，在修订时，新的或修订后的商品美元的价值应等于旧的。

（刑法修正）

步骤 16　1909 年 3 月 4 日批准的《刑法典》第 147 条对“美国的债务或其他证券”进行了定义，现对其进行修订，以包括特此授权的金条美元券。

（废除以前的法案）

步骤 17　所有法案和法案中与本法案不一致的部分特此废除。上述法案假定一个合理的银行系统，如我们的联邦储备系统，已经 213
存在，根据该系统，受检查的存款将与银行储备要保持某种合理的关系。

正如保罗 · 沃伯格（Paul Warburg）先生所建议的那样，联邦储备委员会可以通过适当考虑指数的涨跌来帮助新系统迅速有效地运行。这将有助于其调整贴现率和一般贷款政策，使个人存款额度与银行储备和政府黄金储备及金条美元券的比例保持在可接受的范围内。

附录2　不批准该计划

1. 误解

214 **A. 引言。**一些读者可能想知道有哪些反对稳定美元的观点。

这些主要问题已经在正文中解决了。一些反对意见，用反对者自己的语言进行了表述，可以在附录5参考书目引用的文章中找到。其他作者或我的回答也在同一参考书目中有所引用。①

尽管如此，为了使这本书完整，在这里更新一些论点似乎是可取的。因此，我将在篇幅允许的情况下，尽可能全面地陈述和回答所谓的反对意见。如果任何一个读者心中仍有困难，我诚恳地希望他能和我彻底沟通，如果可能的话，可以通过通信来解决他们的疑惑。

我将努力且认真对待所提出的每一项反对意见，并根据其真正的价值，说明在每一种情况下，反对意见是如何落到实处的。

---

① 请特别参阅我在1912年12月22日《纽约时报》(*New York Times*)上对反对意见的回答，以及"Objections to a Compensated Dollar Answered"，*American Economic Review*，December，1914。

经过审慎的思考，大多数所谓的反对意见都只是误解。在其余的反对意见中，大部分都是出于偏见和对扰乱现状的恐惧，根本上是一种不合理的敌意。剩下的几个反对意见只是强调了一个事实，即该计划没有达到理想的完美价值标准。

在这一节中，我将会重新思考这些误解。 215

B.“该计划只纠正那些由于黄金原因导致的美元购买力的偏差。”而没有考虑诸如，与信贷或商品相关的因素。相反，它不加区别地纠正所有的偏差。它的标准是指数，该计划对任何偏离指数平价的情况进行操作，无论这种偏离是由于黄金还是任何其他原因[①]。这样做的理由是所有美元都是可相互转换的，因此如果金元的价值保持不变，其他美元的价值也必须保持不变。

C.“它设定了一个‘黄金理论’——高价格是由于黄金的丰富。”不是这样的；我们只是假设黄金的购买力确实相对于商品发生了变化，没有假设这些变化的任何特定原因。例如，黄金相对于商品的贬值可能是由于商品的稀缺；也可能是由于与黄金一起流通的其他货币的膨胀，如银和纸币；它也可能是由于信贷膨胀；也可能是这些因素加速了货币和信贷流通速度。

D.“它假定货币数量论是正确的。”这个计划依赖于人们对货币数量理论的接受程度，形成这一印象大概是因为我在《货币购买力》一书中支持这个理论的缘故（以修正的形式）。但是计划本身没有什么不能被那些完全拒绝货币数量论的人接受的。相反，正如一位货币数量论的反对者所指出的那样，对于那些不接受货币数量论 216

① 关于信贷方面的特别细节，参见附录 1 中的第 7 节。

但认为美元的购买力和供给美元的金条之间存在直接关系的人来说，这个计划对货币数量论的相信者来说更容易接受一些。

任何一个遵循这本书的推理和解释的人都会明白[①]，所有设定的货币理论中共同的并且被普遍接受的观点是，大量的黄金总是会比少量的黄金可以购买更多的商品。例如，一磅黄金购买的东西总是多于一盎司黄金购买的东西，并且一美元中黄金的增加会某种程度上会提高美元的购买力。至于获得这一公认结果的确切过程，我们不必担心。

就我个人而言，和大多数经济学家一样，我认为这一过程是通过增加一美元的重量来减少流通中的美元数量（不仅是黄金，还有信托货币和银行信贷）。但是任何根据其他理论进行推理的人都不能避免得到同样的结果；也就是说，只要他承认美元越重，它就越有价值，那么这个计划就会奏效。

举第四章中的一个例子，如果墨西哥人把他们美元的重量换成我们美元的重量，格兰德河（Rio Grande）两岸的小麦和其他东西的价格将变得大致相同，就像他们目前在加拿大边境的两边（除了关税）一样，那里的美元在两边的重量是相同的。

E.“这与货币数量论相矛盾”。这一反对意见与上一反对意见相反，是由一些相信货币数量论的人提出来的，他们认为计划的实
217 施根本不会影响货币的数量，也不会影响到所需的程度。但是，正如正文（第 4 章，第 9 节和附录 1 的第 9 节）所解释的那样，我们并不认为 1% 的金元重量变化必然会对货币数量或价格水平产生 1%

① 见第 4 章 4—9 节。

的影响。只需要假设它在正确的方向上运行，并且如果第一次调整被证明是不充分的，它的不充分将被记录在以后的指数中，结果会被随后所需的调整所加强。

美元重量的变化将会改变美元的数量，这一点已经很明显了。它将影响金元券的数量（见第 4 章的第 7 节和附录 1 的第 1 节）和信贷流通（Circulating Credit）中的美元数量（见附录 1 第 7 节）。

F.“它旨在固定所有的价格。”相反，它的目的不是固定任何价格，在我们目前的制度中，只有黄金的价格是固定的，尽管这是错误的。小麦、糖和其他所有东西的价格现在都可以相对于总体水平和相对于彼此而自由变动。美元的调整只会控制商品价格的规模或“水平”，而不会干涉它们相对运动的自由。

只有总体水平是固定的，一种商品的上涨被另一种商品的下跌所抵消。固定的海平面不会阻止波浪运动。

正如《纽瓦克晚报》（Newark Evening News）的编辑特德韦尔·克利夫兰（Treadwell Cleveland）所说：“我们的目标绝不是快速冻结所有汇率”，也不是迫使所有美元价格“永远停滞不前。”

图 13 的上曲线显示了以黄金表示的小麦实际市场价格，而中间曲线显示的是小麦价格在稳定状态下的价格，即以商品作为标准表示的价格。下面的曲线显示了黄金价格总水平的进程。中间曲线表现出很大的波动自由度，这种波动是由收成和与这种特殊商品小麦生产相关的其他条件造成的。上面的曲线显示了同样的波动；但它也显示了其他波动，主要是上升，这是由于一般价格的变动， 218
这意味着美元的反向变动。可以说，上曲线是两条下曲线的复合，一条代表小麦价格的变化，另一条代表美元购买力的变化。

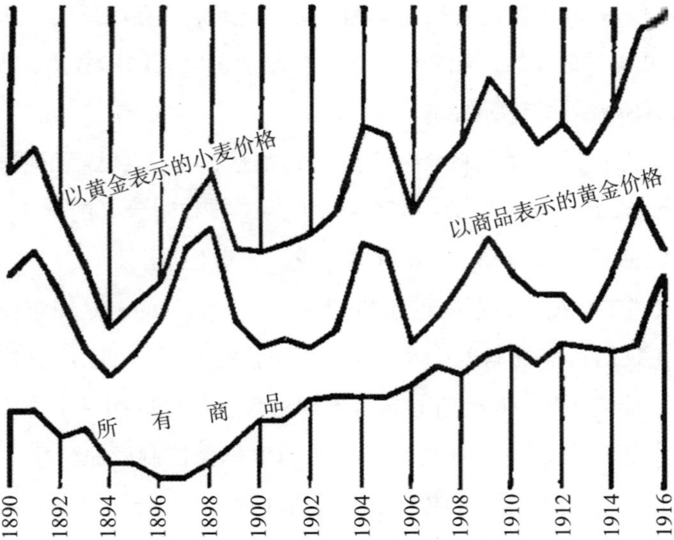

图 13　以黄金和商品表示的小麦价格

"以黄金表示的小麦的价格"曲线代表了小麦实际市场价格的变动。"以商品表示的小麦价格"曲线与图 11 中的曲线相同，代表小麦的实际购买力。图 10 重复了"所有商品"的曲线。我们可以说上曲线是另外两条曲线的组合，下曲线包含货币元素，中间曲线包含小麦元素。小麦价格的逐年波动似乎主要是由于小麦，而总体上升趋势主要是由于货币。中间曲线显示了如果美元稳定下来，小麦的价格将如何变化。这个价格会像现在一样波动。

219 **G."这会干扰供求关系。"**更确切地说，它只是将小麦的供求与货币媒介的供求分开。就目前的情况而言，小麦的价格除了小麦供求的影响之外，还包括黄金、信贷等供求的影响。

对图 13 中两条曲线的研究表明，这两组现象现在是如何纠缠在一起的，以及忽略小麦价格中货币成分所产生的错误是多么自然。在它们年复一年的变化中，这两条曲线在 26 种情况中有 24 种同时上升或下降。毫无疑问，一个小麦商可以从这 24 个变化的每一个中找到影响小麦市场的明确原因，而不需要去考虑任何货币因素。例如，他可以说，在 1914 年至 1915 年，小麦价格迅速上涨是因为某些特定的战争因素影响了小麦。从本质上来说，他是对的。只有像图 13 这样的定量分析才能揭示这样一个事实：在 27% 的上涨中，只有 25% 是由于他所看到的原因，2% 是由于美元贬值。

在稳定制度下，小麦价格会像中间曲线一样上涨 25%。小麦的供应和需求不会受到货币的干扰；只是从货币波动中分离出来，而货币波动会记录在黄金价格中。

在我们目前的制度下，黄金价格与供求关系完全脱节。如果黄金像海滩上的鹅卵石一样丰富，那么在目前的专制制度下，它的价格将保持在每盎司 20.67 美元不变！

正如第 5 章第 3 节所指出的，黄金价格的这种固定性本身可能被称为对自然供求的任意干涉。如果供求法则要求顺其自然，而不 220
是人为地加以限制，那么黄金及其替代品的供求关系的变化就应该在黄金价格中体现出来，而不是像目前他们被迫做的那样是在商品价格中体现出来。

H. “这是一项控制黄金价值的计划。” 稳定巴西咖啡的价格，或者如一些”白银之友”提出的稳定白银的价格与这里提出的计划毫无共同之处。后一个计划并没有试图将黄金关在笼中。它不会试图通过垄断和储存黄金或以任何其他方式来提高黄金的价值。它的目的不是影响每盎司黄金的价值，而是简单地改变黄金在一美元中的数量。我们试图稳定的是美元，而不是黄金。不管市场条件如何，这种区别与通过控制糖市场来确定一磅糖的价格和调整一磅糖的数量来弥补一美元的价值之间的区别一样重要。

I. “它只能通过黄金的流动来发挥作用。”这种误解很常见。它描绘了调控机制，似乎黄金在流通中的流入和流出是主要因素。这意味着黄金价格变化的唯一或主要影响是将黄金从一个渠道转移到另一个渠道，忽略了一定储备下的因素（见附录 1 中的第 1 节），即黄金价格和金元重量的变化会改变给定实物黄金下的美元数量。

在上述误解的困扰下，一位记者设想，如果全世界都采纳这一计划，结果将会是把大量的黄金交替地“倾销”到非常有限的珠宝市场上，或者把这个市场上所有的黄金都剥离掉。这一制度将会打击黄金市场的士气，并最终导致崩溃。因为珠宝市场太小，不能作
221 为黄金世界的校准器。尾巴摇不动狗。

当然，事实是，即使没有珠宝的使用，也有足够的监管。因此，降低黄金价格或提高美元重量，可以将无论多么大的黄金存量缩减成许多份少量的美元；相反，金价上涨或美元重量的降低，通过将黄金分解成无数份从而将无论多小的黄金存量转化成充足的供应。这就像增加面包和鱼的数量一样——其实没有什么神奇之处，因为小的美元可以满足我们的货币需求，就像大的美元可以让它们买更多东西一样。

一位记者呼吁人们注意这样一个事实，即在像战争这样的关键时刻，每个国家都倾向于攫取黄金，并给出理由说明这将破坏监管行动。相反，虽然这种行动确实破坏了我们目前制度中设定的管制行动，暴露了其最严重的缺陷之一，但它不会对拟议计划产生多大的影响。如附录 1 第 8 节所述，稳定制度不受外来影响。在这种情况下，我们可以让其他国家拿走他们选择的任何一部分黄金，剩余的黄金，通过充分的细分，仍然能够满足我们的需要。同样，我

们也可以承受任何黄金泛滥，而不会遭受通货膨胀，也不会像瑞典那样将黄金拒之门外。我们只需增加美元的重量，从而减少美元的数量。

J.“它将把现在由私人订约方承担的损失转嫁给政府。”这混淆了基于黄金的合约和谅解备忘带来的损益与实际黄金持有者的损益。除非政府本身是合同的一方，否则合同方的损失和收益不影响政府财政。

顺便说一句，如果这种将所有私人收益和损失转移给政府的 222
做法真的是通过稳定化实现的，那么由此给政府带来的净负担将为零！因为私人债权人现在因贬值而损失的美元数与私人债务人获得的美元数相同，反之亦然。

这就是为什么上面在提到合同时使用了“损失和收益”一词，而在提到实物黄金时也使用了“损失或收益”一词。当黄金贬值时，它的持有者遭受损失，而其他人没有任何相应的收益，就像当一箱鸡蛋或一箱水果变质时，所有者损失，其他人没有收益。反之，当黄金升值时，黄金的所有者获利，而没有其他人损失。

稳定计划将持有黄金的这一微小收益或损失转移给政府(或者更确切地说，通过增加或减少税收将收益或损失从人民的口袋转移回他们的口袋)，如附录 1 第 1 节所示。但是稳定计划不会将巨大收益和损失转移给缔约方。因为它们完全被摧毁了。

K.“这将成为提高价格的借口。”这个想法很可能是对这样一个事实的回应，即经销商经常利用价格普遍偏高的借口来抬高自己的价格。这个借口通常是有效的。零售价格必须根据批发价格进行调整，反之亦然。

稳定制度所要消除的正是这一借口；因为它预先假定一般价格变化是可以避免的。对于一个交易商来说，因为政府为了避免不必要的价格变化而改变了黄金的铸币价格，他告诉客户必须改变煤炭的价格肯定是一个奇怪的借口。

223 **L.“这将‘篡改’价值标准。”**事实上，它可以防止价值标准被各种各样的影响所篡改，而这些影响目前确实在不断地篡改价值标准。在加利福尼亚发现新的黄金会篡改价值标准；提取黄金的氰化物过程出现问题会破坏价值标准，废除双金属制、引入黄金交换标准、银行存款的快速增长以及战时货币的通货膨胀也会破坏价值标准。

乍一看，对许多人来说这个计划似乎是一个改变美元的计划，而事实上它是在阻止美元改变。它将改变目前的体系，而这个体系的错误在于它让美元的价值发生了变化。我们这个计划的目标是不变的美元。如果阻止美元的变化是在篡改价值标准，那么标准局就是在不断篡改度量衡。

一位喜欢嘲讽的反对者问道：“为什么不改变一磅咖啡的重量呢?”如果美元仅仅是一个称量黄金的单位，那么改变它就像改变一磅咖啡的盎司数一样荒谬。重量单位当然应该保持不变。但是我们不需要美元作为重量单位。我们需要它作为一个价值单位，问题是它在重量上的恒定性使它作为一个价值单位变得不稳定。

M.“美元重量的变化不会影响其价值，因为只有政府法令才能确定货币的价值”。“有谁能相信，如果一美元的重量从现在的二十分之一盎司增加到一盎司，或者一磅，或者一吨，或者全世界的黄金总量，美元买的东西不会比现在多吗？如果任何人拿着一张10美元的金元券去财政部的分库或化验所，就能得到一车黄金，那么这张金元券不仅比现在值更多的黄金，而且还值其他更多的东西吗？

至于政府法令，理论和经验都证明，仅仅用某些名称称呼纸张， 224
而不提及流通中的数量，那是不切实际的。

N."这是一个法定货币体系"。这种误解与上一种相反，甚至更加荒谬。它不是法定货币体系；因为在这种制度下纸币是可以赎回的，它的价值取决于赎回的黄金。

2. 所谓的缺陷

A."商品美元并不理想"。无疑这是真的，但是我们现在的金元远非理想。重要的是，那些提出这种"异议"的人并不建议使用某种实际上可能会被使用的第三种货币。

关于理想美元的讨论纯粹是学术性的。当一个边际效用价值单位，一个劳动单位，或者一个由国民收入的一个特定部分组成的单位，当这些单位中的任何一个在统计上是固定的，也就是说，当一个以这样一个单位表示的指数出现时，讨论这些单位的优点就足够了。在那之前，理想的标准，如果有的话，对于人类来说，其实际可用性和火星上的货品没什么两样。唯一实际的问题是附录1第3节中已经讨论过的，什么是最好的指数。

如果有可能的话，区分美元价值的特定变化中属于货币的部分和属于商品的部分可能是有利的。如果说有任何可靠的"绝对值"指数，那么该计划可以做到这一点。通过使用这样一个指数，如果它存在的话，我们可以“绝对”地稳定美元。当然，实际上，我们只能衡量货币相对于其他商品的价值。

同样的答案也适用于那些不主张价格水平保持不变，而是认为
225 价格略有下降、略有上升或周期性变化是更为理想的人。如果那些在理论上建立这种标准的人将在实践中建立这种标准，也就是说，将在数字中显示价格水平应该变化的确切程度，那么使指数遵循规定的过程就像使它保持一致一样容易。这可以通过与上述稳定方法完全相同的方法来实现。例如，让我们假设，理想情况下，价格应该每年上涨 1%，而不是保持不变。如果我们不需要遵循 100% 的界限，而是一个移动标准的话，那么，很明显，应用与第 4 章所述完全相同的监管方法是很容易达到目标的。如果开始时标准是 100%，一年后将是 101%。因此，在那个时候，如果指数碰巧是 101%，美元的重量就不会发生变化；相反，如果指数是 102，或者高 1%，美元的重量将增加 1%；相反，如果指数应该是 100，或者比标准低 1%，美元的重量就会降低 1%。同样，如果理想的价格走势可以显示为先朝一个方向，然后朝另一个方向，我们所需要做的就是用数字描绘出这个走势，然后沿着这条线走。

B.“人们可以将合约外包出去。”也就是说，他们可以用黄金或除新美元以外的任何其他单位来构建他们的合约。他们可以这样做，就像他们现在正在做的一样。但他们不能——甚至做不到像现在这样多！对这种行为我们没有必要采取任何行动，也没有这种愿望。“外包”是一种经常出现的现象，这种现象只有在必须摆脱某些公然的不稳定情况时才会出现，如在绿钞或殖民时期的纸币时代。正是这种情况，或者说 19 世纪 90 年代的危险，导致了债券中

“黄金条款”的出现。

当铁路采用“标准时间”时，有人预测许多人和社区会拒绝拨动他们的手表。缅因州的一个乡村小镇做到了！但全国 99% 以上 226
的人都被新系统的便利所引导，采用了它，就像后来他们采用了类似的“夏令时”所发生的转变一样。对此，当时有很多人做出了类似的失败预测。如果任何缔约方认为稳定的美元比其他标准更不适合他们的需要，那么他们的偏好应该也能够得到满足。但是这样的人很少。

C.“它会被战争摧毁。”战争确实容易给当时存在的任何货币体系带来压力。当交战各方的财政需求要诉诸通胀时，可能会出现这样的结果。同样真实的是，与向通胀屈服的制度相比，对抗通胀的制度将承受更大的压力。通货膨胀为战争提供了最便宜、最容易、但也是最糟糕的支付方式。因此，当所有其他手段失败时，它不可避免地成为战争资金的来源。[①] 正如我们已经看到的（第 2 章第 9 节），它有许多微妙的形式。如果美元要保持稳定，就必须以通货膨胀以外的方式增加政府的收入（即通过税收或获得放贷者的储蓄）。如果政府或银行或资助政府的人不能或不愿完全资助政府而不诉诸通货膨胀，就必须牺牲稳定。

我们已经注意到（附录 1 的第 7 节，A），纸币通货膨胀的崩溃是如何发生的。同样的原则也适用于任何类型的通货膨胀（通过政府或授权银行的票据发行，或利用政府信用建立新的银行存款，或

① 诉诸通货膨胀（将战争的负担以高生活成本的形式转嫁给那些货币收入相对固定的人，而不是纳税人）归根结底是回归科尔伯特（Colbert）的政府财政理念，“用最少的尖叫拔鹅毛的艺术”。

对从银行借款然后向政府贷款的个人进行授信)。

227 简而言之，稳定和通胀是互不相容的。如果要在战争紧急时期保持稳定，就必须牺牲通胀作为战争融资的一种方式。或者，如果要诉诸通胀，就必须牺牲稳定。当紧急情况来临时，必须在两者之间做出选择。

在所有普通的战争中，都不需要通货膨胀，稳定化进程可以不受干扰地进行。但是，如果我们要打另一场世界大战，如果财政需求大到没有办法或似乎没有办法在不诉诸通货膨胀的情况下获得所有需要的资金，那么，如果任其运转的话，稳定机制确实会崩溃。在这种情况下，最好不要让它继续工作，而是暂停它，就像英格兰银行的银行法案在关键时刻暂停一样。

在实践中，一个介于稳定和中止之间的过程很可能是结果。当价格上涨的趋势大于铸币费时，铸币费的限制将阻止完美的稳定，然而价格上涨可以被减缓，并且可以确保足够的税收收入来保持系统以半速运行。这如图 12 所示。

一位朋友坚持认为，必须设计出一个能够抵御任何战争的稳定系统。这就像有人可能会说，汽车应该能够承受任何碰撞。

此外，应该强调的是，目前的制度不仅包含了交战国在战争时期货币贬值的危险，而且还包括了中立国。事实上，在我们保持中立的时候，在我们参战之前，美国几乎完全受到了战争通货膨胀的影响。这是欧洲通胀和国际贸易动荡的第二个影响，我们被进口的
228 黄金淹没了。在未来的战争灾难中，稳定会拯救我们；因为，如(附录 2 的 1.1 节)所示，黄金流入的唯一结果将是使我们的金元变得更重。我们的价格水平将保持不变，因为中立者将不会把纸币和信

贷通胀作为一种财政权宜之计。

对这一异议的另一种回答是国际联盟！我们在很长一段时间内，不太可能再有一次像世界大战这样的紧急情况。简而言之，对战争时期不充分的反对意见的完整答案是：

（1）在所有普通战争中，稳定是足够的。现在不太可能爆发战争，而在战争中，这样做是不够的。

（2）在这种紧急情况下，系统可能仍然“以半速”工作，这总比没有好。

（3）或者，如果有必要，可以暂停，这不会使我们比在目前的制度下更糟糕。

（4）无论如何，它将维护非交战国的本位制。

（5）在任何情况下，我们的处境都不会比以前更糟。

D.“它无法查知快速的变化。”由于对美元重量的双月调整施加了狭窄的限制，例如所述的1%或2%，如果发生这种情况，价格突然和强烈的上升或下降趋势是无法完全抑制的。例如，如果价格趋向于每年上涨18%，并且计划不允许比每年12%更快的变动，这将使每年剩下的6%的偏离无法得到修正。

这6%只是完全不加修正时价格上涨速度的三分之一。半个面包（或者，在这个例子中，三分之二）总比没有面包要好。

此外，这种情况极为罕见。当它们真的发生时，就更需要减轻
它们。如果需要18%的修正，我们不能说我们不应该修正，而应该 229
修正12%！此外，应该注意的是，最终，当然，在快速上涨消退后，美元的累计重量将超过脱出控制的价格，并使其回到正常水平。

E.“它太没有弹性了。”这与最后一个反对意见相反。提出这

一主张的反对者认为，在前面的反对中所抱怨的限制是计划的一个积极优点。他更愿意将美元重量的可能变化限制在每年2%以内！他的观点是，只有长期或长期持续的货币购买力变化才是有害的，而短期周期性变化则是商业精神变化的一种表现。

对我来说，这更多的是幻想而不是实际。“信贷周期”正是稳定所要补救的麻烦之一。企业家在繁荣期持续期间所获得的满足感，一部分是因为错误的希望，因此当萧条到来时，这种满足感就消失了，就像醉酒放荡的快乐一样；另一部分是以牺牲其他人更“固定”的收入为代价获得的，而这是一种社会不公。

我毫不怀疑，如果美元保持稳定，危机和恐慌实际上是不可能的，危机前后信贷的大幅波动实际上也是不可能的。简而言之，危机将被消灭在萌芽状态。理想情况下，如果说存在一个正常的信贷周期的话，那么它从来没有出现过；任何命中或错过都可能恰好使实际周期变得不正常，或者变得更加正常。

但是，即使可以承认这一反对意见有一定的实质内容，但不能否认，拟议的计划将是对目前制度的一大改进。

230 **F.“修正来得太晚了。”**有人反对说，在出现实际偏差之前，计划不会进行任何修正，因此补救措施总是落后于疾病。这是真的。修正确实跟随偏差，因此修正很少是绝对完美的。然而，就实际情况来讲，无论怎样强调也不为过，就是它虽然只是近似完美，但也远比我们现在的制度更接近完美。当驾驶汽车时，司机只能在偏离发生后纠正其偏离的预定路线；然而，通过足够频繁地进行这些修正，他可以保持他的路线稳定，以致几乎察觉不到偏差。货币汽车没有理由不能非常接近直线行驶。

还有人指出，在进行调整后，价格可能会发生相反的变化，在这种情况下，补救措施实际上在一瞬间加剧了疾病。但是，从1900年以来的价格波动过程来看，按照计划，每两个月调整一次，我们发现这种情况并不经常发生，也不会持续很久。即使在剩下的几个例子中，所引起的偏差也是非常轻微的，并在随后的调整后很快得到了纠正。

G. 关于“所谓缺陷”的结论。可以看出，本节中提到的反对意见都是基于不充分的理由。这些问题有一部分得到了直接的回答并且所有回答都有观点支撑。如果说我们的建议多么不充分，那么，我们目前的标准更加不充分。

没有什么实际的东西是永远完美的，如果一个计划比它所取代的计划更好，并且没有更好的计划可用，那么这个计划的不完美就不应该受到谴责。

如果那些因为不完美而反对稳定的人是真诚的，他们应该要么以更好的指数形式提供一个标准以强调他们所说的不完美，要么衷心支持它——如果我们所提议的计划虽然不完美，但比我们现在 231
粗糙的固定重量金本位制向他们自己的理想迈出了一大步。他们当然不应该反对。用现代俚语的简洁短语来说，他们应该“忍受或闭嘴”。

那些坚持上述六点反对意见的人并不认为这些问题是一个实际问题，而是纯粹的学术问题。除了智力体操之外，如果说这些反对者还有其他目的，那就是，他们的目的至少在潜意识里是阻碍性的，而不是建设性的。他们似乎认为，通过发现计划中的一些缺陷，就证明了我们现在的货币体系是合理的。如果我没记错的话，他们是现状的坚定捍卫者，为他们对变革喜怒无常的敌意编造借口。这种情感态度将在下一节进一步讨论。

3. 保守主义的阻碍

A. “从来没有尝试过。”只是作为一个整体没有尝试过；但是它的每一个特性都经过了测试——指数、金元券的发行和赎回、自由兑换、改变赎回率（如金汇兑本位制），等等。它只是这些尝试过的元素的组合。

从整体上看，最接近该计划的现有方法或许是印度的“金汇兑本位”，该标准实际上将银卢比转换为金本位，因为拟议的计划实际上是准备将金本位转换为综合本位的。

这里提出的制度在原则上并不比1893年至1900年从印度引入和发展黄金交易制度更具创新性，而它所纠正的麻烦与印度制度
232 被设计时带来的麻烦相似，而且要大得多。正是保守的英国，为了摆脱与印度交易中汇率波动带来的相对微不足道的不便，采用了这种金汇兑制度。

的确，与其回到我们不知道的地方去，不如“忍受我们的不幸”。但是这一点实用的智慧从来不是为了让我们看不到我们所承受的痛苦。这些弊病不仅远远超出了普通商人的想象，而且我相信，它们在未来注定会变得更加严重。其原因在于商业合同和谅解备忘录的扩散呈现不断增长的趋势。

有时，同样的反对意见也以含沙射影的形式出现：例如，这个计划太简单了，很久以前就被采纳了。再如，这是一个含糊不清

的建议，尽管这个计划看起来很合理，但我们必须小心谨慎；因为很久以前，我们聪明的祖先肯定会发现并应用任何像这样简单的东西。

对大多数只为自己考虑的人来说，虽然这种反对意见似乎是不切实际的，但它确实在许多人的头脑中形成了严重的认知障碍，对他们来说，所有的新思想都是可疑的。他们没有意识到他们的态度回答了他们自己的问题。正因为如此多像他们一样的人不信任任何改变，所以任何改变都来得太慢。

然而，正如附录 5 和 6 所示，稳定的概念和它的应用事实上对大多数人来说都不像它看起来的那么新颖。在我看来，考虑到新思想通常传播的缓慢速度，我很奇怪的是人们接受这个思想的进程如此之快。一代人以前，该计划中的指数作为一个重要因素，受到了人们的普遍质疑；但现在，它们几乎被聪明的商人普遍使用。在第一次世界大战开始时，通过指数来修正工资是一个纯粹的学术想法，当第一次被严肃地提出时，它就遭到了嘲笑。今天，如附录 5 233
中的第 2 节中所记录的，指数现已在许多进步的工业企业和一些官方机构中得到了广泛的使用。

目前的稳定计划本身已获得数百名著名经济学家、教育家、银行家、商人、律师、公关人员和官员的认可，如附录 4 第 3 节所示。

B.“形势可能会逆转。”这个建议就足够了，因为也许现在的错误可以通过价格水平的反向运动在将来得到纠正。

但是，即使我们会有这样的逆转，负负也不会得正。如果价格下跌，就像价格上涨一样，需要一个稳定器。但人们并不总是这样认为。当价格真的开始下跌时，会有人向我们高呼：等等，价格可能会上涨！

如果这个推理是正确的，我们现在应该感谢生活成本的上升，它可以作为对 1873—1896 年价格下降的天赐补偿！

为了证明标准化的不必要，我们就必须表明，在未来，我们有理由不期望价格上涨或下跌，而是期望稳定的价格水平——但就指数数字显示的情况而言，这种情况从未存在过。我们可以放心地说，在我们目前的货币体系下，这种情况永远不会存在。

C. “这需要政府的干预。”在政府参与解决经济问题的这些日子里，这种反对意见恐吓不了多少人，特别是当政府增加的职能在那些已经存在的对货币价值的管制方面微乎其微的时候。政府已经参与黄金买卖，管理着几种黄金储备，并公布指数。该计划除了使用指数来确定政府买卖黄金的价格，以使美元成为真正的价值标
234 准而不是让其价值听天由命之外，没有做更多的事情。政府还对除美元以外的所有重要单位进行了标准化。

此外，美国宪法第 8 条明确授权国会“铸造货币，调节货币价值，并确定度量衡标准”。当宪法通过的时候，没有人想到用指数来调节货币的价值，就像没有人想到用飞机来运送邮件一样，也没有人想到要稳定货币的购买力。事实上，正是殖民地和“大陆”纸币的不稳定性导致了联邦禁止单个州铸造或发行货币。

因此，我们不仅不应该抱怨该计划赋予政府的新职能，相反我们可能抱怨这一古老的宪法职能没有得到履行，因为它应该与现代的货币价值衡量方法保持同步。

更进一步，一些政府不仅应该对忽视提供稳定的商业标准负罪责，也应该对扰乱货币标准负罪责。

在我们自己的殖民地、革命和内战历史中，我们的美国殖民地和国民政府降低了他们的货币标准。在第一次世界大战中，每个交战国都这样做了，而且顺便破坏了中立国的货币标准。然而，应该补充的是，我们自己的政府官员，从总统开始，努力避免通货膨胀，并且比任何其他交战国的官员取得了更多的成功——这是我们可以引以为豪的事实。[①]

D.“我们不能引起其他国家的兴趣。”这场战争极大地削弱了 235
这种反对的力量，这场战争引起了全世界对重建货币标准问题的兴趣。没有一个国家会对所有为此提出的建议不感兴趣。此外，如附录1第8节所示，在一个国家实行稳定的货币政策，特别是如果该国是美国，可能会导致在其他地方普遍实行该政策。

E.“麻烦是不真实的。”这个明确的反对意见已经在第3章得到了回答，这表明麻烦是多么真实。一位有独创性的反对者严肃地指出，黄金的增长可能是由于“一些迄今未知的社会规律，这些规律带来了供应的增加，以满足或刺激工业不断增长和变化的需求”。很难具体回答这一反对意见，这需要等到“迄今未知的社会规律”被发现才可以。至今还没有人能够发现这样的规律。当然，对黄金的追求是由私人利益而非任何“满足或刺激工业需求”的欲望所激发的，黄金探矿者所获得或希望的利益也与神秘的公共服务不相称。他的成功肯定与社会需求没有数量关系。相反，黄金的发现是偶然的，不符合任何已知或未知的社会利益“法则”。这一反对意

① 如其他地方所示，在我们参战之前，美国的通货膨胀主要是黄金通货膨胀，而我们已经发生的战争通货膨胀，主要是私人向银行借款的信用通货膨胀。

见显然来自于已经被质疑的自由放任的传统，其错误的教条是，狷獗的个人主义总是有利于公共利益。在这种理念的指导下，我们曾经有过没有标准建筑线的无计划街道、不卫生和容易着火的房屋、野猫银行、铁路费率歧视、不健全的保险、混乱和欺诈的度量衡、私人铸币。我们目前在货币标准方面的困难正是由于这种狷獗的个
236 人主义。我们已经将商业标准的确定托付给了黄金探矿者的运气、冶金天才的灵感、银行系统的变化以及政府财政政策。

F. 结论。除非我把前面的反对意见弄错了——这个计划从未尝试过；它简单得令人怀疑；它意味着政府干预；它不可能获得外国的兴趣和合作（经过苦心孤诣的劳作之后，甚至难以获得国内的必要关注）；与其徒劳和麻烦，不如等一等看看价格形势是否会自行好转；现在毕竟并不坏，可能不会更糟；而且，无论如何，我们可以“忍受我们所拥有的疾病，而不是飞到我们不知道的地方去”。所有的这些理由，根本不是理智上的反对，而是情感上的反对。正如现代心理学家可能会说的那样，它们是“合理化的”借口，借此来为任何新事物的既存的、喜怒无常的敌意进行辩护。

所有反对意见的数量之多，他们观点的重要性之小值得我们注意。在金钱这个话题上，我们总是会产生大量的误解。但是，当对一项计划的根深蒂固的偏见，作为一种“新奇”的东西而与攻击手段的缺乏相结合时，人们可能会想到大量莫须有的琐碎的反对意见。给我们的印象是，那些对新计划持有如此多反对意见的人实际上只有一个原因——那就是这个计划是新的。

当人们观察到各种反对意见是如何经常相互攻击时，这种印象就更加深刻了。我有时观察到，当对任何命题提出许多不同的反

对意见时，它们通常是相互矛盾的。如果计划是错误的，一些明显的缺陷可能会在前景中凸显出来。但在这种情况下，每个对手都有自己的一套反对意见。事实上，正如反对意见所显示的那样，它 237
们经常是相互矛盾的。它"太简单"和"太复杂"；"太慢"和"太突然"；"它是错误的，因为它是法定货币"和"因为它不是法定货币"；"通过指数进行无关的调整更简单"和"无论如何调整都是不必要的"；"黄金已经足够稳定"和"调整不够准确"；"它把我们与数量理论联系在一起"，"它与那个理论不一致"；"它不允许信贷周期"，"它会产生危机"；它不理想"和"它太理想化了"；"国家稳定会使我们过于孤立"和"国际稳定会使我们过于纠结"；"这将为政府提供一个获取利润的危险机会"，"这将使政府付出代价太大"；"它太激进了"，"它仅仅是为了敷衍完全废除金钱或资本带来的麻烦"；"它不会允许战争时期所需的通货膨胀"，"它会被战争彻底摧毁"，等等。

经过仔细检查，我认为每个公正地希望看到这个世界有所改善的人都将同意，所有的反对意见，无一例外，要么是错误的，要么微不足道。

长期从事公共宣传的经历让我明白了对变革的抗拒是多么顽固。或许在聪明人和无知人之间也是如此，尤其是因为聪明人在发明异议方面更有优势。

黄金已经成为商人的一种拜物教，近乎被迷信般地敬畏和崇拜。我们的父辈告诉我们，"没有什么比黄金更坚固的了。"直到最近，人们才意识到恋物癖是不稳定和棘手的。因为那些无意识地和偶然地把它传给我们的人的纯粹神话般的智慧，我们不应该试图改

238 善我们的货币单位。这种论点只是对每一个古老传统所创造的对进步的好奇和有害偏见的一种呼吁。

我们现在的标准，或者说缺乏标准，是由于一个历史的偶然，然而我们继续传统地使用它，就像波士顿仍然使用它弯曲的街道一样，最初从来没有参考任何现代交通仅仅是因为我们开始于那个凹槽(车轮行驶的轨道。——译者注)；或者就像我们仍然使用最初的铁路轨距一样，由马车来设定；或者就像我们让我们的国家银行体系在内战结束后的两代人时间里几乎不受干扰一样；或者就像直到 1828 年 5 月 19 日，我们还没有确定硬币内容的标准重量一样；或者就像直到 1832 年以后，我们没有标准的长度、重量或体积单位供海关使用一样。

1893 年 4 月 5 日，在国际协议的授权下，根据度量衡局长的命令，我们所有的传统长度、重量和体积单位都被改变了[①]。国会最近通过了水果和蔬菜计量标准化的法案(标准桶和盒子)。国家食品管理局最近下令土豆按磅出售(这在各州是统一的)，而不是按蒲式耳出售，因为蒲式耳的重量不同。长期悬而未决的用公制替代传统标准的法案仍未出台。没有一个标准单位神圣不可改变。在我们的历史中，我们已经改变和完善了它们，我们仍然忙于改变和完善它们。物理学家现在开始建议我们的长度标准应该是光谱中某一点的光波长度。那么，我们为什么要害怕完善美元呢？

在任何新的计划被尝试和确立后，这些保守主义者会改变主

---

① 美国标准度量衡的历史，由 L. A. Fischer 著。标准局公报，第一卷，第 365—381 页。

意，成为其最坚定的支持者。这一事实经常在我们的货币和银行体系中得到体现。除了内战的冲击，没有什么能把我们从州银行体系转移到国家银行体系。后来，建立美联储体系的提议遭到了习惯于旧系统的银行家的强烈反对。

保守主义的阻力起初很大，但没有弹性。它不像钢弹簧的阻力，当向一个方向推时，它会向后压，而是像一团面团或油灰的阻力，虽然它能很好地抵抗冲击，但一旦移动，它就保持不动，不会返回。在这种情况下，即使一次只取得一英寸的进步，努力也是值得的。

现在，保守主义的这个障碍——一个最大的障碍——已经被第一次世界大战大大地削弱了，那次战争让世界摆脱了旧有的束缚。甚至英国也在考虑放弃其古老的货币体系——英镑、先令和便士，转而使用十进制。这样的改变一般来说比这里的提议更能被人们感受到。

在货币标准这个问题上的偏见和无知可以被克服。这种克服可以通过两种方式，或者（1）慢慢地，通过从大学开始教育，逐渐地渗透到商业世界，就像指数中的教育一样，或者（2）更快地，在货币单位购买力的一些突然的和惊人的变化的刺激下，比如现在的战争，或者比如后来的一些伟大的化学发现，例如，如何从南方的低品位粘土、萨克拉门托河的砾石或海水中提取黄金。

对于那些害怕迈出如此"激进"一步的人来说，现在最充分的 240
答案应该是，所谓的激进主义将把我们从世界现在面临威胁的真正危险的激进主义中拯救出来！

迟早有一天，这个想法将不再是新的。我们将习惯它，就像我们必须习惯“夏令时”或“国际联盟”一样，这在不久前还是新的想法；因为指数越来越多的被利用，它将继续提醒我们目前的不稳定性。尽管一些反对者或半反对者的特征很突出，但真正的权威是站在计划一边，而不是反对者一边。

迄今为止，研究该计划或甚至考虑其基本想法的人数非常有限。在对价格水平进行任何实际控制之前，广大公众，尤其是商业界，必须认识到这个计划的必要性。只要大多数商人没有认识到他们每天都在赌货币价值的变化，他们就不会有阻止这些变化的巨大需求。这一计划主要涉及商人的利益。

4. 特殊利益的阻碍

A. 债务人和债权人。美元稳定的一个假定障碍是债务人和债权人之间的利益对立。这种假定的阻碍有两种形式，一种是担心在开始时会有一场对价格水平所采用的平价的竞争，另一种是担心该制度随后的运作会引起这两个一般阶层之间的争端。

第一个假设代表了一种真正的困难，这是真的。这个问题的解
241 决就像在重组中调整不同类别的股东和债券持有人的利益，或者就像收回美元和恢复现金支付。这是一个棘手的问题，必须在时机成熟时以所有情况中来看似最好的方式解决[①]。

但很有可能是，即使是引入该制度（稳定货币），也只需要简单的通知就可以了。无论好坏，当货币标准发生变化时，通常都是如

① 关于如何处理这部分问题的建议，参见附录 1 的第 4 节。

此。普通的菲律宾人，或者印度的普通居民，如果他真的听说过“金汇兑本位”的话，对它的采用所带来的变化并没有什么真正的概念。在 1873 年，一般美国人很少注意白银的非货币化，1875 年决定恢复时，在 1879 年也很少有人注意。所以今天，普通美国人仍然没有意识到我们关于银行和货币法律最近的变化，甚至没有意识到联邦储备的纸币对金元券的广泛替代。

转到假定障碍的第二种形式，一旦启动了该制度，制度的后续操作就不会引起争论。相反，它会避开它们。经验证明，当价格水平相当稳定时，债权人和债务人阶层不会意识到价格水平的问题，只有在经历了最剧烈和长期的持续变化之后，他们才会意识到制度的变化。在 1873 年之后，市场经历了二十多年的价格下跌，债务人阶层才意识到自己的损失，而且随后又经历了许多动荡。

同样，今天很难让普通人意识到美元贬值影响了债权人和债务人的利益。尽管经济学家可能通过指数数据清楚地表明债券持有 242
人并未真正获得任何利益，即损失了相当于其收入的 100% 以上，但相信“一美元等于一美元”的普通人却很少关注这样一个命题，如果他发现价格上涨有任何问题，他的愤怒不是发泄在无生命的黄金或信用上，而是发泄在运气不佳的“奸商”、零售商、房东、信托公司、中间商、关税或工会身上。

储蓄银行存款人也是如此，他在过去 20 年中因美元贬值而被骗走了所有利息，但他还不明白这一事实或其原因。

对所涉及的巨大利益如此漠不关心的原因是，这种损失是间接的；直到最近几年，这一损失甚至还没有被测算过。

人们总是发现，间接税的抱怨比直接税少。普通纳税人感受到并抱怨直接税，因为他可以看到并衡量它。但是经济学家无法将纳税人从昏睡中唤醒，以至于让他大声疾呼反对间接税的暴行。例如，所有旨在展示关税如何对消费者征税的漫画和数字，给人的印象都相对较少；要让美国消费者温和地抗议高关税恐怕需要几代人的时间[①]。

如果，因为损失的隐蔽性，导致没有人抱怨这种明显的巨大损失，那么，我们就不必期望在纠正这些损失的过程中人们会投诉；特别是当这些纠正无法看到或者隐藏在无法纠正的小波动之中时，投诉更不可能。具体来说：经验证明，如果在引发抗议之前，价格水平不得不变动 25% 以上，那么我们就不必担心人们会因为 1% 或 2% 的价格变化而争吵。

243 简而言之，如果提议的货币制度一旦被采纳，人们将很少关注它。商业世界会像健康人对自己的胃或肝一样，对稳定的操作是无意识的。只有黄金价格的变化才能记录系统的运行，除了黄金出口商、进口商、珠宝商和矿主，很少有人会注意到黄金的价格变化。就像今天一样，普通人会用黄钞（当时的一种美元）或其他货币或支票买卖，却幸福地不知道这些与黄金有什么关系。

如果提案采用物价指数表（Tabular Standard），通过增加或减少一定数量的美元债务来纠正货币支付，情况就会大不相同。在这种情况下，与间接税相比，额外支付或扣留的美元肯定会像直接税一样引人注目。对于这些无关的合同调整的正确性可能会有一些

---

① 就连这种抗议也主要是基于最近生活成本的普遍上升，这错误把关税归为主要原因。

争议。但是，即使在这种情况下，争议也很少发生。无论如何，似乎没有证据表明在实际使用物价指数表时存在广泛的争议，例如，在苏格兰葡萄酒价格中，在附录 5 第 1 节所述的 1780 年马萨诸塞州法律中，以及在美国和其他地方各种官方机构和私营公司最近对工资的调整中就使用了物价指数表的形式。在这种情况下，当物价指数表，被纳入国家的实际货币管理中时，与普通债务人和债权人意识到他的利益是如何在我们目前的金本位制下受到的损害相比，他们将更少意识到他的利益是如何被安全保护的。在十年或二十年后，他只是简单地注意到，价格仍然保持稳定。

更难想象的是，债务人和债权人之间通常会就技术细节，例如碘是否应该被纳入指数，或者小麦是否应该被赋予总量的 3% 或 4% 的权重等问题发生争吵。而正如我们已经看到的，任何一种商品或 244
系统的任何其他单一细节对最终指数的影响几乎是微乎其微的。

有时，反对意见的形式不是担心债务人和债权人会就该计划争吵，而是担心他们会找到腐败或扭曲其管理的方法。

但无论是监管美元重量的造币局，还是计算指数的计算局，都没有滥用权力的余地。在这两种情况下，他们所涉及的职能都是文书工作；行为具体而明确。对严格遵守法律行为的背离会立即得到确认，并会导致与罪行严重程度相称的惩罚。

因此，铸币局负责管理美元的重量，仅仅依照计算局确定的特定价格来买卖黄金；当然，它必须根据公众的喜好来买卖。它并不比被命令以特定价格买卖的经纪人有更多的选择。

计算局必须在白天完成对公布的市场价格的计算，滥用职权或欺诈的危险可以忽略不计。这里有一些经验可以指导我们：金汇兑系统比提议的系统有更多自由裁量的因素，在它没有被发现有滥用的可能之前，这些制度已经被忠实地执行了。

如果操纵价格是可以预期的，那么在前面提到的苏格兰威士忌价格中我们应该能够发现很多这种案例。在这种情况下，货币租金由小麦（玉米）的价格决定。不公平的抱怨已确实出现了，但是矛头却指向了房租，他们认为不修正房租是不公平的。我仔细检查了
245 我在耶鲁大学图书馆发现的唯一一个投诉的记录。[①] 这个投诉只是说陪审团不是完全公正的，他们没有采取足够的证词。以下一段有趣的话表明，该制度本身不存在争议：

> 很明显，在一段时期内，谷物或早或晚将成为唯一的标准，依据这个标准，在整个王国将要支付土地租金。过去三十年来，货币的波动性已经证明，对地主和租户来说，货币是一种对双方都不公平的媒介，而且同样令人不满意。过去的经验告诉我们，如果没有足够的租金保证，现在没有地主愿意长时间地出租它的土地；而如果没有对土地持久的租赁权，没有租户愿意在他冒险租种土地上进行资本和技能的投资。在谷物中，作为价值的衡量标准，终于找到了一种媒介，这种媒介在维护一方正当权利的同时，也确保了另一方诚实劳动的回报。

如果这个制度非常不令人满意，它几乎不会持续超过两个世纪。

---

① 在拉纳克郡（Lanarkshire）供应专员委员会的报告；1816年，有任命调查该县的粮食流通程序的记录，以及对其原理的研究和改进的建议。爱丁堡，1817年，记录于第579册，耶鲁大学图书馆。

应该进一步强调的是，无论滥用苏格兰菲亚尔斯(Scotch Fiars)价格的轻微危险是什么，我们所提出的计划将无限减少这种危险；因为在这个计划中，我们关注的是大城市的大型公共市场，高度标准化的商品分级和标准价格报价，而不是小的原油国家市场，我们必须处理大量商品，而不是只处理一种商品。为了帮助债务人或债权人，妄图通过操纵足够数量的商品来明显影响指数的意图是邪恶的，也是不可思议的。即使有人能够"垄断"一个市场，将一种商品的价格提高一倍，这也不会将总体价格水平提高1%。完成这样的壮举是不可能的，而垄断或控制一百种商品是不可想象的。此外，246
假设对商品的这种控制是可能的，我们现在面临的黄金危机比我们面临的数百种其他商品的危机更大！

同样的论点适用于任何假定的错误报价所带来的危险。任何严重的错误引用，比如将真实数字翻倍都是不可能的，而任何更少的错误引用对那些不诚实的人来说也都没有用。努力在不被发现的情况下(只有一两个百分点)尽量扩大一些报价，而结果对平均水平的影响不会超过1%。这显然也是不值得的。

此外，经验表明，在将度量衡和货币委托给官方技术科学局的情况下，并没有发生操纵度量衡和货币的情况，只有在允许私人或政治控制的情况下才发生过这种情况。

人们仍然可以在挪威卑尔根的旧汉萨同盟博物馆(Hanseatic League at Bergen, Norway)里看到两套砝码。重的用来买，轻的用来卖！现代官方度量衡已经把这种欺诈减少到了最低限度。

同样，在旧的私人造币权下，也存在着混乱和欺诈。但是没有一家现代官方造币厂被指控制造重量更轻的硬币或伪造硬币。因此，我们的结论是，对由稳定的美元运行引起的竞争或操纵的恐惧是毫无根据的。我们可以更进一步说，恰恰相反，这样的美元将消除竞争和操纵的危险，这种危险不仅现在存在，而且显然是由于我
247 们的美元不稳定，使债务人对债权人怨声载道，反之亦然。1896 年，“自由白银”运动（Free Silver）得到了债务人阶层的最大支持，他们试图“报复”因价格下跌（即美元购买力上升）而造成的损失和债务负担的增加。

最近价格的大幅上涨，即美元购买力的下降，已经导致了类似的利益冲突。数以百万计的债券持有人，也就是大部分从战争中成长起来的数千亿美元的债权人，对阻止通货膨胀和创造收缩感兴趣，而债务人阶层，包括政府和纳税人，将会有相反的兴趣。

当然，债券持有人和纳税人在很大程度上是同一个人，这一事实将缓解这种冲突。但这可能无法阻止这场冲突变得更加激烈。事实上，至少已经有一本反对紧缩的充满仇恨的书籍在英国出现，声称债权人阶层正在策划一场阴谋，要摧毁战争货币，造成紧缩。

货币史上最常见的权力滥用是为了债务人阶级，尤其是为了解决政府财政利益所实施的通货膨胀。拟议中的计划不仅没有这种危险，而且一旦实施，将是对通货膨胀立法整个想法的一个强有力的安全防范。我们总是有潜在的通货膨胀危险；但是如果稳定的美元被采用，这种危险将会大大减少。

该计划涉及双重教育。首先，在没有认识到它的目标是稳定价格和保持美元购买力的稳定之前，它不能被采用。其次，它作为一个永恒的目标矗立在哪儿，我们从稳定性原则的实践中能够不断地得到教训。它的采用，甚至它的讨论，将有助于增加对稳定标准的

理解和渴望，从而避免不合理的方案。政府以可变利率买卖黄金的事实本身就提供了关于所看到的事物的信息；而持续坚持公布的价 248
格指数平价将雄辩地证明这个制度是如何运作的。

在我们目前的制度下，通货膨胀是可以提出的，而改变美元购买力的问题却没有被如此明确地提出，因为我们目前的制度甚至没有假装或提供任何机制来实现这种稳定。事实上，通胀几乎总是来自于托词和间接手段。如果采用稳定系统，任何打破这一系统的企图都将明显地、蓄意地背离美元购买力一致的原则。我们会看到，只要我们让货币单位变得粗糙、不科学、不标准化，我们就会面临像其他单位一样引入标准化时更大的政治操纵风险。

在这个问题成为党派或政治问题之前，我们应该开始寻求公正的解决办法。稳定美元并将其委托给一个科学机构，就像海军天文台的天文钟或标准局的度量衡一样，会使美元无法被操纵。

B. 黄金生产商。有一种特殊的商业利益，在它彻底考虑这个问题之前，可能会倾向于反对这个提议，那就是黄金开采商的利益。关于稳定计划将把现在普遍遭受的损失“转嫁”给政府的非常粗俗的谬论已经得到了回答（见附录 2 的 1.1）。而“损失将被转嫁给”黄金开采者这种谬论同样粗鄙也不可理喻。

在某些这样的观念下，黄金生产商可能会错误地倾向于目前固定的黄金价格而非可变价格。他们可能首先会认为金价下跌是一场灾难。

任何持这种观点的人都会忽略这样一个事实，即较低的价格将意味着美元的升值。黄金开采者以 20 美元的价格出售一盎司黄金， 249
或者一美元二十分之一盎司黄金，或以 40 美元的价格出售一盎司黄金，或以一美元四十分之一盎司黄金出售并没有什么区别。事实上，前者在美国大致如此，后者在墨西哥大致如此。如果说相对于更重的美元而言，黄金价格更低确实对黄金开采者有害的观点是正确的，那么，正如我以前说过的那样，为什么黄金开采者现在不在墨西哥而是在美国出售他们所有的黄金以获得两倍的价格呢？

同样，无论黄金开采者是为了获得高价并不得不为其机器、劳动力、供应品和其他运营成本付出高昂代价，还是为了获得低价并能更便宜地购买其机器、劳动力和供应品，这两者之间都没有什么差别。

同样，矿工在生活成本较高时赚取高额利润，还是在生活成本较低时赚取小额利润都无关紧要。事实上，前者在墨西哥成立，后者在美国也成立。

因此，从长远来看，改变黄金价格对黄金矿商来说既没有好处也没有坏处。这从根本上说是因为黄金的价格是以黄金本身来衡量的。应该清楚的是，黄金开采者的利益与黄金价格本身无关。他们的兴趣在于用黄金能否换取真正的财富。

近代史很好地说明了这一点。尽管“黄金价格是固定的”，但这场战争通过用信用替代黄金来抬高世界货币，从其他方面降低了黄金的价值，从而伤害了黄金生产商。

如果美元在战前稳定下来，在战争期间保持稳定，淘金者就不会受到战争的伤害。他们受到了通货膨胀的伤害——泛滥的货币替代了产品。因此，他们只能申请救济。他们很快就认识到，用黄
250 金来衡量黄金价格的上涨是徒劳的。因此，他们应该不难看出，降低黄金价格也不会对他们造成什么伤害。

另一方面，虽然淘金者不会从稳定计划中感受到特殊效果，但他会享受到稳定计划给社会带来的一般好处。

此外，当计划的目标是解除所有行业（包括他们自己的行业）的可变价值单位时，黄金开采者拒绝接受其他所有行业都必须接受的产品价格波动，这可能是短视的；因为世界不会永远容忍不稳定的美元所带来的不可容忍的麻烦，如果金本位制不能得到纠正，它总有一天会被彻底抛弃。

因此，从几个角度来看，显然只有目光短浅的黄金生产商才会反对这一计划。在这方面，据说几个著名的金矿所有者已经批准了该计划。

C. 灵丹妙药的信徒（Devotees of Panaceas）。另一类特殊的反对者包括改革者，他们有万能药，因此，他们自觉或不自觉地反对任何对立的补救措施。社会主义者、单一税收者和各种其他改革的拥护者，当他们反对该计划时，通常只是因为他们认为他们自己喜欢的补救办法足以解决整个社会不公正的问题。他们说，其他任何事情都不能"触及问题的根源"。他们抓住人们对补救措施的普遍渴望所提供的机会，为他们自己的建议创造资本而不管他们的方法离解决手头的问题有多远。

这种反对意见恰好能够回答他们自己的问题。我们不妨反对 251
对长度或重量的标准化，理由是这样的措施不会停止社会不满。

不用说，稳定美元的计划并不是作为灵丹妙药或社会改革总体方案的替代品提出的。它只有一个目的——提供一个可靠的价值单位。这个目标与任何其他真诚的社会改善计划都没有冲突。只有那些希望保留现有的麻烦、混乱、不满和怀疑，以便利用它们来推进自己宠爱的计划的人，才会反对稳定美元。

在这方面，我可以提到几年前的一个事件。在我发表了关于稳定美元的演讲后，一位著名的激进社会主义者向同样的听众发表了演讲，并将高昂的生活成本归因于“资本主义”。后来，他私下坦率地告诉我，他意识到了我的论点的真实性，但作为一个社会主义者，他想“趁着阳光灿烂的时候好好利用”，而高生活成本是一个让人们憎恨现有社会秩序的好杠杆！

D. 投机者。这是唯一一个因为稳定美元而真正被剥夺了大好机会的阶层。投机助长了不确定性，它在内战后是这样，在第一次世界大战后也是如此。价格大幅波动的最大受益者和最大受害者都是投机者。只要不确定性存在，投机就会存在，而且应该存在，明智的投机者以这样或那样的方式减轻社会其他部分的不确定性负担，同时为这项服务收取很高的价格。但投机赖以为生的商业风险的每一次减少都标志着文明的进步。稳定美元将标志着这样一个进步，尽管这绝不会剥夺所有通过冒险赚钱的机会。

附录3 备选方案

1. 一个合理的选择

A. 导言。本书与其说是为了所描述的最可行的具体计划而写， 252
不如说是为了表明美元的稳定和价格水平这个问题是可以解决的。

许多读者想知道已经提出了哪些替代方案。其中唯一值得仔细考虑的是，在与我的一次谈话中，由加利福尼亚大学化学教授吉尔伯特·刘易斯（Gilbert N. Lewis）教授提出的建议。他问是否有可能用与实际商品美元等值的可兑换纸券来代替黄金等价物。

当然，从字面上来说，维持“自由铸币”是不切实际的，即一方面以商品美元券进行存款，另一方面也可以自由赎回这些商品美元券；理由是因为这些商品美元太重、太大、太容易腐烂而不适宜用作储备。除此之外，当然还有其他的原因。

尽管如此，通过一种简单的间接发行和赎回手段来确保对纸券的数量和价值进行理想的监管是完全可行的。

这样一个制度首先通过把我们现在的金元券转换成持有人有
权按照下述计划赎回商品的纸券来启动。所有其他货币、钞票等都 253
可以兑换成这些商品美元券。

B. 赎回权证。赎回这些商品美元券的实质是，它们的持有人能够确定无误地、没有太多麻烦、费用或延迟地将它们兑换成规定的商品和规定的数量。正如刘易斯教授向我建议的那样，这个目标可以通过使用商品权证这种介于货币和商品之间的手段来实现。这将把赎回分成两个阶段。第一个阶段是当纸券持有人在财政部出示它们（以一个方便数量，比如说，一千美元），作为交换，他从财政部收到一套单独的特定权证或订单，每一个权证代表着特定数量特定商品的集合。因此，一个权证可能是一千板英尺的木材，另一个是半吨糖，等等。整个集合构成一千美元的商品。

第二个阶段是，这些不同的权证将在不同的办事处以各自的商品进行赎回。

没有必要详细讨论这些政府机关的确切组织。我在这里的目的仅仅是要表明，如果我们愿意进行创新，建立这样的赎回机关，这个计划在经济上是可行的。有各种各样的方法可以使用。政府可以在华盛顿、纽约或其他地方，或在几个不同的地方，建立一个大型政府百货公司或机构，无论它做了什么，都将收到这些权证，或者从库存中交出货物，或者在可行的情况下，立即同意获得和交付所需的货物。另一种方法是由政府授权一家私人机构进行赎回
254 权证的业务，以获得适当的对价。第三种方法是许可一些这样的机构，比如每种商品一个。在这种情况下，最合适的代理机构将是各种相关商品的现有大型经销商、赎回木材权证的木材商、小麦商、煤炭商，等等。

我们也不需要详细讨论政府向其雇用的任何机构偿还费用的方法。它可以一次付清定金或实际费用。最简单的理解方法是，例

如，煤炭交易商在签发煤炭权证后，以当前价格或合同价格向政府提交所述煤炭的账单，将账单与权证一起作为账单有效性的证据。这种安排类似于“库克”旅行公司（美国最早的一家旅行社。——译者注）和其他公司为游客所做的安排，这些公司出售的餐饮和住宿许可证得到了酒店的认可，随后被送回库克，并附上所提供服务的账单。

C. 通过权证无限制赎回。不管最适合提供一个运作机制的商业安排是什么，它的目的是让政府依据它赎回所代表的特定商品的纸券，而我们目前的兴趣在于如何通过该机制的运作以稳定美元。

上面所描述的操作的本质是纸券美元可以自由兑换成商品美元（通过权证）。

这种赎回将非常方便纠正纸券美元相对于商品美元的任何初期贬值。

如果指数高于平价（纸券的票面价值），也就是说，如果在公开市场上，收集一千美元的商品比收集一千美元的纸券要贵得多，那么就必须进行赎回。投机者或权证经纪人将会出现；他们会收集例如 100,000 美元的纸券，将它们兑换成权证，然后将这些权证兑换 255
成商品，并在公开市场上以例如 110,000 美元纸券出售这些商品，从而在一系列交易中获得 10,000 美元的利润（减去费用）。只要指数高于平价（票面价值），便足以让此类操作获得回报，赎回就会继续。如此赎回的纸券将被注销，从而使货币收缩，指数向平价（纸券面值）下降。简而言之，如果存在这种将货币兑换成商品的情况，一些人将拒绝以非常高的价格光顾市场，而是光顾保证用商品赎回纸券的政府。

D. 商品美元的无限制存款。 迄今为止，我们只考虑了货币价值的两大监管者之一；即不受限制地用商品赎回纸券，导致货币从流通环节中退出。另一种是“自由铸币”或无限制的商品存款，或某种等价的以商品为矛发行纸券的制度，它导致了货币进入流通领域。虽然，如前所述，将字面意义上的复合商品美元带到铸币厂，以与黄金现在的交易方式完全相同的方式兑换成纸券——是不切实际的，但本质上，同样的结果可以通过权证中介来实现。在这种情况下，权证将从商家转移到政府，而不是像在赎回操作中那样从政府转移到商家。

为了修正我们的想法，我们可以假设一个有执照的权证经纪人执行以下操作：首先，他用钱（纸券）从各种各样的来源以他能够得到最低价格购买各种各样的商品组成的清单，比如说，100,000 美元的商品。其中一些或全部可能由他购买的各个经销商保管；但是它们的所有权归他所有。

256 随后，他为每一批货物开出一张承兑证（Sworn Warrant），并向财政部提交这些证书的全部分类，即构成商品美元的比例。作为交换，他得到了 10 万美元的纸券美元（Certificate-Dollars）。这样，他实际上把他的货物铸造成了货币，或者说存入 100,000 美元的货物，并收到 100,000 美元的纸券。

在经过这种操作之后，政府拥有各种各样的货物清单，或者，更确切地说，政府依靠权证经纪人拥有了向需求方提供 100,000 商品美元的信用和授权（这种权利将在需要赎回纸券时强制执行）。

上述过程模拟了自由铸币如何防止商品美元价值远低于纸券美元价值的情况出现；因为，只要价格低到足以使这种商品“铸币”转化为货币盈利，这种货币或存款就会继续存在。因此，如果上述商人发现，在当前的价格下，他购买价值100,000商品美元的商品只需90,000纸券，他就会存入100,000美元的纸券，然后获得10,000美元的利润（减去费用）。随后资金会不断进入，价格将会上涨，直到这类业务的利润消失为止。

简而言之，商品美元的“自由铸币”将保持价格上涨，因为商品持有者将利用政府的长期出价，能够以1,000美元纸券购买1,000商品美元，而不会在公开市场上以非常低的价格出售。

E. 总结。这两个过程，相当于我们现在的免费或无限制的铸币和赎回，它将防止价格大幅下跌或大幅上涨到低于或高于平价（票面价值）。因此，它们会对指数的可能波动进行限制，当达到上限时进行赎回，当达到下限时进行“铸币”或存款。只要价格水平在这两个界限之间，就不会有赎回和“铸币”。 257

由于我并不提倡这个计划，所以没有必要再详细讨论了。但可以指出的是，如果政府承担职员雇佣、租金、利息等涉及经纪人开展业务的工作费用，指数的波动可能会缩小（就像今天，出于类似的原因，政府承担铸币局的费用）。

到目前为止，我们已经假定，货币也就是纸券，只有通过商品（权证）存款的“造币”的行为才能产生，而不是像在“不兑现纸币”的情况下仅仅通过任意发行纸币来支付政府的开支会产生；同样，只有通过赎回行为，即发行商品权证，这些货币才会被注销。届时，货币体系将严格类似于我们目前的体系，黄金将被一种大宗商品组合所取代。这不是一个“不兑现纸币”（Fiat Money）的制度。

2. 自由铸币遗漏对制度的修改

尽管对制度有危害，但我们仍然可以省略“自由铸币”功能，前提是我们允许政府为了自身支出发行纸券(the Issue of Certificates)，而一旦由此产生了纸券过剩的趋势而导致赎回需求，这种发行就停止。如果在这种制度安排下，政府一方面继续超额发行纸券，另一方面又要赎回纸券，那么政府通过赎回会无止境地失去通过发行纸券而获得的收益。

至于相反的可能性，如果不使用自由铸币，紧缩就没有安全保障。其实，也不需要任何保障；因为，理论上纸券的发行可能不足
258 以保持价格水平不变，但在实际操作中，财政部为了自身利益，在不产生多余资金和赎回损失的前提下，肯定会尽其所能地发债。

如果我们放弃自由铸币或黄金储蓄(而是仅限于赎回黄金的义务允许发行纸券支付政府的开支)，本节所述的制度将与我们目前将要转型的金本位制度完全类似。

3. 因赎回遗漏对制度的修改

为了使我们的声明完整且具系统性，应该补充的是，我们可以想象对制度的相反修改，那就是，保留“自由铸币”功能，但免去赎回功能，即允许财政部发行纸券，不仅交换(权证)商品，而且酌情支付费用。但这样的制度只能在理论上起作用，即假设财政部应该系统地控制其发行。这样做的好处是由于权证经纪人在要求商

品“铸币”时会造成损失，因而可以有效地阻止过度紧缩（如果有任何危险的话）。但是，实际上，扩张的诱惑总是存在，而且由于没有明确的扩张限制，这样的制度几乎肯定会崩溃。实际上，这就是所谓的“不兑现货币”制度。没有什么比纯粹的“不兑现货币”制度更好的了，在这种制度中，既没有赎回也没有铸币，只有自由发行。但这种制度从根本上说是不健全的，因为没有什么手段可以遏制通货膨胀。我们目前的金本位制可以通过省略赎回来转变成这类制度。许多作家［如帕森斯（Parsons）、韦恩（Winn），甚至阿尔弗雷 259
德·罗素·华莱士（Alfred Russel Wallace）］确实严肃地提出了这样一个自由裁量的制度。但是这种制度在经验和理论上都不可行。一个系统如果不具备赎回的特性，那么它就不是真正健全的（当然，也没有一个系统是完全健全的，如果它忽略了存款的特性）。在纸币被模糊地假定为“代表”商品而没有任何积极的赎回举措来使其变得更好时，这种代表性仍然是一种嘲弄。因此，法国大革命时期的“纸券（流通于 1789—1796 年法国大革命期间的）”虽然是“基于”土地，但却因为没有任何限制而臭名昭著。

4. 基于劳动的货币

其他人提出了一个类似于上述的计划，标准是一天的普通劳动。

我们必须像前面一样考虑发行和赎回这两个基本操作。

该计划规定，通过让政府提供公共道路或其他公共工程的工作，发放一笔固定金额的款项，例如，普通劳动一天 3 美元，从而将这一天的工作虚拟地自由“铸造”成劳动券（Labor Certificates）。

在这种情况下，政府没有为赎回做准备。这些劳动券在税收上是可以接受的，但并不意味着它们可以转换成一天的工作。理论是，如果在任何时候，流通中的劳动券过剩，政府需要对其发放进行检查，因为工人能够拒绝以固定价格为政府工作，而由于通货膨胀，他们可以从私人雇主那里得到更多。

因此，这个制度本质上是第 3 节中描述的单边制度(the One-Sided System)。这就好像我们现在的金元券可以自由铸造货币，或无限制地储存黄金而没有赎回条款一样(尽管这些纸券是可以征税的法定货币)。

260 这种制度的缺点是:(1)因为没有赎回，缺乏对通货膨胀的决定性抑制。(2)由此而容易产生通过发行纸券来支付政府开支从而产生通胀的诱惑。(3)政府在开展公共工程方面的不便和无助。有时工人即使并不真正需要工作，他们也会大量申请，而政府不得不提供给他们。在其他时候，工人因为被私人雇主吸引，向政府申请工作的人数会很少，或者根本无人申请；而且政府无法在不破坏货币的情况下，以高于固定价格的价格进行投标，因此，政府无法保证它的服务。这样，公共工程将完全从属于对货币的维护。(4)“一天的普通劳动”缺乏确定性和流动性。

劳动本位和商品本位的相对优点在我的书籍《货币购买力》第 10 章第 4 节中讨论过。

5. 政府对黄金生产的控制

安德森(B. M. Anderson)先生建议国际政府控制黄金开采，或者对黄金开采征收差价税（a Variable Tax）。前者已经被提到过[①]。后者对金矿开采者是不公平的，而且仅仅因为这个原因就采取上述措施，显然是不切实际的。本书提出的计划不能与这样的计划混淆。这不是一个控制黄金产量的计划。如附录 2 第 4 节所示，黄金开采者不应该受到不利影响，而应该分享该计划带来的总体优势和繁荣。

6. 物价指数表

如附录 6 第 3 节 D“预期”中所示，物价指数表的想法是一个 261
非常古老的概念，如附录 5“先例”中所示，在许多情况下，特别是在第一次世界大战期间，它实际上已经被采用。

我的建议不是改变货币本位本身，而是根据一个指数，通过债务人向债权人或债权人之间的补充付款来纠正其在任何合同中的不公正。如果一笔 1,000 美元的债务是在 1900 年订立并在 1920 年支付，并且如果 1920 年的指数是 250，那么在 1900 年的 100 的基础上，承诺按物价指数表支付的债务人将在 1920 年欠 250%×1000 美元，即 2,500 美元；也就是说，他将把债务要求的 1,000 美元增加 1,500 美元。

显然，这个计划将完成本书中提出的计划中所能完成的一切，并且丝毫不影响我们的货币制度。

然而，实际上，这一计划所取得的成就永远不会超过美元真正

① 参见附录 1 的第 1 节的 L。

稳定所能取得的一小部分，而且，如果该计划被广泛采用的话，它会引起一种或另一种相当大的干扰。

不过，作为紧急情况下的权宜之计，这一计划，特别是在工资调整方面是值得的，但它的不便之处会阻碍它的广泛采用，尤其是在平时。在缺乏真正标准化的情况下，我最衷心地支持它，并希望它能成为通向更好的东西的垫脚石。[①]

两个主要的反对意见是：(1)计算的不便（这就像如果我们使用气压计的高度作为我们的长度尺度，以及每天使用一个新的修正系数来销售布料所带来的后果一样）和(2)麻烦将来自于这样一个事
262 实，即物价指数表只会被部分使用。因此，如果一个商人只在他分类账的一边用指数来修正项目，那么他的利润将会变得不稳定而不是稳定[②]。

① Irving Fisher, "Adjusting Wages to the Cost of Living", *Monthly Labor Review*, November, 1918.

② Irving Fisher, The Purchasing Power of Money, New York (Macmillan), p. 336 and "Rejoinder by Professor Fisher", *American Economic Review*, June, 1919, pp. 256—262.

附录4　公共利益

1. 价格的剧变或崩溃都会削弱对货币的信心

第三章指出了价格水平变化的某些历史影响。这些被用来说 263
明美元不稳定的害处。

在这里我们感兴趣的是价格变动的某些其他历史影响，即对流行的货币观念的影响。

价格水平的任何明显变化，实际上肯定会引发一连串的抱怨和补救措施。起初，这些普遍的抱怨和建议忽略了货币的影响，原因正如第二章所解释的，大众头脑中充满了关于货币的谬论。普通人很难想到美元是食品、钢铁和棉花价格大幅波动的一个原因。当那些更精通货币理论的人认为美元可能会有一个这样的规则可循时，这个想法起初受到了嘲笑。但是，如果价格运动快速且持续很长时间，那么货币作为原因的想法就会逐渐进入那些对新思想最不敏感的人的头脑中。

价格剧烈波动的例子就出现在第一次世界大战期间和之后，虽然不是唯一的却是主要的案例。

在战争期间，如果财政需求很大，通货膨胀很容易发生。在通

胀造成危害之后，人们会开始厌恶通胀，并对政治、立法和国家传统留下深刻影响。每一场战争都提供了其特定的教训，并在货币问
264 题上给人们的教育增加了一点点。但不幸的是，这一教训很大程度上在下一次需要它的时候被遗忘，而这种亡羊补牢的方式一直在继续。

令人惊讶的是，健忘的民众总是如此频繁地重蹈覆辙。战争融资的迫切需要再次给通胀带来巨大压力，他们又一次将过去在模糊记忆中留下的微弱顾虑抛在了一边。

有时，通过改变通货膨胀的形式，这些微弱的传统就变得不那么重要了。不过，当通胀抛弃了旧形式，公众往往会宽恕新的和伪装的通货膨胀。例如，许多商人虽然对不可兑换的纸币怀有恐惧，但他们并不反对1878年和1890年的法律，这些法律规定用白银来作为货币的支撑，在1896年他们几乎屈服于"自由白银"的诱惑。近年来，黄金价格大幅上涨。然而，即使在今天，也只有一小部分人会承认出现这种通胀的可能性。

信贷膨胀甚至更加微妙和诱人。许多人会记得美国参战时的谬误。一位演说家告诉他的听众，他们不需要做任何努力就可以获得自由贷款（Liberty Loans）。"你所需要做的"，他说，"就是去银行借钱给政府，同意让银行持有你用这笔钱购买的债券作为抵押担保。"这就是通货膨胀的永动机！

即使在今天，也有人否认在第一次世界大战期间出现过任何形式的通货膨胀。每当出现通货膨胀时，这种否认总是被视为一种心理"防御"。

但迟早真相会被承认，人民和政治家的脾气会达成一个"好的

决议”。

纸币通货膨胀的弊端通常会引发一些防范措施。正是为了摆 265
脱殖民时代的这种罪恶，马萨诸塞州设计了下文附录 5 第 2 节所描述的商品债券。这些殖民时期的弊端和美国独立战争时期欧洲大陆纸币的弊端也导致了美国宪法中禁止各州发行“信用票据”的条款。

在拿破仑战争中，英国人经历了货币贬值。结果是，图克(Tooke)和纽马奇(New- March)对价格进行了详细调查，并发表了经典的《议会金条报告》(Bullion Report of Parliament)。

在 50 年代黄金泛滥之后，我们注意到人们对货币的不稳定性非常感兴趣。在这之后不久，杰文斯设计了指数来衡量价格的总体水平，并写道“黄金价值严重下跌”。

在我们经历了内战时期的林肯绿钞之后，货币和价格的话题成为了人们强烈感兴趣的话题之一。很快国内就出现了两个政党，通货膨胀党和紧缩党，国会的法案交替地支持一个又一个相反的政策。我们的“法定货币”(Legal Tender)争议，我们的绿钞党和我们的纸币收回条例，都是内战时期货币不稳定导致的直接后果。

从 1873 年到 1896 年，世界各地经历了漫长的物价下跌，人们对货币和物价的兴趣越来越浓厚。

在此期间，我们发现投诉越来越多，官方也提出了许多调查报告以及许多建议和补救措施，包括各种形式的双金属本位和本书提出的稳定计划中能够实现的几个预期目标(见参考书目，附录 6)。有几次国际会议曾集中讨论了黄金和双金属问题。

更确切地说，有关于购买白银的《布兰德-艾利森法案》

(Bland-Allison Act)和《谢尔曼法案》(Sherman Act),以及 1896 年以恢复白银自由铸币作为恢复旧价格水平的“16 : 1”运动。

在 1896 年和第一次世界大战之间,当价格出现上涨时,人们也表现出了同样的兴趣。当时全世界都在讨论“高生活成本”和黄金通胀可能是价格上涨的原因。报纸上充斥着漫画和社论;杂志上刊登了精心撰写的文章;出版社出版了许多书籍;国会提出了许多立法,有些已经颁布;官方开展了许多正式和非正式的调查;许多国家发表了冗长的报告,并提议召开一次关于这一主题的国际会议。从柏林到东京,世界上许多城市都发生了因为面包和肉类价格上涨导致的骚乱。有些人坚持认为黄金会贬值。爱迪生(Edison)先生预言,某天南方人可能会放弃他们的黄金,导致美元购买力的进一步损失。卡耐基(Carnegie)先生向卡耐基·华盛顿研究所(Carnegie Institution of Washington)捐赠了一千万英镑,规定收入的一部分应留作偿债基金,以抵御“货币购买力的下降”。

这种对高生活成本的兴趣在 1914 年达到了最高点,但当时有一段时间被战争掩盖了。

后来很明显,战争本身使“高生活成本”更高了。结果是恢复了人们对这个主题的兴趣。我们谈到了粮食饥荒和假想中的世界商品短缺。我们甚至开始谈论纸币发行、战争贷款扩张和黄金流入带来的通货膨胀。在当时,瑞典几乎取消了黄金的国有化。交战国曾试图大规模控制价格。

267 停战后不久,人们对这个问题重新有了兴趣。商界开始急切地讨论战争时期的价格水平是否会继续的问题。商务部长雷德菲尔德(Redfield)试图通过操纵价格来稳定价格,但没有成功。马萨诸塞州立法机构的许多成员请求威尔逊（Wilson）总统从巴黎回国，声称这里的高生活成本问题比巴黎的和平问题更需要他。

以上只是过去世界经历的价格波动的几个例子，我们可以满怀信心地补充说，除非人类找到稳定货币单位的方法，否则这种经历将在未来经常重演。可以肯定地说，当价格快速大幅上涨或下跌时，公众总是对原因表现出强烈的好奇心，并且不像往常，而是愿意将货币至少视为可以部分解释价格上涨的原因。

不幸的是，通常也是这样，仅仅在引起这种模糊想法的价格运动平息或逆转之后的几年，这种想法又被大多数人遗忘，公众重新陷入了第二章所描述的金钱幻觉的迷雾中，尽管有历史的教训，但这种幻觉似乎是“在某个时候愚弄某些人，在某个时候愚弄所有人”。

例如，今天，它需要一个经济学家的考古挖掘来揭示1747年马萨诸塞州使用的商品债券。同样，“它不值一个大陆币”这句话是大陆纸币贬值的流行记忆中仅存的痕迹，今天几乎没有人知道这句话的原意。在这一代人中，很少有人知道林肯绿钞时代。即使是最近的“16 ∶ 1”自由铸造银币的兴奋，书籍《硬币的金融学校》（Coin’s Financial School）的流行，以及值得注意的“健全货币”的对抗运动，今天看起来都很模糊和遥远，大量的年轻一代几乎没有 268
听说过。1896年，当这场“自由银币”的竞赛开始时，人们对货币和价格的兴趣达到了狂热的程度。尽管同样的总统候选人，站在与1896年几乎相同的平台上，在竞选中表达了同样的观点，但是在接下来的总统竞选中，这种兴趣变得冷淡了，又过了四年，这个问题几乎被遗忘了。公众兴趣的迅速消失有一个根本的经济原因；那就是，一直被抱怨的价格下跌停止了，而价格上涨开始出现。

由此看来，公众对货币的兴趣和理解通常会随着价格运动的进行而增强，在波动结束时达到最大值，并在几年后保持强烈和兴奋。

由于现在价格已经上涨了 23 年，我们可以合理地预期，一旦和平条约（the Peace Treaty）的兴奋消退，公众的兴趣就会变得强烈，并至少持续几年。如果如我所料，价格继续高企，那种认为价格高企是由战争造成的流行观点就站不住脚了，而对令人满意的解释的追求也将继续下去。联邦储备委员会的一名成员说，价格水平问题是战后的问题。此外，由于这一问题在世界各地都很尖锐，讨论的噪声将通过一个国家到另一个国家的回响得到加强。

不幸的是，讨论仍然表现出极大的困惑和思想混乱。我们可以非常严肃地说，很少有比这更需要正确思考的了。没有它，被误导的公众可能会尝试不可能的事。或者，像愤怒的私刑暴民一样，把错误的受害者挂在灯柱上。

269 但是，尽管公众总是表现出困惑和忘记旧教训的巨大能力，历史上的一些艰难经历确实留下了一些好的结果。

在欧洲的拿破仑战争，在美国的内战，似乎给商人的头脑留下了一个至少不可磨灭的印象——以目前不可兑换的纸币来看，金条价格的上涨实际上是纸币价值的下降；简而言之，用黄金来衡量纸币比用纸币来衡量黄金更好。这个想法现在可以说是司空见惯。

我大胆预测，第一次世界大战至少会留下另一个不可磨灭的印象，这标志着这一主题的大众智慧的新时代。这个新观点，我相信会深入到数百万人的头脑中，那就是，正如黄金是比纸币更稳定的本位一样，商品也是比黄金更稳定的本位。

著名的金条报告的作者们没有向前迈出这一步的主要原因是，在他们那个时代，没有任何指数可以用来对比这两者。他们不能让黄金回归大宗商品。因此，当他们撕掉货币周围的外壳时，内核仍然隐藏在视线之外。

这种情况一直持续到今天。一个有趣的结果是，在第一次世界大战期间，大多数政府和银行家对货币本位的一个担忧是避免“黄金溢价”。人们认为，我们有义务防止纸币和银行存款“贬值”。但唯一公认的贬值标准是纸币相对于黄金的贬值。黄金本身可能贬值的观点因其稀少而引人注目。其结果是，人们很少考虑也很少努力让黄金与大宗商品持平。然而，英国和美国的经济学家以及一些 270
商人尽力指出，仅仅因为黄金没有公开溢价就认为货币稳定是荒谬的。

现在很清楚，为了避免拿破仑战争和内战后的指责，人们过分注重形式而不是实质，注重文字而不是精神。

有时，避免技术贬值的焦虑会变得有点可笑，也变成了隐藏而不是阻止的欲望；因为很明显，在某些地方和时代，黄金有一种未公开和未被承认的溢价。禁止黄金销售的一些努力现在看起来有点像鸵鸟。通过禁止使用黄金储备来保护黄金储备，这有点奇怪，但这种做法也有一些合理的理由。这让我们想起了一个故事，船长非常渴望保持足够的救生设备，但他把它们钉在甲板上，禁止任何人拿起它们！

现在人们开始认识到，尽管为防止货币在战时贬值做出了值得称赞的努力，但货币贬值实际上还是比以往大多数战争中发生的程度更大。英国的德阿伯农勋爵（Lord D’Abernon）最近在上议院的一次演讲中说，在战争的四年中，货币价值下降的幅度超过了前两个世纪的幅度。虽然类似的观察在其他有影响力的来源中并不少见，但我相信，这种观察将会变得越来越频繁和有力。如果后代人像我们批评内战那样严厉地批评第一次世界大战，特别是欧洲交战国的通货膨胀融资，那就不足为奇了。

271 无论如何，我们将逐渐感到，我们对“贬值”的技术防范是一种空洞的嘲弄，我们错误地认为贬值是相对于黄金而不是相对于商品而言的。

战争期间通过物价指数对工资进行的多次调整，实际上是承认美元确实在变，需要调整。未来，这一指数将对商业人士的思维产生累积效应。这将让他们越来越深刻地认识到美元不稳定的事实，并最终使一些真正的稳定举措不可避免。公众将逐渐认识到，如果美元需要修正，修正应该纳入美元本身，而不是从外部修补。

刚才这个价格水平的问题非常现实和迫切。商人会长久地记得，在第一次世界大战结束后的几个月里，由于对未来价格水平的不确定性，人们犹豫不决，几乎到了瘫痪的地步。在国外，物价水平的问题甚至更加尖锐，因为那里的通货膨胀比这里严重得多。

许多人预计价格会下跌。一位著名的有影响力的商人说，我们目前的高价格没有丝毫的理由继续存在。然而，人们还是有一种不安的感觉，认为价格下跌和上涨一样令人不安。

因此，以这样或那样的方式，第一次世界大战再次证明了货币本位的不稳定性。目前的金本位制，被认为是如此稳固，在许多人的眼中已经基本上失去了信誉，我们听到了各种各样的建议，要用更好的东西来取代它。

鉴于所有的事实，我们可以合理地预期，在即将到来的时期，公众头脑中的金钱迷雾将比历史上任何时期都更接近被驱散；第一，因为价格上涨是有史以来最迅速和持续时间最长的上涨之一； 272
第二，因为这种上升的主要原因部分是因为战争；第三，因为使用指数来清楚地揭示价格的上涨会带来一种新的、强烈的、持续的提醒，提醒人们发生了什么；第四，因为不管什么原因，今天，对这个问题的理解和兴趣比以往任何时候都更加普遍和明智；第五，因为至少有一个稳定价格水平问题的实际解决办法，而这个办法在此之前被认为是不可解决的。

2. 目前的计划源于 1896 年开始的价格运动

我现在想谈谈战前物价上涨对公众舆论的影响，并把注意力集中在导致这本书提出建议的那部分影响上。

始于 1896 年的物价上涨在五年或十年之间没有引起太多的关注。事实上，正如已经指出的，人们很少讨论价格问题。这方面文献的缺乏说明了当时公众没有意识到这种情况。

美国国会图书馆（the Library of Congress）1910 年出版的关于高生活成本的出版物清单中，1896 年至 1900 年的 5 年期间，只有 7 种；而接下来的五年，也就是 1901—1905 年，这个数字是 36；随后的 1906—1910 年，这个数字是 121。

像往常一样，政治利益总是落后于公共利益。在高生活成本引起政治领袖和政党的注意之前，1900 年和 1910 年法国官方首先报告了这件事；随后是：奥地利，1903 年；德国，1909 年；美国，

1910年；澳大利亚，1911年；加拿大，1911年；意大利，1911年；大不列颠，1911年和1912年；新西兰，1912年；印度，1914年。

虽然官方还计划好了许多其他的调查，但却从未进行过，因为战争给这些调查蒙上了阴影。

273 其中最主要的一件事是在1911—1913年倡议召开了一次关于高生活成本的国际会议。那些倡议这次会议的人最感兴趣的事，是希望推出一项稳定货币单位的计划并把它作为该次会议的成果之一。这次会议是塔夫脱(Taft)总统1912年给国会的一封特别电报的主题。参议院通过了一项法案，众议院外交事务委员会对该法案表示赞同，该法案“旨在审议向各国政府提交的高生活费用的程度、原因、影响和可能的补救办法进行国际调查的计划”。不幸的是，在1913年3月4日休会之前，众议院日程上没有达成一致。而它在下一届国会中再也没被提起或被如此看待——不是因为反对，而是因为新政府和国会全神贯注于其他更重要的事情。

倡议的会议受到了这个国家以及英国、法国、德国、意大利和日本的许多主要政治家和金融家的支持。在众议院外交事务委员会关于这一问题的报告中，106名美国杰出人士被点名支持这一项目，其中27名在英国，35名在法国，13名在德国，7名在奥地利，2名在加拿大，2名在日本，4名在瑞士，3名在意大利，7名在比利时，3名在荷兰，3名在丹麦。这些人包括威尔逊(Wilson)州长(现总统)、美国商务部长、劳工部长、战争部长和财政部长、庞加莱(Poincare)参议员(现总统)、尼蒂(Nitti)先生(现总理)、坂谷(Sakatani)男爵、日本前财政大臣、英国考特尼(Courtney)勋爵，
274 还有许多商会和其他组织。该项目在美国失败之后但在参与第一

次世界大战之前，加拿大政府和奥地利政府几乎恢复了该计划。在战争期间，人们对高生活成本做的和想的都比较少。战后人们兴趣的复苏使得这次国际会议再次被考虑。尤其是新西兰，它对召开这样一次会议表现出积极的愿望。会议可能会在国际联盟内部或通过国际联盟举行。

3. 稳定美元计划获得批准

无论价格水平问题是否成为国际研究的特别主题。在不久的将来，在全球几乎每个国家，它都无法逃避人们的关注，在这种关注中，货币的作用不容忽视。

事实上，我大胆预测，货币的作用将会得到越来越多的认可，而且比大多数人想象的要快得多。这一预测是基于前面给出的原因。

这本书描述的计划已经影响了世界上许多主要的思想，并且在它被检查过的任何地方几乎得到了普遍的接受。正如一位观察家所说，“只有那些不理解的人才会反对”。

不赞成的意见和评论已在附录2中处理。在这一节中，我将谈谈赞成的意见。

在其他许多表示赞同的杰出人士中——大约有200人——我要特别提到的是耶鲁大学校长阿瑟·哈德利(Arthur T. Hadley)；罗伊米克(Royal Meeker)，劳工部劳工统计专员；已故参议员纽兰兹(Newlands)；参议员罗伯特·欧文(Robert L. Owen)；前参议员约翰·沙夫罗斯(John F. Shafroth)；克拉伦斯·凯尔西

(Clarence H. Kelsey)，银行家；银行家亨利·李·希金森(Henry Lee Higginson)；旧金山美国联邦储备局代理人约翰·佩林(John Perrin)；纽约联邦储备署乔治·福斯特·皮博迪(George Foster
275 Peabody)；利奥·S. 罗(Leo S. Rowe)，前财政部助理部长；罗杰·W. 巴布森(Roger W. Babson)，巴布森的统计组织；约翰·海斯·哈蒙德，(John Hays Hammond)采矿工程师；大卫·巴伯(David M. Barbour)爵士，1893年引入印度的金汇兑本位制(Gold Exchange Standard)的发起人之一；阿道夫·兰德里(Adolphe Landry)，巴黎众议院议员；意大利都灵大学阿奇勒·洛里亚(Achille Loria)。

从这些和其他人的来信中，我选择了一些引文：

哈德利(Hadley)总统说："我承认，当我第一次读到这个计划时，我认为它很难付诸实施。经过进一步考虑，我相信这个困难比我最初想象的要小得多；而且采用这个项目所获得的好处使它值得去迎接和解决引入它所遇到的任何困难。"

罗伊米克(Royal Meeker)："我想你已经回答了所有的困难。在我看来，你的方案是最简单、最实用的方案。我衷心赞成你的计划。"

约翰·佩林(John Perrin)："在我们国家，即使仅仅根据我们目前构建的不完善的指数来实施这个项目，它显然也将在很大程度上消除美元价值的波动，而美元价值的波动现在给我们的所有行为都带来了不确定性。这种结果的直接和间接的好处几乎是无法想象的。"

罗杰·巴布森(Roger W. Babson)："你唯一的批评者是那些误

解你的人。”

巴伯(David M. Barbour)爵士:“我认为最终可能会采用这样的制度。”

美国经济协会货币购买力委员会(The American Economic Association Committee on the Purchasing Power of Money)由主要在货币和银行领域工作的经济学家[安德森(Anderson)教授、肯默勒(Kemmerer)教授、罗伊·米克(Royal Meeker)博士、韦斯利·克莱尔·米切尔(Wesley Clair Mitchell)教授、沃伦·珀森斯(Warren M. Persons)教授和欧文·费雪(Irving Fisher)教授]组成,该委员会仔细研究了该计划,并表述如下:

“委员会认为,根据国际协定稳定货币单位的价值是可取的,在经济上也是可行的。该计划的细节、提出时间以及国际协议是否 276
必不可少的问题,应立即引起政治家和经济学家的注意。”

布里奇波特商会(the Bridgeport Chamber of Commerce)任命了一个委员会,该委员会的报告获得通过,我引用该报告:

“决议:布里奇波特商会认识到美元价值不断变化所带来的诸多弊端,在此呼吁国会在可行的情况下颁布此类立法,使美元的购买力始终保持稳定;为此,我们诚恳地建议以实质形式采用埃尔文·费雪教授提出的计划,即根据指数所代表的价格波动增加或减少美元的重量来稳定美元的比值。”

沃特伯里商会(the Waterbury Chamber of Commerce)通过了一份类似的报告,其中的主要段落如下:

“因此,无论如何,沃特伯里商会赞成国会颁布必要的立法来实施费雪教授的计划。”波兰工程师和美国商人协会通过了以下决议。

“在对欧文·费雪教授的讲座进行了彻底的讨论之后，波兰工程师和商人协会的成员以及他们出席这次会议的客人一致同意他的理论的正确性，并建议波兰工程师和商人协会的董事会采取必要的步骤在波兰实施这一想法。”

新英格兰采购代理协会（the New England Association of Purchasing Agents）决议：

“我们，新英格兰采购代理人协会，郑重声明，我们真诚地相信，为了健全的商业利益和缔约双方之间的公正，美元的购买力应该稳定下来，或者，正如我们所相信的那样，通过改变黄金在美元中的比重，或者通过国会认为最合适的其他手段来稳定。”

277 1919 年 2 月在伯尔尼举行的国际工会大会第 10 条决定：

“缔约各国应尽快召开国际会议，采取有效措施防止工资购买力的贬值，并保证以不贬值的货币支付工资。”

美国劳工联合会（The American Federation of Labor）决议：

“兹指示执行委员会研究建立一种稳定美元购买力的方案，这一方案可能需要通过立法努力提出，或以其他方式在一年内提出，并需要在 1920 年大会上就此问题提交一份报告。”

1919 年 10 月 6 日，纽约的胡斯特（Husted）先生在众议院提出了一项法案，建议建立国家货币委员会：

“在可行的情况下，尽早调查并向国会报告在美国货币体系或与银行和货币相关的法律中哪些需要或希望进行改革，特别是在稳定美元的购买力方面。”

简而言之，稳定美元的情绪已经相当强烈，而且还有更多潜在的或可行的解决方案，随时准备出台。

我强调这样一个事实，即许多有能力、有实际经验的人已经表示坚决支持这一计划，因为只有在这些人的领导下，稳定美元的公众情绪才会增长，而阻碍改革的惰性也是唯一的障碍才会被克服。

当迫切需要有效和深远的行动时，惰性是一种危险的心态，就像现在这样。

如果不本着公正和科学的精神来面对和解决稳定的问题，如果它成为特殊利益集团争论的焦点，或者如果似是而非但不健全的货币计划再次得到听证，我们不应感到惊讶。

如果让价格水平像以往一样随波逐流，这一政策的严重弊端或 278
因为政策的缺乏，其所带来的问题在未来可能会比过去更严重，因为公众思想已经被煽动起来了或处于布尔什维克状态了。

简而言之，我们现在掌握着世界未来的繁荣和稳定。无论是价格水平还是公众对价格水平的兴趣，我们都面临着一个难得的机会，在我们的经济生活中迈出新的一步，这无疑是一个激进的步骤，但它将把我们从我们现在面临的危险的激进主义中拯救出来。

附录5　先例

279 ## 1. 商品合同

在附录4中，我们看到了许多因货币本位不稳定而引发不满的例子。这种不满经常在行动中表现出来——有时明智，有时不明智。

在本附录中，人们将会注意到一些明智的尝试来应对货币不稳定的弊端。这些尝试比通常所认识到的要多得多，构成了每一个稳定原则的令人惊讶的大量先例。它们共同构成了本书的建议。

我将从最简单的方式开始，说明如何摆脱这种不令人满意的货币本位。因此我们的合同必须要包含一些主要的商品，如小麦或铁。

布林莫尔的弗格森（Ferguson）教授告诉我："在罗马时代的埃及，以及之前的托勒密王朝时期，大量的合同表明，小麦被用于支付农场土地的租金，或者，如果房客愿意，也可以支付与小麦等值的硬币［通常是德拉克马铜币（Copper Drachmas）］。"

在英国，"什一税平均数"（Tithe Averages）是根据谷物的价值而变化的，因此，什一税实际上是这么多的谷物，而不是这么多的货币；或者更确切地说，它是用谷物作为量度的货币。另一个相关的很好的例子是之前提到的“苏格兰葡萄酒价格”（Scotch Fiars Prices）。这些资料已经存在了两个多世纪。农场土地的租金虽 280
然是以谷物的形式承包，但却是按照司法确定的谷物平均价格支付的。

在伊丽莎白女王统治时期，通过了一项法令，要求大学土地租金的三分之一应以小麦或麦芽表示。两个世纪后，布莱克斯通（Blackstone）在评论这一法律时指出，小麦或麦芽租金的三分之一两倍于货币价值的三分之二。对英国的大学来说，这节省了他们收入中一个非常重要的部分，否则它们会因为货币贬值而消散。

关于这些行为，杰文斯教授说[①]，“问题是，考虑到贵金属价值的这些极端变化，是否有必要在长期合同中将它们作为价值标准。我们不得不承认伊丽莎白女王的政治家们是有远见的。”

波士顿新闻社和华尔街日报的巴伦（Barron）先生给我提供了一个更现代的例子。1817 年 9 月 8 日，波士顿的戴维·休斯（David Sews）从 1817 年 12 月 1 日起，以每年 10 吨一级质量的俄罗斯铁的租金（First Quality of Russia Sables Iron），将位于斯科拉里广场和法院街东北角的土地和建筑物租给了波士顿的乌利亚·卡特（Uriah Cut），租期为 1,000 年。当时，同一批当事人还就另外 11 处房产签订了类似的租约。在每一份租约中，租金实际上是以与规定的铁量等值的货币支付的。

① 见其“Money and Mechanism of Exchange”，p. 326。

2. 物价指数表

基于不止一种商品的合同已经出现，这种合同涉及指数或“物价指数表”的原理。

281 在马萨诸塞州的殖民地历史上，曾有两次——一次是在 1747 年，另一次是在 1780 年——政府立法为士兵和其他人的工资制定了一个物价指数表(Tabular Standard)，作为对抗纸币极度不确定性和贬值的一种手段。

后一项立法一直持续到 1786 年，那时这种对极端波动的修正已经结束。这一修正是基于四种商品的一种粗略指数[1]。

前面提到的关于马萨诸塞州的大部分事实来自于威拉德·费雪(Willard Fisher)教授对这些早期的物价指数表实验的有趣描述[2]。由于人们不满意革命战争破坏了货币本位，才形成了这些物品的早期分类标准。这一点在附录 4 第 1 节中提到过。

尽管方式不同，第一次世界大战也推动了工业世界使用复合本位。据我所知，工资支付第一次通过物价指数进行了调整。

---

① 州政府在此基础上发行其票据：“当时该州货币支付的本金和利息，都是按照 5 蒲式耳玉米、68 又 7 分之 4 磅牛肉、10 磅羊毛和 16 磅鞋底皮革的成本来计算，总量上按照当时物品的价格，相当于 130 英镑。”同样的原则也适用于支付哈佛大学校长的款项。

这个早期的例子特别有趣，因为它预见了那些通常被认为是首创物价指数表思想的经济学家，即 George Shuckburgh Evelyn, 1798, Count Soden, 1805, Arrthur Young, 1811, Joseph Lowe, 1822。

② “The Tabular Standard in Massachusetts”, *Quarterly Journal of Economics*, May, 1913.

1916 年底，几家银行、信托公司、商业和工业机构向其雇员赠送了特殊的圣诞礼物，以部分补偿前一年工资购买力的下降。礼物也是工资的一个固定百分比。

显然，大多数做出这种调整的雇主一开始都认为这是一劳永逸 282
的。但研究发现，生活成本当然不会“原地不动”，因此下一年需要做出新的调整。这自然导致了定期调整的想法。银行家信托公司进行了一次调整，任命了一个委员会进行进一步调查。该报告于 1917 年 12 月 15 日完成，共 22 页。

奥奈达社区于 1917 年 1 月 1 日创立了一个通过使用布拉德斯特里特的批发价格指数（Bradstreet's Index Number）来补偿高生活成本的方式。每个工人都收到两个周薪信封——一个装着正常工资，另一个装着根据布拉德斯特里特的数字计算出的一个比例工资。1916 年 1 月 1 日至 1917 年 1 月 1 日期间，生活费用增加了 16%，这是最初的调整。这 16% 适用于第一个月的工资。在随后的每个月中，布拉德斯特里特指数每变化 20 点，工资就会上升或下降 1%。

明尼苏达州德卢斯的凯利 - 荷 - 汤姆森硬件公司（Kelley-How-Thomson Co.）独立采用了类似的计划。

1917 年 10 月 1 日，俄亥俄州克里夫兰市的乔治·沃星顿公司（硬件）除了董事或销售人员之外，其他所有员工在佣金上效仿了奥奈达社区的做法。

克里夫兰的普林茨 - 比德尔曼公司（服装）也是从乔治沃星顿公司知道了这个想法。他们通过员工组织引进了这个计划。

米沙瓦卡毛纺厂，印第安纳州米沙瓦卡有限公司，南卡罗来纳州格林维尔的联合漂白和修正公司都根据指数支付工资。

283 康涅狄格州纽黑文市的有形索引公司根据美国劳工统计局的零售价格指数采用了一个更简单的计划。

西雅图和西北其他地方的各种面粉厂已经数次提高了员工的工资。调整是不定期进行的，但有意识地适应了生活费用的增加。在现任哥伦比亚大学教授奥格本（W.F.Ogburn）的指导下，他们对价格上涨进行了调查，并计算出了最终使用的指数。俄勒冈州和华盛顿州的最低工资法也根据生活费用的提高进行了修订。

国家战争劳工委员会（the National War Labor Board）决定用指数来解决工资纠纷。解决罢工后，工资增长则是专门基于指数进行。

造船劳工调整委员会（the Shipbuilding Labor Adjustment Board）也承认了这一原则。该委员会通过了一项计划，根据美国劳工统计局为该委员会确定的生活费用变化，每半年（4 月 1 日和 10 月 1 日）调整所有造船中心工人的工资。

指数的另一个应用是由陆军部提出的。陆军部在确定出售机床的价格时，在其他因素中，建议使用指数，将当前的销售价格调整为原始成本或购买价格。

在英国，纺织行业几个分支的雇员在 1918 年 1 月与他们的雇主起草了一份协议，取消了所有以前的战争奖金，并根据贸易委员会计算的生活费用指数来制定工资标准。

根据高生活成本调整工资的原则也出现在澳大利亚。

有些根据指数调整的权宜之计最后变成了永久性的；其他的一
284 些则在某些特殊的场合下被放弃了。

在每种情况下，停止上述权宜之计的原因都是因为有两个标准需要处理而造成了极大不便。当然，从理论上讲，我们可以用指数来修正每一份合同，就像它被用来修正工资合同一样——例如，参考指数来调整我们的租金或利息支付或电车票价，但显然这是行不通的，因为这需要个体的自愿选择才可以。

3. 修正货币单位本身

有一些立法行动的例子，旨在纠正货币单位本身，但没有达到本书提出的行动标准。在当前的货币单位中，这种修正的最好例子可能是“金汇兑本位制”，因此，银本位国家实际上已经将它们的白银单位转换成了黄金。大约在 1873 年双金属本位 / 金银复本位崩溃后，当黄金和白银国家开始分道扬镳时，印度的伦敦交易所不再有任何平价。因此，价格的波动增加了，给两国之间的贸易带来了极大的不便。最后，在 1893 年，印度政府停止了白银的自由铸币，提高了印度卢比的价值，并使其升值超过其所含白银的价值。它被允许升值，直到它值 16 便士，在 16 便士时，它实际上可以兑换成黄金，或者更严格地说，兑换成黄金的权利，但不是在印度，而是在伦敦。这种在印度兑换白银，在伦敦兑换黄金的手段构成了著名的金汇兑本位制。金汇兑本位的采用可能是对传统的彻底背离，就像今天稳定美元一样。

第一次世界大战给一个国家货币两次机会不受通货膨胀和通货紧缩交替影响的粗略尝试。这就是黄金进出口的禁令。1916 年， 285
瑞典通过停止进口黄金来抵御战争带来的黄金洪流，也就是说，她授权国家银行拒绝接受黄金兑换纸币，这带来了与1893年印度停止自由铸造白银同样的结果。瑞典货币获得了稀缺价值，商品的贬值受到了抑制；也就是说，价格的上涨被制止了。荷兰和西班牙做了差不多同样的事情。

我们，以及几乎所有其他国家，通过对黄金出口实施禁运，保护自己免受黄金可能突然流失的影响。

4. 结论

因此，我们看到有这样的先例：(1)建立一个商品本位来取代单纯的货币金属本位；(2)为此目的采用一个指数；(3)通过相对于另一本位的变化尺度关系（a Sliding Scale Relation）来修正货币金属本位（例如，用金汇兑本位来修正白银）。

这些正是稳定美元计划的要点。

因此，稳定美元的计划中没有包含任何创新元素。唯一的创新是将以前测试过的元素组合成一个完整的整体。与此同时，我们保留了传统的黄金作为基础货币，对现在使用中的货币没有做出任何改变。除了少数黄金矿主、珠宝商、出口商和进口商之外，所有人都看不到新制度与我们现有的制度有什么本质区别，即按照固定规则，黄金价格能够在目前的每盎司20.67美元上下浮动。很难理解为什么这样一种变化——其唯一目的是防止我们的货币单位发生任何真正的变化——会被最忠实的先例崇拜者所畏惧。

附录6　参考文献

1. 当前的一些主要指数

美国

美国劳工统计局，批发价格指数。始于1890年。每年以单独公报出版。数字按年份和（从1900年开始）月份分列。商品数量现为296种。

美国劳工统计局，零售价格指数。始于1907年。每隔一段时间以单独公报的形式发布。数字按年份和（从1913年开始）月份分列。商品数量为22种（食品）。

布拉德斯特里特，纽约市，批发价格指数。始于1892年（现在仍出版）。每月发布。指数是根据96种商品每磅的价格通过加总计算。

邓氏，纽约市，批发价格指数。始于1860年。每月发布。据统计，商品数量约为200种。具体计算方法从未公布。

纽约时报年鉴，批发价格指数。始于1913年。每周发布（图表）。商品数量为25种（食品）。

吉布森，纽约市，批发价格指数。始于1912年。每周发布（市场信）。商品数量为22种（食品）。

加拿大

加拿大劳工部，批发价格指数。始于1890年。在劳工部的年度报告中公布，每月在其官方刊物《劳工公报》中公布。商品数量为271种。

加拿大劳工部，零售价格指数。始于1900年。每月在《劳工公报》上发布。在1900—1905年，仅提供了12月份的指数；1913—1916年，按年份提供指数；1914—1916年，提供8月份的指数；从1917年7月开始，每月提供指数。商品数量为30种（食品）。

英国

英国贸易委员会，批发价格指数。始于1871年。首次发布于1903年的一份报告中［附有1801—1902年的图表，并加入了杰文斯（1801—1846）、绍尔贝克（1846—1871）和贸易委员会的指数］。该指数每年在1月份的官方《劳动报》上继续刊登。指数部分基于进出口商的申报以及服务部门和机构的合同价格。商品数量为47种。

英国贸易委员会，零售价格指数。始于1914年7月。每月在官方刊物《劳工公报》上发布，并附有其他国家的相应数字。商品数为23种（食品）。

经济学家，批发价格指数。始于1851年。每月在同名周刊上发表，每年1月第一期汇编。目前商品数量为44种。

绍尔贝克，统计学家，批发价格指数。始于 1846 年。现每月在伦敦的统计学家刊物上发布，每年的简报刊登在 3 月份的《皇家统计学会》期刊上。商品数量为 45 种。

法国

法国统计年鉴，批发价格指数。始于 1857 年。每年在《法国统计年鉴》上发布。商品数量为 45 种。

有关当前和已停用指数的更完整列表和说明，请参见：

美国美国劳工统计局。第 173 号公报，《美国和外国批发价格指数》。1915 年。

劳伦斯·拉芙林。货币原理。第 142—224 页。斯克里布斯（出版社）。1903 年。

国际统计学会公报，第 XIX 卷，第 3 期，第 124—244 页。巴黎，1911 年。

美国国会图书馆。选择有关生活费用和价格的参考资料清单，1910 年。还有关于生活成本和价格的补充参考资料，1912 年。

关于指数在不同国家战争价格中的应用，参见：

韦斯利—克莱尔—米切尔，国际价格比较。战争工业委员会。1919 年第 2 号价格公报。

2. 有关指数编写原理的一些主要著作

威廉·斯坦利·吉泰姆斯(William Stanley Jetxms),《货币与金融研究》(*Investigations in Currency and finance*)。第二至第四部分,第19—150页,提供了从1782年至1865年39篇文章计算得出的索引号。伦敦,1909年(以前发表的各种文章的重印本)。

F. Y. 埃奇沃斯(F. Y. Edgeworth),为调查确定和测量货币标准价值变化的最佳方法而任命的(英国科学促进会)委员会的报告。载于1887年协会报告,第247—301页;1888年的第188—219页;1889年的第133—164页。

G. 克拉·马亚兰·沃什(G. Correa Moylan Walsh),《一般交换价值的衡量》(*The Measurement of General Exchange Value*),580页,麦克米伦出版公司,1901年。

H. H. Knibbs,澳大利亚的物价、物价指数和生活费用。英联邦人口普查和统计局、劳动和工业处,第1号报告,附录。McCarron Bird A公司.墨尔本,1912年12月。

G. H. 基本(G. H. Knibbe),《澳大利亚的价格指数、性质和局限性》(*Pries, Price Indexes, and Cost of Living in Australia*)、计算技术及其在确定货币购买力中的应用。英联邦人口普查和统计局,劳动和工业处,第9号报告。McCarron Bird A公司.墨尔本,1918年。

欧文·费雪(Irving Fisher),《货币的购买力》(*The Purchasing Power of Money*),第10章和第10章附录。麦克米伦出版社,

1911 年。

维斯利·克莱尔·米歇尔(Wesley Clair Mitchll),《指数的编制和使用》(*The Making and Using of Index Numbers*)。美国劳工统计局。第 173 号公报。第 5—114 页，1915 年。

3. 对稳定美元计划的遥远预期

A. 金银复本位制。即使有可能，将所有涉及需要应对货币标准不稳定性的著作都包括在内也是没有什么用处的。因此，我只想非常简要地介绍一下那些与本书的建议略有出入的观点。这些建议可分为四个：

· 金银复本位和其他贵金属组合计划。

· 黄金兑换标准。

· 不可赎回纸币，数量参照按物价指数确定币值的货币制度进行管理。

· 按物价指数确定币值的货币制度。

在本小节中，A 将被视为其中的第一种。

当然，有关双金属的文献浩如烟海。20 世纪 90 年代，(Soetbeer)等人出版了相关书目。弗朗西斯-沃克(Francis A. Walker)的《国际金银复本位制》(*International Bimetallism*)(纽约，霍尔特，1896 年)和伦纳德·达尔文(Leonard Darwin)少校的《金银复本位制》(*Bimetallism*)(伦敦，默里，1897 年)详细阐述了该建议的性质，包括它将稳定价格水平的说法。

欧文·费雪(Irving Fisher)在“金银复本位制的机制”(Mechanics of Bimetallism）一文中指出，双金属在某些情况下会起作用，但在另一些情况下则会瓦解《经济学杂志》，1899 年 9 月，第 527—537 页）。

F. Y. 埃奇沃斯教授指出，根据概率理论，金银复本位制对稳定的影响微乎其微，而混合本位制则比金银复本位制稍微稳定一些（“关于货币改革的思考”（Thoughts on Monetary Reform），《经济学杂志》，1895 年 9 月，第 434—451 页）。

埃奇沃思教授将其命名为“混合本位制”，这显然是阿尔弗雷德·马歇尔[①]教授首先提出的一种方法，这种方法可以将金银两种金属虚拟地结合在一枚联合硬币中，从而避免了金银复本位制经常出现的破裂危险。

西奥多·赫查克（Theodor Hertzka）博士在《国际货币问题及其解决办法》（*Das Internationale Wahrungsproblem und Dessen Lösung.*）（1892 年）一书中，以及 A. P. 斯托克斯（A. P. Stokes）在《混合本位制》（*Théorie de la Monnaie*）（1894 年）一书中，也提出过类似的联合金银两种金属的建议。莱昂 - 瓦尔拉斯在《货币理论》（*Theorie de la Monnaie*）（洛桑，1886 年）一书中主张，与其说采用金银复本位制，不如采用一种金货币制度，它通过发行或回收一定数量的银块作为“调节器”。

B. 金汇兑本位制。金汇兑本位制的想法显然是由孟加拉银行司库 A. M. 林达赛（A. M. Lindsay）于 1876 年首次提出的。他

① 向（国际）金银委员会提供的证据（1888 年）第 9 期；*Principles of Economics*, Book v, ch 6。

是在阅读李嘉图的《关于经济和安全货币的建议》(*Proposals for an Economical and Secure Currency*)[①]后提出这一想法的。林达赛(Lindsay)于 1892 年出版了一本关于这一主题的小册子，名为《李嘉图的兑换补救办法，借助银行法令中的白银条款使印度货币按照固定的英镑汇率自动扩张和收缩以调节印度货币的建议》(*Ricardo's Exchange Remedy, a Proposal to Regulate the Indian Currency by Making it Expond and Coatract Automatically at Fixed Sterling Rates wit the Aid of the Silter Clause of the Bank Act.*)。伦敦[埃芬汉姆，威尔逊公司(Effingham, Wilson & Co.)]，36 页。

1893 年，戴维·巴伯爵士(Sir David Barbour)和赫舍尔印度货币委员会(Herschell Committee on Indian Currency)其他成员的工作使印度造币厂不再使用白银，卢比因此获得了高于其所含白银的稀缺价值，这就是林赛思想应用的第一步。

第二步是在 1898 年开始建立黄金储备。全面的金汇兑本位制于 1900 年首次实施，当时印度的卢比实际上可以通过伦敦汇票在伦敦兑换成黄金。

防止银本位国家的货币相对于黄金贬值的另一个方案是对银币征收随银价下跌而增加的赋税。亨利·科克(Henry Coke)于 1893 年在赫歇尔委员会上提出了这一建议(见 139 条)。原则上，它比黄金兑换本位制更接近本书的建议。

---

① 然而，李嘉图的计划并没有更进一步，只是建议废除金币，代之以金块作为储备，用纸币作为实际流通，政府根据公众的意愿出售和购买黄金，以换取纸币，两种价格之间略有差额($1\frac{1}{8}$ %)。可以看出，李嘉图的建议与本书的建议相似，只是所定价格没有变化。

有关金汇兑制度和其他货币改革计划的更多信息，请参阅凯默勒(E. W. Kemmerer)的《现代货币改革》(*Modern Currency Reforms*)，麦克米伦出版社，1916 年。

C. 不可赎回的纸币。这种危险的权宜之计一直有其拥护者，他们通常是通货膨胀主义者。但也有相当多的人提出了一种由价格指数来调节的纸币。这种计划在目的上与本书的建议相似，但在方法上却大相径庭。两者的本质区别在于“可赎回性”和“不可赎回性”。许多人提出这种形式的货币体系，这些人包括：

卡尔·门格尔(Carl Menger)，奥地利经济学家，他建议根据需要发行的纸币来中和购买力的波动，从而稳定价格水平；查尔斯·纪德(Charles Gide)，他在《政治经济学原理》(*Principles of Political Economy*，1883)中对门格尔的建议表示赞同，但只赞成国际纸币的形式；E. Benjamin Andrews, *An Honest Dollar* (1889), pp. 36–42; *Henry Winn*, “The Invariable Dollar,” *The Traveler*, Oct. 17, 1891; Arthur Kitson, “A Scientific Solution of the Money Question,” *The Arena*, 1895; *Eltweed Pomeroy*, “The Multiple Standard for Money,” *The Arena*, Sept. 1897; Frank Parsons, “Rational Money” (1898)，他将通过使用活期债券或政府贷款的平滑利息表等来实现货币的扩张或收缩[本书包含了对上述大部分参考文献的讨论，并提到了其他参考文献；Alfred Russel Wallace, “Paper Money as a Standard of Value” (originally in *The Academy*, Dec. 31, 1898, and reprinted in *Studies, Scientific and Social*, Vol. II, London, 1900)]。

D. 按物价指数确定币值的货币制度。附录 3 第 6 节对此进行了说明。约瑟夫·洛(Joseph Lowe)是最早提出这种纠正货币标准偏差的方法的作者之一，他在《英格兰农业、贸易和金融现状》(*England in Regard to Agriculture, Trade and Finance*) 第 60 章(1822 年，伦敦)中建议“在 1822 年之前纠正法定价值标准(或至少为个人提供确定其误差的方法)”。他在《关于农业、贸易和金融的英格兰现状》(*England in Regard to Agriculture, Trade and Finance*)第 60 章(1822 年，伦敦)中建议：“通过定期公布真实的价格行情来纠正法定的价值标准(或至少为个人提供确定其误差的方法)，其中包含一份大量通用物品的清单，按照相对消费量进行排列，以便随时显示价格平均值的涨跌；这将以商业目的所需的所有精确度表明货币价值的变化；并使个人能够在他们认为合适的情况下，参照这个按物价指数，确定币值的货币制度来调节他们的货币合约。”

另一位提出同样建议的作者是 P. 波利特·斯科洛普(P. Poulett Scrope)。这些建议出现在他的作品文章“对银行特许问题的研究，以及对公正价值标准性质的探究”(An Examination of the Bank Charter Question, with an Inquiry into the Nature of a Just Standard of Value)(London，1833)，p. 26；*Principles of Political Economy*(London，1833)，p. 406。

另一位是波特(G. R. Porter)先生，著有《国家的进步》(*The Progress of the Nation*)(第三和第四部分，第 235 页)。他补充了一张表格，显示了 1833 年和 1837 年 50 种商品的月平均波动情况。

斯坦利·杰文斯（W.Stanley Jevons ）是这一计划的热情拥护者。在他的《货币与兑换机制》（Money and the Mechanism of Exchange）（伦敦，1893 年）第二十五章中，他讨论了洛（ Lowe）、斯科洛普（Scrope）和波特（Porter）的建议，并评论道："从理论角度看，按物价指数确定币值的货币制度或平均价值标准的方案似乎非常合理，而且极具价值，而且实际困难并不严重。要实施洛（Lowe）和斯科洛普（Scrope ）的计划，必须成立一个永久性的政府委员会，并赋予其某种司法权力。该部门的官员将收集国内所有主要市场的商品现价，并通过一套明确的计算系统，从这些数据中计算出黄金购买力的平均变化。该委员会的决定将按月公布，付款将根据这些变化进行调整"。

"起初，按物价指数确定币值的货币制度可能是许可性的，因此，只有在双方合同中加入了相关条款的情况下才能执行。在该计划的实用性和效用得到充分证明之后，可以将其规定为强制性的，也就是说，在没有明文规定的情况下，每一笔例如超过三个月的货币债务都将根据物价指数进行变更。"

如附录 5 第 2 节所示，与上述计划非常相似的其他计划目前在某种程度上已被实际采用。

4. 直接预期

接下来，我们引述与本书所提计划基本相似的著作（即借助价格指数调整货币单位中黄金重量的计划），这些著作的出版时间早于我的《货币的购买力》。至于其他预计到这一想法但没有发表的人，请参见前言。

John Rooke. *Inquiry into the Principles of National Wealth. Edinburgh*, 1824.

"新制度的规定是，无论整个王国的农业劳动力的一般价格和年度价格有什么涨跌趋势，这种涨跌都应由金银币现价的反向涨跌来抵消。"第 221 页。"将金币几乎完全从流通中摒弃，并将其主要用作银行票据价值的主要校正器，可能是明智之举"，第 222 页。

Simon Newcomb. "The Standard of Value". *The North American Review*, Sept. 1879, pp. 234-237.

"实现这一目标的第一个也是最明显的方法是发行一种纸币，这种纸币不是用固定重量的金币兑换，而是用足够购买所需数量商品的金银块兑换。"（纽科姆还预想了附录 1 第 5 节所示的在需要时将金币保留在流通中的方法。）

Alfred Marshall. "Remedies for Fluctuations of General Prices", *The Contemporary Review*, March, 1887, p. 371, footnote.

马歇尔提出了两种可能的方案（两种方案都未被采纳）：一种

是发行不可兑换货币，每当主权货币的商品价值高于面值时，就发行不可兑换货币（通过购买辅币）；每当主权货币的商品价值低于面值时，就退市不可兑换货币（通过出售辅币）。另一种是可兑换货币，每张英镑纸币可随时兑换当时价值（商品价值）为该单位一半的货币，以及价值为另一半的白银。第二种方案原则上几乎就是本书的内容。

Aneurin Williams. “A ‘Fixed Value of Bullion’ Standard — A proposal for preventing general fluctuations in trade”. *Economic Journal* (London), June, 1892, pp. 280-289. Discussion by Sir Robert Giffen, “Fancy Monetary Standards,” *ibid.*, pp. 463-471 ; reply by Aneurin Williams, pp. 747-749.

这里提出的建议与本书的建议几乎完全相同。

J. Allen Smith. “A Multiple Money Standard”. *The Annals of the American Academy of Political and Social Science*, March 1896, pp. 1-60.

斯密提出了几项稳定货币单位购买力的计划，其中有一项计划在本质上与本书提出的计划完全相同。

D. J. Tinnes. “An Ideal Measure of Value”. *The Adrian (Minnesota) Guardian*, Nov. 16, 1896.

下文列表中提到的丁内斯先生在本书及随后的出版物中提出的建议与本书的建议基本相同。

5. 关于稳定美元的最新著作(不包括大多数报纸和小型出版物，数量约为 1,000 份)

Irving Fisher. The Purchasing Power of Money. New York, Macmillan, 1911, Ch. 13.

O. M. W. Sprague. Fisher's Purchasing Power of Money. Quarterly Journal of Economics, Nov. 1911, pp. 148-151.

Irving Fisher. International Conference Regarding the Cost of Living. Report before Congress of Chambers of Commerce. Boston, Sept. 1912, reprinted in Independent, Sept. 26, 1912, pp. 700-706.

Commercial and Financial Chronicle, Editorial, Oct. 6, 1912. Replies by Irving Fisher and further discussion, Oct. 26, and Nov. 16, 1912.

Irving Fisher. Standardizing the Dollar (replies to objections). New York Times, Dec. 22, 1912.

Irving Fisher. A More Stable Gold Standard. Economic Journal (London), Dec. 1912, pp. 570-576.

William F. Blackman. The Increasing Cost of Living; Its Cause and Cure. Rollins College Bulletin, Dec. 1912.

Lucien March. Un Projet de Stabilization des Prix. Communication à la Société Statistique de Paris, le 15 janvier, 1913. reprinted from its journal, pp. 10-24. Discussion by Edmond Théry, G. Roulleau, Aug. Deschamps, Adolphe Landry, Lucien March,

Irving Fisher.

Irving Fisher. A Compensated Dollar. Quarterly Journal of Economics, Feb. 1913, pp. 213-235. Appendices, pp. 385-397.

Irving Fisher. Standardizing the Dollar. American Economic Review Supplement, March 1913, pp. 20-28. Discussion by Nat. C. Murray, Albert C. Whitaker, Willard C. Fisher, O. M. W. Sprague, B. M. Anderson, Jr., R. R. Bowker, E. W. Kemmerer, and Irving Fisher, *ibid*., pp. 29-51.

David Kirdey. Objections to a Monetary Standard Based on Index Numbers. American Economic Review, March 1913, pp. 1-19.

Augusto Graziani. Di una nuova proposta per rendere più stabile il valore della moneta. Reale Instituto d'Incoraggiamento di Napoli. Nota letta nella tomata del 6 marzo 1913. (Napoli, Coöperative Tipografica, 1913.)

Peyton R. Anness. The Compensated Dollar. Yale Scientific Monthly, March 1913.

Corrado Gini. L'equazione dello scambio e il potere di acquisito della moneta. Revista Italiana di Sociologia, Rome, Anno XVII, Fasc. II (March-April 1913).

E. B. Wilson. Review of the Purchasing Power of Money. Science, May 16, 1913, pp. 761-763.

F. W. Taussig. The Plan for a Compensated Dollar. Quarterly Journal of Economics, May 1913, pp. 401-416.

F, Zeuthen. Irving Fisher's Forslag til Prisniveauets

Stabilisering. Nationalökonomisk Tidskrift (Copenhagen), Hefte 4 (July- Aug., 1913), pp. 350-364.

Irving Fisher. What an International Conference on the High Cost of Living Could Do. Institut International de Statistique, Vienna, XIV® Session, Rapports, no. 25, Sept. 1913.

J. M. Clark. Possible Complications of the Compensated Dollar. American Economic Review, Sept. 1913, pp. 576-588.

E. M. Patterson. Objections to a Compensated Dollar. American Economic Review, Sept. 1913, pp. 863-875.

Irving Fisher. La Hausse Actuelle de la Monnaie, du Crédit et des Prix, Comment y Remédier. Revue d'Economie Politique, Paris, 1913, pp. 419-434.

Irving Fisher. De la Nécessité d'une Conférence Internationale sur le Coût de la Vie. La Vie Internationale, Brussels, Tome III, Fasc. 12 (1913), pp. 295-311.

G.M. Boissevain. "Een Ideale Waarde-Standaard?" De Economist, The Hague, 1913, pp. 441-473.

David Davidson. Irvine Fisher's förslag att redera penningens köpkraft. Economisk Tidskrift (Stockhohn), Haft 3, 1913, pp. 88-107.

W. Eggenschwyler. Review of article in American Economic Review Supplement, March 1913. Archiv für Sozialwissenschaft und Sozialpolitik, Tübingen, Gennany, Band 37, Heft I, July 1913, pp. 258-264.

Irving Fisher. Objections to a Compensated Dollar Answered. American Economic Review, Dec. 1914, pp. 818-839.

D. J. Tinnes. Tinnes' Market Gage Dollar an Ideal Measure of Value. Leaflets 1-4, Privately published, 1917.

Irving Fisher. Standardizing the Dollar. University of California Chronicle, October 1917, pp. 347-363.

D. J. Tinnes. The Market Gage Dollar (An Ideal Measure of Value). The Quarterly Journal of the University of North Dakota, Jan. 1918, pp. 187-192.

Irving Fisher. Stabilizing the Dollar in Purchasing Power. (In American Problems of Reconstruction, Elisha Friedman, Editor, New York, Dutton, 1918, pp. 361-390.)

D. J. Tinnes. The Market Gage Dollar. American Economic Review, September 1918, pp. 579-584.

Irving Fisher. Stabilizing the Dollar. American Economic Review Supplement, March 1919, pp. 156-160.

G. H. Knibbs. Consideration of the Proposal to Stabilize the Unit of Money. American Economic Review, June 1919, pp. 244-256. Rejoinder by Irving Fisher, pp. 256-262.

D. J. Tinnes. An American Standard of Value. American Economic Review, June 1919, pp. 263-266.

Edward T. Peters. On Stabilizing the Dollar. Quarterly Journal of Economics, Aug. 1919, pp. 652-671.

索　　引

（所标页码为原书页码，即本书边码）

经济学名著译丛

第一辑书目

凯恩斯的革命	〔美〕克莱因 著
亚洲的戏剧	〔瑞典〕冈纳·缪尔达尔 著
劳动价值学说的研究	〔英〕米克 著
实证经济学论文集	〔美〕米尔顿·弗里德曼 著
从马克思到凯恩斯十大经济学家	〔美〕约瑟夫·熊彼特 著
这一切是怎么开始的	〔美〕W.W. 罗斯托 著
福利经济学评述	〔英〕李特尔 著
增长和发展	〔美〕费景汉 古斯塔夫·拉尼斯 著
伦理学与经济学	〔印度〕阿马蒂亚·森 著
印度的货币与金融	〔英〕约翰·梅纳德·凯恩斯 著

第二辑书目

社会主义和资本主义的比较	〔英〕阿瑟·塞西尔·庇古 著
通俗政治经济学	〔英〕托马斯·霍吉斯金 著
农业发展：国际前景	〔日〕速水佑次郎 〔美〕弗农·拉坦 著
增长的政治经济学	〔美〕保罗·巴兰 著
政治算术	〔英〕威廉·配第 著
歧视经济学	〔美〕加里·贝克尔 著
货币和信用理论	〔奥地利〕路德维希·冯·米塞斯 著
繁荣与萧条	〔美〕欧文·费雪 著
论失业问题	〔英〕阿瑟·塞西尔·庇古 著
十年来的新经济学	〔美〕詹姆斯·托宾 著

第三辑书目

劝说集	〔英〕约翰·梅纳德·凯恩斯 著
产业经济学	〔英〕阿尔弗雷德·马歇尔 玛丽·佩利·马歇尔 著
马歇尔经济论文集	〔英〕阿尔弗雷德·马歇尔 著
经济科学的最终基础	〔奥〕路德维希·冯·米塞斯 著
消费函数理论	〔美〕米尔顿·弗里德曼 著

货币、就业和通货膨胀　〔美〕罗伯特·巴罗　赫歇尔·格罗斯曼 著
论资本用于土地　〔英〕爱德华·威斯特 著
财富的科学　〔英〕J.A.·霍布森 著
国际经济秩序的演变　〔美〕阿瑟·刘易斯 著
发达与不发达问题的政治经济学　〔美〕查尔斯·K.威尔伯 编

第四辑书目

中华帝国的专制制度　〔法〕魁奈 著
政治经济学的特征与逻辑方法　〔英〕约翰·埃利奥特·凯尔恩斯 著
就业与均衡　〔英〕阿瑟·塞西尔·庇古 著
大众福利　〔西德〕路德维希·艾哈德 著
外围资本主义　〔阿根廷〕劳尔·普雷维什 著
资本积累论　〔英〕琼·罗宾逊 著
凯恩斯以后　〔英〕琼·罗宾逊 编
价值问题的论战　〔英〕伊恩·斯蒂德曼　〔美〕保罗·斯威齐 等 著
现代经济周期理论　〔美〕罗伯特·巴罗 编
理性预期　〔美〕史蒂文·M.谢弗林 著

第五辑书目

宏观政策　〔英〕基思·卡思伯森 著
经济学的边际革命　〔英〕R.D.C.布莱克　A.W.科茨　克劳弗德·D.W.古德温 编
国民经济学讲义　〔瑞典〕克努特·维克塞尔 著
过去和现在的政治经济学　〔英〕L.罗宾斯 著
1914年以后的货币与外汇　〔瑞典〕古斯塔夫·卡塞尔 著
政治经济学的范围与方法　〔英〕约翰·内维尔·凯恩斯 著
政治经济学论文五篇　〔英〕马尔萨斯 著
资本和收入的性质　〔美〕欧文·费雪 著
政治经济学　〔波兰〕奥斯卡·R.兰格 著
伦巴第街　〔英〕沃尔特·白芝浩 著

第六辑书目

对人进行投资　〔美〕西奥多·舒尔茨 著

经济周期的规律与原因　〔美〕亨利·勒德韦尔·穆尔 著
美国经济史　上卷　〔美〕福克讷 著
美国经济史　下卷　〔美〕福克讷 著
垄断资本　〔美〕保罗·巴兰，保罗·斯威齐 著
帝国主义　〔英〕约翰·阿特金森·霍布森 著
社会主义　〔奥〕路德维希·冯·米塞斯 著
转变中的美国经济　〔美〕马丁·费尔德斯坦 编
凯恩斯经济学的危机　〔英〕约翰·希克斯 著
就业理论导论　〔英〕琼·罗宾逊 著

第七辑书目

社会科学方法论探究　〔奥〕卡尔·门格尔 著
货币与交换机制　〔英〕威廉·斯坦利·杰文斯 著
博弈论与经济模型　〔美〕戴维·M. 克雷普斯 著
英国的经济组织　〔英〕威廉·詹姆斯·阿什利 著
赋税论 献给英明人士 货币略论　〔英〕威廉·配第 著
经济通史　〔德〕马克斯·韦伯 著
日本农业的发展过程　〔日〕东畑精一 著
经济思想史中的经济发展理论　〔英〕莱昂内尔·罗宾斯 著
传记集　〔英〕约翰·梅纳德·凯恩斯 著
工业与贸易　〔英〕马歇尔 著

第八辑书目

经济学说与方法史论　〔美〕约瑟夫·熊彼特 著
赫克歇尔-俄林贸易理论　〔瑞典〕伊·菲·赫克歇尔　戈特哈德·贝蒂·俄林 著
论马克思主义经济学　〔英〕琼·罗宾逊 著
政治经济学的自然体系　〔德〕弗里德里希·李斯特 著
经济表　〔法〕魁奈 著
政治经济学定义　〔英〕马尔萨斯 著
价值的尺度　论谷物法的影响　论地租的本质和过程　〔英〕马尔萨斯 著
新古典宏观经济学　〔美〕凯文·D. 胡佛 著
制度的经济效应　〔瑞典〕托斯坦·佩森〔意〕吉多·塔贝林尼 著

第九辑书目

资本积累论　〔德〕罗莎·卢森堡　著
凯恩斯、布卢姆斯伯里与《通论》　〔美〕皮耶罗·V. 米尼　著
经济学的异端　〔英〕琼·罗宾逊　著
理论与历史　〔奥〕路德维希·冯·米塞斯　著
财产之起源与进化　〔法〕保罗·拉法格　著
货币数量论研究　〔美〕米尔顿·弗里德曼　编
就业利息和货币通论　〔英〕约翰·梅纳德·凯恩斯　著　徐毓枬　译
价格理论　〔美〕米尔顿·弗里德曼　著
产业革命　〔英〕阿诺德·汤因比　著
黄金与美元危机　〔美〕罗伯特·特里芬　著

第十辑书目

货币改革论　〔英〕约翰·梅纳德·凯恩斯　著
通货膨胀理论　〔奥〕赫尔穆特·弗里希　著
资本主义发展的长波　〔比〕欧内斯特·曼德尔　著
资产积累与经济活动 / 十年后的稳定化政策　〔美〕詹姆斯·托宾　著
旧世界 新前景　〔英〕爱德华·希思　著
货币的购买力　〔美〕欧文·费雪　著
社会科学中的自然实验设计　〔美〕萨德·邓宁　著
马克思《资本论》形成史　〔乌克兰〕罗斯多尔斯基　著
如何筹措战争费用　〔英〕约翰·梅纳德·凯恩斯　著
通向繁荣的途径　〔英〕约翰·梅纳德·凯恩斯　著

第十一辑书目

经济学的尴尬　〔英〕琼·罗宾逊　著
经济学精义　〔英〕阿尔弗雷德·马歇尔　著
更长远的观点——政治经济学批判论文集　〔美〕保罗·巴兰　著
经济变迁的演化理论　〔美〕理查德·R. 纳尔逊　悉尼·G. 温特　著
经济思想史　〔英〕埃里克·罗尔　著
人口增长经济学　〔美〕朱利安·L. 西蒙　著
长波周期　〔俄〕尼古拉·D. 康德拉季耶夫　著

自由竞争的经济政策	〔美〕亨利·西蒙斯 著
社会改革方法	〔英〕威廉·斯坦利·杰文斯 著
人类行为	〔奥〕路德维希·冯·米塞斯 著

第十二辑书目

自然的经济体系	〔美〕唐纳德·沃斯特 著
产业革命	〔美〕查尔斯·A. 比尔德 著
当代经济思想	〔美〕悉尼·温特劳布 编
论机器和制造业的经济	〔英〕查尔斯·巴贝奇 著
微积分的计算	〔美〕欧文·费雪 著
和约的经济后果	〔英〕约翰·梅纳德·凯恩斯 著
国际经济政策理论（第一卷）：国际收支	〔英〕詹姆斯·爱德华·米德 著
国际经济政策理论（第二卷）：贸易与福利	〔英〕詹姆斯·爱德华·米德 著
投入产出经济学（第二版）	〔美〕沃西里·里昂惕夫 著

图书在版编目（CIP）数据

稳定美元：在不固定每种商品价格的情况下稳定价格总水平的方案 /（美）欧文·费雪著；郭为译．北京：商务印书馆，2025.--（经济学名著译丛）．
ISBN 978-7-100-25104-4

Ⅰ. F827.12

中国国家版本馆CIP数据核字第20256VS957号

经济学名著译丛

稳定美元

在不固定每种商品价格的情况下稳定价格总水平的方案

〔美〕欧文·费雪 著

郭为 译

商 务 印 书 馆 出 版
（北京王府井大街36号 邮政编码100710）
商 务 印 书 馆 发 行
北京市十月印刷有限公司印刷
ISBN 978-7-100-25104-4

2025年9月第1版　　开本 850×1168　1/32
2025年9月北京第1次印刷　　印张 10 1/2

定价：60.00 元